中国工程院院士

是国家设立的工程科学技术方面的最高学术称号，为终身荣誉。

中国工程院院士传记

蒋士成传

孙少波 叶建华 翟瑞龙 江璐 著

中国石化出版社
人民出版社

图书在版编目(CIP)数据

蒋士成传 / 孙少波等著 .—北京：中国石化出版社，2021.8
(中国工程院院士传记)
ISBN 978-7-5114-6422-4

Ⅰ. ①蒋… Ⅱ. ①孙… Ⅲ. ①蒋士成-传记 Ⅳ. ①K826. 16

中国版本图书馆 CIP 数据核字(2021)第 173363 号

中国石化出版社出版发行
地址:北京市东城区安定门外大街 58 号
邮编:100011 电话:(010)57512500
发行部电话:(010)57512575
http://www. sinopec-press. com
E-mail:press@ sinopec. com
北京科信印刷有限公司印刷
全国各地新华书店经销
*
710×1000 毫米 16 开本 12 彩页 27. 5 印张 361 千字
2021 年 10 月第 1 版 2021 年 10 月第 1 次印刷
定价:78. 00 元

▲ 蒋士成院士

▲ 1978 年 6 月，蒋士成（后排左三）参加中国石油化纤技术考察团在日本日挥株式会社考察（前排左三为季国标、左五为王瑞庭、左七为俞鲤庭）

▲ 1989 年 4 月，蒋士成（右三）与民主德国 TEXTIMA 公司代表签订技术考察备忘录

▲ 1991 年 6 月，蒋士成（前排左二）参加辽阳化纤公司赴日本钟纺株式会社考察团

▲ 1994 年 11 月，蒋士成（左三）在仪征化纤公司年产 1.2 万吨熔体直纺三维卷曲中空纤维生产线投产现场（左一为徐正宁、左二为李建新、左四为沈希军）

▲ 蒋士成在仪征化纤化工厂

▲ 蒋士成在仪征化纤办公室工作照

▲ 1996 年，蒋士成（前排左二）在聚酯装置 30% 增容改造投产现场

▲1997 年 10 月，蒋士成（右二）主持年产 10 万吨聚酯成套设备国产化攻关工作会议

▶ 2003 年，蒋士成在国家科技进步奖颁奖仪式后留影

◀ 2000 年，蒋士成在第八届北京国际化纤会议发言

▲ 2005 年 11 月，蒋士成（前排左二）与第九届"挑战杯"全国大学生课外学术科技作品竞赛评委会评委合影

▲ 2017 年，蒋士成（右三）出席中国纤维流行趋势发布活动

▲ 1992 年 1 月 1 日，蒋士成与家人在一起（左起：儿子蒋雄文、妻子陈雅、蒋士成、女儿蒋丹敏、女婿施建国）

▲ 2014 年 9 月，蒋士成与夫人陈雅

▲ 蒋士成全家福（中间坐者为母亲计瑞华；后排左起：姐姐蒋启蕴、妻子陈雅、嫂子汪炜藏、哥哥蒋元成、蒋士成、姐夫钱福堂、弟弟蒋希成）

中国工程院院士传记系列丛书

总　序

20世纪是中华民族千载难逢的伟大时代。千百万先烈前贤用鲜血和生命争得了百年巨变、民族复兴，推翻了帝制，肇始了共和，击败了外侮，建立了新中国，独立于世界，赢得了尊严，不再受辱。改革开放，经济腾飞，科教兴国，生产力大发展，告别了饥寒，实现了小康。工业化雷鸣电掣，现代化指日可待。巨潮洪流，不容阻抑。

忆百年前之清末，从慈禧太后到满朝文武开始感到科学技术的重要，办“洋务”，派留学，改教育。但时机瞬逝，清廷被辛亥革命推翻。五四运动，民情激昂，吁求“德、赛”升堂，民主治国，科教兴邦。接踵而来的，是连年的内战、抗战和解放战争。恃科学救国的青年学子，负笈留学或寒窗苦读，多数未遇机会，辜负了碧血丹心。

1928年6月9日，蔡元培主持建立了中国近代第一个国立综合性科研机构——中央研究院，设理化实业研究所、地质研究所、社会科学研究所和观象台四个研究机构，标志着国家建制科研机构的诞生。20年后，1948年3月26日遴选出81位院士（理工53，人文28），几乎都是20世纪初留学海外、卓有成就的科学家。

中国科技事业的大发展是在新中国成立以后。1949年11月1日成立了中国科学院，郭沫若任院长。1950~1960年有2500多名留学海外的科学家、工程师回到祖国，成为大规模发展中国科技事业的第一批领导骨干。国家按计划向苏联、东欧各国派遣1.8万各类科技人员留学，全都按期回国，成为建立科研和现代工业的骨干力量。高等学校从新中国成立初期的200所增加到600多所，年招生增至28万人。到21世纪初，高等学校2263所，年招生600多万人，科技人力总资源量超过5000万人，具有大学本科以上学历科技人才达1600万人，已接近最发达国家水平。

新中国成立60多年来，从一穷二白成长为科技大国。年产钢铁从1949年的15万吨增加到2011年的粗钢6.8亿吨、钢材8.8亿吨，几乎是8个最发达国家（G8）总年产量的2倍。20世纪50年代钢铁超英赶美的梦想终于成真。水泥年产20亿吨，超过全世界其它国家总产量。中国已是粮、棉、肉、蛋、水产、化肥等第一生产大国，保障了13亿人口的食品和穿衣安全。制造业、土木、水利、电力、交通、运输、电子通讯、超级计算机等领域正迅速逼近世界前沿。“两弹一星”、高峡平湖、南水北调、高公高铁、航空航天等伟大工程的成功实施，无可争议地表明了中国科技事业的进步。

党的十一届三中全会以后，实行改革开放，全国工作转向以经济建设为中心。加速实现工业化是当务之急。大规模社会性基础建设，大科学工程、国防工程等是工业化社会的命脉，是数十年、上百年才能完成的任务。中国科学院张光斗、王大珩、师昌绪、张维、侯祥麟、罗沛霖等学部委员（院士）认为，为了顺利完成中华民族这项历史性任务，必须提高工程科学的地位，加速培养更多的工程科技人才。中国科学院原设的技术科学部已不能满足工程科学发展的时代需要。他们于1992年致书党中央、国务院，建议建立“中国工程科学技术院”，选举那些在工程科学中做出重大的、创造性成就和贡献、热爱祖国、学风正派的科学家和工程师为院士，授予终身荣誉，赋予科研和建设任务，请他们指导学科发展，培养人才，对国家重大工程科学问题提出咨询建议。中央接受了他们的建议，于1993年决定建立中国工程院，聘请30名中国科学院院士和遴选66

名院士共96名为中国工程院首批院士。于1994年6月3日，召开了中国工程院成立大会，选举朱光亚院士为首任院长。中国工程院成立后，全体院士紧密团结全国工程科技界共同奋斗，在各条战线上都发挥了重要作用，做出了新的贡献。

中国的现代科技事业比欧美落后了200年。虽然在20世纪有了巨大进步，但与发达国家相比，还有较大差距。祖国的工业化、现代化建设，任重道远，还需要有数代人的持续奋斗才能完成。况且，世界在进步，科学无止境，社会无终态。欲把中国建设成科技强国，屹立于世界，必须持续培养造就数代以千万计的优秀科学家和工程师，服膺接力，担当使命，开拓创新，更立新功。

中国工程院决定组织出版“中国工程院院士传记”丛书，以记录他们对祖国和社会的丰功伟绩，传承他们治学为人的高尚品德、开拓创新的科学精神。他们是科技战线的功臣，民族振兴的脊梁。我们相信，这套传记的出版，能为史书增添新章，成为史乘中宝贵的科学财富，俾后人传承前贤筚路蓝缕的创业勇气、魄力和为国家、人民舍身奋斗的奉献精神。这就是中国前进的路。

宋健

序　一

蒋士成是我国著名的化纤工程设计与技术管理专家，中国聚酯工业工程化的主要开拓者之一，中国工程院环境与轻纺工程学部、工程管理学部双部院士，中国石化集团有限公司科技委顾问，中国化学纤维工业协会名誉会长，中国石化仪征化纤有限责任公司顾问，为我国石油石化事业奋斗了60余载，对推进我国石油化纤工业发展、实现聚酯装置国产化进而实现跨越式发展作出了突出贡献，对推进我国从化纤大国向化纤强国迈进作出了积极贡献。

中国是一个人口大国，人口多耕地少，自然灾害频发，解决人民的吃饭问题不容易，解决穿衣问题也同样不容易。解决全国人民穿衣问题的最大难点在于纺织原料。要破解这个难题，就必须实行发展天然纤维与发展化学纤维并举。蒋士成，自小就喜爱化学的千变万化，立志做一个化学工程师。1953年经过全国统考，被华东化工学院录取，学习有机染料及中间体工学专业，为他终生从事化工、化纤工程设计与技术开发工作奠定了坚实的基础。作为新中国实施全国统一高考后的第二批本科大学生，他感恩党和国家的培养，经常说的一句话是“国家需要”，这4个字朴实无华，又因他60多年来的躬身奋斗而厚重无比。围绕国家需要，他胸怀报国之志，坚守人生梦想，转战大江南北，历经风雨洗礼，先后参与了多个国家级重点项目和工程建设，为解决中国人民的穿衣问题、积极推进我国石油化纤工业从小到大、从大到强不懈奋斗，逐步实现了自己的梦想。

在20世纪60年代中期，蒋士成作为国家大型工程贵州有机化工厂设计总负责人，在我国第一套万吨级的醋酸乙烯和聚乙烯醇装置的工程设计和建设上，闯出国产化的新路，并成功地在广西维尼纶厂等同类装置上推广使用。20世纪70年代初，中国化纤工业开始由以煤化工、乙炔为主要原料生产维尼纶，转入以石油、天然气为主要原料生产涤纶、锦纶、腈纶、维尼纶等合成纤维的新阶段。蒋士成参与了我国四大化纤基地的规划、引进技术的谈判以及国内配套工程设计工作，是辽阳石油化纤总厂项目乙烯、汽油加氢等装置的设计负责人，还承担了蒸汽裂解(乙烯)装置、汽油加氢装置中方主谈工作。1977年6月，轻工业部提出了在国民经济"五五"计划期间，扩建上海金山二期工程和再建一个特大型化纤企业的发展目标。经过国务院批准，决策运作53万吨/年产能的仪征化纤项目，列入国家22个重点引进项目之一，这是一个相当于当时全国化纤产能的项目，是从根本上解决人民的穿衣问题、缓解国内化纤的供求矛盾、改变中国化纤工业落后面貌的战略性措施。1978年，蒋士成受纺织部委派来到仪征，参加中国最大的化纤和化纤原料生产基地——仪征化纤工程的总体规划，兼任副总工程师、总工程师之职。作为项目的设计总负责人之一，他亲历了从总体规划、设计、技术和商务谈判到工程施工建设、安装、投料试车、生产、技术管理和开发等全过程。特别是在1992年，蒋士成胸怀实现聚酯装置国产化、振兴民族化纤工业的梦想，从北京调至仪征化纤，全面负责公司的技术管理、科技开发，参与组织推进公司三期、四期工程建设，以敢为天下先的创新思想、科技报国的强烈责任感，组织和带领仪征化纤、中国纺织工业设计院、华东理工大学和南化公司产学研结合的技术团队，逐步消化吸收引进技术，承担了聚酯装置和技术国产化攻关的重任，开发出了具有自主知识产权的国产化大容量聚酯技术，一举打破了国外技术垄断，开创了聚酯装置建设国产化的道路，大大降低了聚酯项目建设的技术门槛和投资成本，迎来了中国聚酯工业发展新的起点。聚酯装置国产化技术的推广，带动了中国化纤工业的跨越式发展。2000 年中国化纤产能 694 万吨/年，到 2020 年底中国化纤产能突破 6000 万吨/年。2004 年 4 月，时任国务院总理的温家宝在中国国际工程咨询公司《投资决策咨询》第一期“聚酯技术自主化和装备国产化的成功启示及建议”一文上批示：“聚酯技术自主化和装备国产化的成功是宝贵的。要认真总结经验，从政策、机制、科技等方面采取综合措施，提高我国聚酯工业的核心竞争能力。”后来居上的中国聚酯工业，不仅在短缺经济时代为解决人民穿衣问题提供了原料，而且在此后的发展中，为扩大纺织产品门类，改善产品使用性能，扩大行业出口创汇，提供了天然纤维所不能企及的品种多样、物美价廉的纤维材料。目前我国已成为产量占全球 72%的世界化纤生产大国。

1999 年，蒋士成当选为中国工程院院士后，积极参与中国工程院的各项工作。围绕国家发展战略目标和化纤行业未来发展，近年来，他先后主持和参与了“高性能纤维产业发展战略研究”“多种生物高分子新纤维工程化与产业化发展战略研究”“我国纺织产业科技创新发展战略研究(2016~2030)”“高性能纤维与汽车轻量化技术创新发展战略研究”“废旧化纤纺织品资源再生循环技术发展战略研究”“我国中空纤维膜技术产业发展战略研究”等多个重点课题，这些重大课题研究，都是着眼于我国化纤行业科技创新前瞻性、战略性、宏观性的思考和谋划，为纺织和化纤产业的转型升级、由大变强作出了积极贡献。蒋士成悉心提携后学，为我国化纤工业工程设计、生产和技术管理培养了一大批技术骨干。

《蒋士成传》通过详实的史实和生动的故事，讲述了蒋士成追梦、筑梦、圆梦的人生经历和奋斗历程，真实地记录了我国自主培养的一位杰出科技工作者为了我国石油化纤工业的发展和科技进步，实现聚酯装置国产化、振兴民族化纤工业，勇于探索、勇于实践、勇攀高峰的奋斗故事和精神，贯穿始终的是蒋士成热爱祖国、忠诚事业的家国情怀，矢志不渝、自主创新的人生梦想，严谨求实、一丝不苟的治学态度，勇于实践、锐意创新的科学精神。从一个侧面来说，这本书也是中国化纤工业创业史、创新史、奋斗史的一个缩影。

蒋士成院士是中国石油化纤行业的杰出代表，是纺织工业科技工作者的杰出代表，是我们身边的优秀典型。《蒋士成传》是我们身边的最好教材，也是中国石化、仪征化纤一份宝贵的精神财富，必将引领和激发广大干部职工特别是科技人员，从中汲取精神力量，大力弘扬爱国奋斗奉献精神，做新时代的奋斗者，在推进中国石化“一基两翼三新”产业格局、打造世界领先洁净能源化工公司，在推进仪征化纤打造“国内领先、世界一流”合成纤维及新材料专业公司的新征程中作出更大贡献，为推进我国由化纤大国向化纤强国迈进而努力奋斗！

是为序。

2021年5月

序　二

蒋士成院士是我的研究生导师，也是我工作和人生的老师。

相识20多年来，我和蒋院士的交集是非常多的。在20世纪90年代后期由中国化学纤维工业协会和仪征化纤等15家国内聚酯企业发起的我国首例聚酯切片和涤纶短纤维反倾销案中，蒋院士因身兼中国化学纤维工业协会聚酯和涤纶短纤维专业委员会秘书长、仪征化纤顾问双重职务，被推举为调查领导小组常务副组长。领导小组下设办公室，为日常办事机构，我是办公室主任。当时我30多岁，虽然是协会副秘书长，但工作经验非常缺乏，对行业了解不够深入。而反倾销这项工作，在中国都没几个人干过，这是全国第二例反倾销案(第一例是全国新闻纸反倾销案)，也是我国反倾销史上第一次由行业协会代表国内生产企业发起的反倾销调查申请，所以有很多东西需要学习，只能边学边干。怎样做到边学边干，既要学得快干得好，又要和实际工作结合，实事求是，最终落地。蒋院士充分发挥了他的丰富经验，做了大量的组织协调工作。他组织办公室工作人员学习和运用反倾销、反补贴等法律知识、相关政策，组织安排人员参加外经贸部、国家经贸委、行业协会等举办的反倾销、反补贴研讨会、培训班，并走出国门考察、调研。这让我们在这个全新的事情上快速上手，最终成功完成此案。在这个过程中蒋院士言传身教、边学边教，实际上又充当了我们的老师，让我们学会了很多，既开阔了视野，积累了经验，又提升了业务水平，更为加强对产业和企业的保护奠定了基础。

后来我们开始研究和发布中国纤维流行趋势，这项重大的践行“三品战略”的工作，蒋院士自始至终参与其中，自始至终关心这件事情，自始至终在这件事情上给我们把关、出主意。作为这个项目的主要负责人，我得到他的两大帮助：一是，作为中国纺织化纤领域德高望重的资深院士、中国“的确良之父”，他的支持对我们这项创新的尝试工作得到业界的认可是非常有利的。为了更好地推广中国纤维流行趋势，几乎每次发布会他都亲自到中国纤维流行趋势发布会现场，为企业颁奖，鼓励企业积极参与流行趋势活动，用心做纤维品牌。二是，他诚挚地用他的经验、他的学识、他的智慧给我们出主意，每年的中国纤维流行趋势，他都作为主要专家出席评审会，为当年发布的主题、篇章及入选的纤维提出重要的指导性意见。可以说，他见证并推动了中国纤维流行趋势的整个成长历程。在这个过程中，实际上他也一直在给我和我的团队当老师。

我敬重我的老师，敬重他的品行、敬重他的担当、敬重他的豁达、敬重他对理想的孜孜以求，敬重他对国家、对化纤事业的忠诚与执着，坚守与热忱。他身上的闪光点数不胜数，因篇幅有限，我择其中几个侧面和读者朋友分享。

不因事小而不为。作为一个科学家，其实有很多事不必亲力亲为，但蒋院士不是这样的，只要是对行业发展有益的事，无论大小，只要有需要他的地方，都能看到他的身影。每一年从纱线展、中国纤维流行趋势发布、中国化纤科技大会、中国国际化纤会议，到高性能纤维、聚酯纤维、PTA 等化纤行业的年会或小型研讨会，再到赶赴企业、科研院所进行调研、提供技术指导，甚至是走上讲台为大学生传业授课或接受媒体专访为行业把脉发展路径，他都以极大的热忱参与其中，为行业鼓与呼。“希望我国不仅是化纤大国，更是化纤强国，走在世界前列。”这是他最大的夙愿。

心如大地者明。作为仪征化纤项目规划与技术负责人，蒋院士亲历见证了该项目“起伏波折”的艰难岁月。项目遭遇规模调整、停建缓建，一般人很有可能因备受打击而放弃继续努力，但蒋院士及其带领的团队并未因之前的规划设计变成无效劳动而停滞不前，他们积极想办法，以豁达的胸襟、恢宏的气度、果敢的担当适应仪征化纤项目规模调整、停建缓建、起死回生、分期建设、快速发展的起伏波澜，以无比的智慧、胆识与汗水为仪征化纤项目建设立下了汗马功劳。蒋院士更是那个付出最多、操心最多、熬夜最多的人。

淡泊宁静者健。虽为院士，但他向来生活简朴，从没有向组织提出过额外要求。当年他以大局为重，因国家和工作所需，毫不犹豫地将在北京的组织关系调到苏北小城的仪征，很长一段时间和妻子孩子分居两地，只要想到工作需要，为了心中的那个梦想，他就觉得一切都很值得。他常说最亏欠的是妻子和孩子，因全身心扑在工作上，女儿和儿子的哺育几乎都靠老伴。退休后，他回到北京，为了离孩子近一点，老两口就租住在普通的二室一厅，令人动容。而他认为这一切都很自然。他说他们这一代人思想单纯，除了在小孩子的教育培养上有过一点“私心”外，在生活上真的是没有任何其他想法。如今，蒋院士已是耄耋之年，但他总是面色红润，思维敏捷，走起路来腰板挺直，毫无老态，这大概正是得益于他的淡泊宁静吧。

“德性宜笃实也，知识宜富实也”一直是蒋院士努力秉承践行的至理。他为人低调，不以院士自居，总是以理服人，以德服人，从不以院士压人。他善于倾听各种意见，善于组织协调各方意见。如20世纪90年代在仪征化纤聚酯装置增容改造和全流程国产化攻关时，他顶住极大的压力和风险，从关系仪征化纤的发展、关系国家的发展出发，提出做全流程采用中国人自己技术的新生产线，他积极协调各方的不同意见，最终将自己的想法逐步推进，新生产线正式投产后产能从 6 万吨/年达到了近 15 万吨/年。正是知识富实、自信自强赋予他敢于创新、敢于自我加压、敢于承担责任的底气。

在对党忠诚中坚守为民初心，早期以“为全国人民每人添一身新衣裳”为己任，毕生追求“自主创新，以“建设化纤强国”为最大夙愿；在工作中勤奋钻研、求实创新、不计得失、不慕虚名，扎扎实实为行业办实事；在生活中勤俭朴素、甘于平淡、谦逊慈祥、可敬可爱，和和美美过好自己的日子，这就是我心中的蒋院士。

《蒋士成传》将其求学之路、做人之则、治学之法、实践之道等融汇其中，相信对各行各业的读者都会有所启迪，也必将激励纺织化纤行业同仁不忘初心、牢记使命，淡泊名利，砥砺前行，为实现纺织化纤强国梦奋斗不止。

2021 年 5 月

蒋士成简介

蒋士成，汉族，1934年9月出生于江苏省常州市，是我国著名的化纤工程设计与技术管理专家，中国聚酯工业工程化的主要开拓者之一。1957年毕业于华东化工学院（现华东理工大学）有机染料及中间体工学专业，1985年加入中国共产党，教授级高级工程师。历任化工部第四设计院工艺专业组长、工程设计负责人；化工部第九设计院工艺专业组长、工程设计负责人；燃料化学工业部第九化建公司设计所、西南工作组工艺自控室副主任、工程设计负责人；轻工业部第二设计院设计二室石油工艺组组长；纺织工业部设计院生产技术室副主任、第五设计室副主任；江苏石油化纤总厂筹建指挥部副总工程师；江苏石油化纤总厂筹建指挥部涤纶一厂组建小组副组长；仪征化纤工业联合公司副总工程师；纺织工业部设计院咨询开发室主任；仪征化纤工业联合公司总工程师；纺织工业部设计院副总工程师；纺织工业部设计院副院长兼总工程师；中国纺织工程咨询公司副总经理；仪征化纤工业联合公司副总经理兼总工程师；中国化纤工业协会聚酯切片和涤纶短纤维专业委员会秘书长；仪征化纤工业联合公司三期工程副总指挥；仪征化纤股份有限公司副总经理兼总工程师；仪征化纤股份有限公司科协主席；仪征化纤股份有限公司“九五”发展和四期工程前期准备领导小组副组长；仪征化纤股份有限公司四期工程建设指挥部副总指挥兼办公室主任；

中国石化仪化股份有限公司顾问；中国石化集团科技委委员、顾问；中国纺织工业联合会顾问；中国化学纤维工业协会副会长、名誉会长等职。1992 年，享受国务院政府特殊津贴；1999 年当选为中国工程院院士。

早在 20 世纪 60 年代中期，蒋士成作为国家大型工程贵州有机化工厂设计总负责人，在我国第一套万吨级的醋酸乙烯和聚乙烯醇装置的工程设计和建设上，开创出国产化的新路，并成功地在广西维尼纶厂等同类装置上推广使用。20 世纪 70 年代初，蒋士成参与了我国四大化纤基地的规划、引进技术的谈判以及国内配套工程设计工作，是辽阳石油化纤总厂乙烯项目、汽油加氢等装置的设计负责人，还承担了蒸汽裂解（乙烯）装置、汽油加氢装置中方主谈工作。1978 年，蒋士成受纺织部委派来到仪征，参加中国最大的化纤和化纤原料生产基地——仪征化纤工程的总体规划，兼任副总工程师直至总工程师之职。作为项目的设计总负责人之一，他亲历了从总体规划、设计、技术和商务谈判到工程施工建设、安装、投料试车、生产、技术管理和开发等全过程。特别是在 1992 年，蒋士成胸怀实现聚酯装置国产化、振兴民族化纤工业的梦想，从北京调至仪征化纤，全面负责公司的技术管理、科技开发，参与组织推进公司三期、四期工程建设，以敢为天下先的创新思想、科技报国的强烈责任感，组织和带领仪征化纤、中国纺织工业设计院、华东理工大学和南化公司产学研结合的技术团队，逐步消化吸收引进技术，承担了聚酯装置和技术国产化攻关的重任，开发出了具有自主知识产权的国产化大容量聚酯技术，打破国外技术垄断，开创了聚酯装置建设国产化的道路，大大降低了聚酯项目建设的技术门槛和投资成本，使中国聚酯工业发展迎来了新的起点。聚酯装置国产化技术的推广，带动了中国化纤工业的跨越式发展。后来居上的中国聚酯工业，不仅在短缺经济时代为解决人民穿衣问题提供了原料，而且在此后的发展中，为扩大纺织产品门类、改善产品使用性能、扩大行业出口创汇，提供了天然纤维所不能企及的品种多样、物美价廉的纤维材料。

以第一完成人获中国纺织总会科技进步一等奖、中国石化集团科技进步一等奖各一项，国家科技进步二等奖一项，2006 年获第六届光华工程科技奖工程奖，2018 年获改革开放 40 年纺织行业突出贡献人物称号，2021 年获中国化纤行业终身成就奖等荣誉。近年来，蒋士成主持和参与了中国工程院多个重点咨询科技项目，为纺织和化纤产业的转型升级、由大变强作出了积极贡献。

目　　录

第一章

风雨如磐的童稚年代

生在“临川里”

1934年农历9月23日，已是江南深秋时节。

傍晚的风明显带着寒意，树叶在城市的上空缓慢地飘零，几周前还是一片葱茏的树木渐渐地展示它刚劲的干枝。落叶随着风的节奏，翻滚在青石板铺就的街面上簌簌作响。江苏武进县城闹市区的商铺陆续关门打烊，街面上顿时缺少了生气。

“哇—哇—哇—”，在县城中心的一座深宅大院内，一个新的生命诞生了。

这是一座典型的清代硬山派建筑风格的私人府邸，前后四进，白墙黛瓦，飞檐翘角，气派非凡。它的门牌号为临川里西官保巷23号。

香堂里青烟袅袅，全家上下10多口人似乎都在等待这个时刻的降临。随着婴儿的呱呱落地，祈祷声、祝福声、报喜声、鞭炮声连绵不绝，整个院落洋溢着喜庆热闹的气氛。

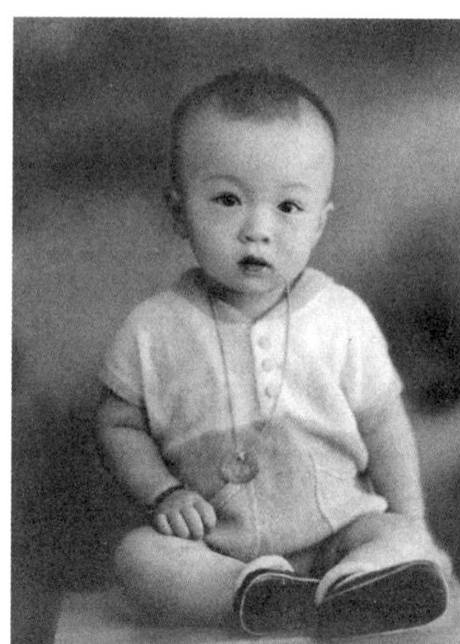
幼年时的蒋士成

生子添丁，是这个大家族的一大喜事。父亲蒋君衡小心翼翼地抱起昂着头、紧闭着眼、挥动着小手臂、哭声嘹亮的婴儿，欣喜地说：“好个弘毅之士，取名叫士成吧。”

按宗谱，蒋士成的辈分为“成”字辈。

古人云："赐子千金，不如教子一艺；教子一艺，不如赐子一名。"蒋君衡为儿子取名为"士"，不仅寓意名望、寄托理想，还反映了武进崇文重教的地域文化风尚。

武进县，为江南富庶之地，也是吴文化的发源地之一。春秋时称延陵邑，汉代称毗陵县，隋朝始设常州，明、清设常州府，辖武进、阳湖两县，辛亥革命后的1912年两县合并为武进县。1949年4月常武地区解放后，武进县析出建立常州市。蒋士成出生的武进县，就是人们所熟知的江苏省常州市。

老常州人都知道，临川里为旧县衙、府衙所在地，所谓"官保巷"实际叫"官报巷"，是古代常州士人获得功名和升官报喜的科仕留芳之地。

临川里西傍北大街，南临内子河，河对岸是商业繁华的南大街，在连接南北大街的甘棠桥的北首，矗立着一座三十多米高、造型简洁时尚、一度为常州市标志建筑的钟楼。它的楼身为钢材结构，顶层还设置了消防瞭望台和自来水箱，南北两面悬挂着大型西洋自鸣钟。蒋家的祖业，设立于清朝咸丰年间的"蒋懋大银楼"就坐落在钟楼脚下，西官保巷向北大街的出口处。

临川里钟楼旧貌
（摄于20世纪60年代）

常州是运河城市，老运河之水从西门小水关引入城内，过觅渡桥、甘棠桥、惠民桥和大浮桥后，河面倏然扩宽，水面波光潋滟，水色清澈光亮，云雾缥缈空蒙。因此，这条作为护城河的"内子河"还有一个富有诗意的名字叫作"白云溪"。

临川里的东侧，是常州龙城书院的旧址。它创建于明朝隆庆六年，即1572年，明清时期，几经兴废。1895

年甲午战败后，常州的有识之士推进改革，“别设致用精舍，博习乎舆地算学”，龙城书院成为常州士子学习新知识的中心。

蒋士成的曾祖父蒋树德，开设“蒋懋大银楼”发家后，选择了临川里这块风水宝地。祖父蒋雪庄又在祖屋的东侧购买了一大块土地，建造四进新宅20余间。主建筑为两层楼房，正厅屋取名为“望云堂”。“望云堂”取《史记·五帝本纪》“其仁如天，其知如神。就之如日，望之如云”之意，表达对古代贤者的敬仰。

在蒋士成居住的小楼上，白云溪的灵秀尽收眼底。

有人顾名思义，认为白云溪即为“临川里”之“川”，实则不然。临川里的称谓有着一段可歌可泣的悲壮历史。

宋末元初，元军挥戈南侵，直指南宋都城临安。常州作为临安的门户屏障，成为兵家必争之地，由此发生了历史上著名的“常州保卫战”。2万多毫无作战经验的市民和数千名宋军在守将王安节的率领下誓死抵抗，在无险可守、无粮可吃的绝境中，抵抗20万元兵达半年之久，致使元军三易主帅，损伤惨重。王安节在战斗中阵亡，后人用“纸城铁人”称赞常州军民的不屈精神。元军破城后，在常州进行了疯狂屠城，据说，全城仅有7人逃出。为纪念王安节这位抗元英雄，时人将他的遗体埋葬地称为王守沿。后来，其四世孙王伯两兄弟来常州守墓，住在县衙前，死后也附葬在王安节墓旁。因王安节、王伯均为江西临川人，故后人将王伯与其弟住处称为临川里。

在宋军困守常州期间，王安节向当时平江府知府文天祥求援，文天祥即派遣将士火速增援常州。两年后，文天祥兵败在广东被俘，随即被押送北上，途经常州，看到常州城满目疮痍，哀鸿遍野，长叹道：“常州古睢阳都也，北兵愤其坚守，杀戮无遗种，死者皆忠义之鬼，哀哉”！恸作《常州》一诗：

山河千里在，烟火一家无，壮甚睢阳守，冤哉马邑屠……

“人生自古谁无死，留取丹心照汗青。”忠贞不渝的民族气节和坦荡热忱的爱国情怀激励着常州一代代奋发图强的青少年。浴血奋战誓死保卫常州的王安节与面对侵略者的威逼利诱慷慨就义的文天祥的英雄形象，深深印刻在常州人的历史文化记忆中。

临川里不仅浸沾着大自然的灵性，还浸沾着民族韧性。灵性只是一种先天禀赋，而韧性必定是从历史厚积中、从苦难创伤中、从探索奋斗中迸发出来的造血生髓精神。勤劳更智慧，儒雅更刚毅，成为这座具有两千五百多年历史的文化古城的底蕴和特质。

蒋士成出身的这个大家族，蕴藏着同样的气息。

文雅儒素的家族

常州的蒋氏家族是名门望族。苏东坡有诗道：“江南无二蒋，尽是九侯家。”族始祖可追溯到东汉大将军蒋横的儿子蒋澄。据史载，蒋横在朝廷遭受谗言被光武帝诛杀，他的九个儿子四处避难，其中蒋澄逃至江苏宜兴一带。后来光武帝醒悟了，为了弥补过错，将蒋横九子都就地封侯，蒋澄便成了函亭侯。

蒋士成家族虽然植根于常州，但有源可溯的根脉仅到他的曾祖父蒋树德。

蒋树德，字高行。世居武进县西直陶家村，生活在一个很普通的耕读家庭，“十二岁丧父，十三岁弃书习工，一度鬻薪贩甑以养母”，❶ 家境十分贫苦。太平天国战乱时期，蒋树德拖儿带女，背井离乡，靠着一手的银饰加工手艺，挑着担子在常州城走街串巷，为

❶蒋维乔．先考少颖府君事状、因是子文集[M]．上海图书馆藏档．

顾客加工一些手工银饰品。有了一定的积蓄后，在城里租了几间房子，开了个手工铺，专门加工金银饰品。清朝同治年间，与四子蒋雪庄在常州城甘棠桥北首开设银楼，商号“蒋懋大”。

蒋懋大银楼前店后坊，从事金银提炼、加工、定制、销售，实现“一条龙”服务。开设之初，规模就超过咸丰年间常州开设的首座银楼“毕泰昌”。蒋树德父子采用传统的古法冶炼手工提炼，黄金纯度高达99.99%，为“上足赤”。由于饰品成色好、品种多、做工细腻，深得顾客信任，营业规模不断扩大，雇工多达五六十人。到民国初期，蒋懋大银楼的品牌及规模，已经为常州六大银楼之首。

晚清时期的蒋懋大银楼(左起为蒋树德、蒋维翰)

蒋树德不仅经营有道，而且教子有方。他教育子女见贤思齐，不拘于功名。“耕读为本，学艺养身”“耕者必志于积粟，读者必志于成名，为商者必志于聚财，习技艺者必志于工巧。”他有四个儿子，在他的教育熏陶下，均成为清末民初响当当的名人。

长子蒋维翰，字克庄，又字可庄，号青霞散人，民国知名画家。“虫鱼花鸟，栩栩欲活，山水尤胜，尺幅千里”，❶ 在上海画坛

❶余剑华．中国美术家人名词典[M]．上海：上海人民美术出版社．

风靡一时。

次子蒋维锺，字岳庄。“幼颖悟而嗜读”，认为“一切科学，皆以数学为宗，乃益闭户潜迹，午夜不辍”。[1] 青年时跟随数学家华世芳入常州龙城书院专攻数学，因嗜读成疾，不幸英年早逝。留有数学专著《曲线新说》一书。

三子蒋维乔，字竹庄，是中国近代著名的教育家、出版家、佛学家、养生家。曾参加民国教育部的筹建，担任孙中山的中华民国临时政府教育部秘书长、江苏教育厅厅长、东南大学校长、上海光华大学文学院教授等职。新中国成立后，被选为苏南人民代表大会常务副主席，并担任上海文史馆员等职。有多部著作问世。

四子蒋维贞，字雪庄。即蒋士成的祖父，和蒋树德一同创业，经营蒋懋大银楼。

蒋维乔（竹庄）（左）与蒋维贞（雪庄）（右）在杭州合影

[1] 清徐珂．清稗类钞［M］．北京：中华书局，2010.

蒋树德先“习工”，后“设肆于市”，从小手工、小商贩发家，缔造了一个商业帝国，依靠的是精湛的技术、良好的商誉和他的不懈努力。蒋维乔这样回忆父亲：“老父以贫故，习工业，生维乔兄弟，厕名士夫间，皆老父余荫所及，非有重世显贵，列于膏粱著姓”。❶言下之意是，他们这支家族的发达，并没有依托九侯显贵姓氏的荣光，全部依靠父亲的辛勤努力。

难得的是，蒋树德教育子女的方式也有别于传统的封建家庭，他不仅不干涉子女的事业发展，还注重培养子女的艺术爱好。据《清代昆陵名人小传稿》记载，蒋树德“擅昆曲，凡丝竹诸乐器罔勿精。端居之暇，以此自娱，并教其诸子。曰：‘使汝曹有此喜好，庶几不染世俗之陋习也’”。❷ 这种开明、开放的教育方式，让人耳目一新。

受家风的熏陶影响，蒋士成的祖父蒋雪庄、父亲蒋君衡都具有典型的儒商气质。

随着常州贸易、手工业迅速发展，银楼业同行竞争加剧，民国前后常州又陆续增加 10 多家银楼。蒋雪庄父子奉行“利不亏义”的经营哲学，一方面极力提升锻造加工工艺，另一方面调整产品市场，为小银楼留出生存的空间，尽力让同行和老百姓得到实惠。同时，还增设了一些便民服务，从而赢得了市民的好口碑。

尽管蒋君衡是一个成功的商人，但从商之路并不是他的选择，弃学经商更是迫不得已。

蒋雪庄有四子，长子蒋君稼，字正觉。1901 年出生。次子蒋君衡，字正权，1909 年 3 月出生。原配去世后续弦，又生下三子蒋君洁（字正平）和四子蒋君俭（字正勤）。按惯例，老大蒋

❶何宗旺．蒋维乔思想研究[M]．湖南：湖南师范大学出版社，2003.

❷张维骧．清代昆陵名人小传稿[M]．影印版．文海出版社，1974.

蒋士成的父亲蒋君衡

君稼承接祖业是天经地义的，况且蒋君稼生性活泼，交际能力较强，而蒋君衡性格文静，且体弱多病。所以，从蒋君稼小时起，蒋雪庄就向他刻意灌输商业知识，传授银楼经营门道，并送他去江苏省立第二商业学校就读，并在蒋维乔的推荐下到北京中原实业银行工作，三年后便进入北洋政府财政部任职，等他长了见识、有了人脉后再继承光大祖业。无奈蒋君稼心不在焉，对银楼的经营管理毫无兴趣，而受长辈们影响，对中国传统戏剧昆曲与京剧深深着迷。

原本是工作之暇拜师学戏，但蒋君稼对戏剧的痴迷已达到无可救药的地步，成为名副其实的“票友”。梅兰芳与蒋君稼同出一师门，又同是江苏人，这对“名伶”与“名票”成了无话不谈的挚友。

梅兰芳与蒋君稼(左)合影

戏班子的“行头”都是自己置办的。蒋君稼每次参加演出，梅兰芳都会把自己最好的行头借给他。蒋君稼出名后，梅兰芳从不抢风头，还把一些重要的机会让给蒋君稼。这种珍贵的师兄弟情谊一直持续到梅兰芳逝世。

蒋雪庄对蒋君稼可谓是爱恨交加，爱的是蒋家祖孙三代都对戏曲有着共同的爱好，父亲和大哥是名副其实的京昆票友，自己也耳濡目染，对昆腔皮黄情有独钟。现在儿子唱出了门道，享誉京师，自然是欣慰不已；恨的是儿子对庞大的家业置之不理，而痴迷于戏曲，在大户人家是有失颜面的。出于这种心理，蒋雪庄做了妥协，声明蒋君稼只能做票友，不可下海为伶，以戏曲为业，否则断绝父子关系。这样，蒋雪庄将承接祖业的希望寄托于蒋君衡身上，1921年冬，蒋君衡离开刚考取的私立常州中学，中断了学业。

1928 年 3 月，蒋雪庄仙逝，蒋君稼回常州守孝一年。兄弟四人商量以股份合营模式经营蒋懋大银楼，雪记银楼、衡记银楼和平记银楼分别为股东，交给蒋君衡统一经营管理。兄弟四人同住在“望云堂”，一家人相处十分和睦。

近代上海作为中西交汇之地，一直获得江南发达地区开明乡绅，尤其是文化精英的青睐。20 世纪 20 年代末期，由于中国政府收回了沪宁铁路的经营管理权，常州与上海的交通十分便利，上海便成为常州工商、富绅和文艺名人的旅居或迁居的首选地。蒋维乔 1927 年定居上海；蒋君稼兼职上海市立实验戏剧学校(今上海戏剧学院)教师，奔波常州上海两地；三弟蒋正平进入上海电影制片厂做会计工作；四弟蒋正勤在实验戏剧学校毕业后，进入上海电影制片厂做演员，在电影《武训传》《人民的巨掌》《纺花曲》等影片中扮演角色，后下放至福州话剧团，1988 年还在电影中(《在暗杀名单上》)出演反派角色毛人凤。

蒋士成家族的生活是丰富多彩的，既有商贾大亨的实力，又有梨园之家的韵味，既有书香门第的传统，又有簪缨世族的警醒。难能可贵的是，在经历了太平天国、甲午战争、抗日战争的烽火硝烟之后，这个家族摆脱了名缰利锁封建主义桎梏的束缚，种下了自强奋发的精神因子。

在这个大家庭里，从小听着长辈们的前尘往事，蒋士成感到遥远而模糊。而三代人为家族振兴、为民族繁荣、为国家富强的奋斗精神，却让蒋士成感到愈加亲切而明晰。

逃难中

蒋士成童年最幸福的时光是在母亲的怀抱里、父亲的呵护下、哥哥姐姐的扶携中度过的。哥哥蒋元成长他 6 岁，姐姐蒋启蕴长他 4 岁。

端阳看龙舟是蒋士成童年记忆中最精彩、最赏心的一幕。胸前挂着透着清香的香囊，听着大人们讲述屈原投江的故事，脑海里有个依稀的概念：龙是中国，龙是家乡。

钟楼的钟声雄浑悠扬。钟针神奇走动，声音倏然发出，蒋士成好奇而不得其解。

这段富足而宁静的生活似乎一夜之间被撕得粉碎。

左起为蒋启蕴、蒋士成、母亲计瑞华、蒋元成

1937 年 7 月 7 日，日本在卢沟桥挑起战火，发动了对中国的全面侵略。8 月 13 日，淞沪会战打响，中国守军赴汤蹈火、苦战三个月后，上海失守。10 月 12 日，涂有猩红色膏药标志的日机已在常州城上空盘旋。古城内外不时传出炸弹的爆炸声和老百姓惶恐的惊呼声。日寇水陆并进，沿沪宁线向西侵犯。11 月 29 日，常州沦陷。

风声鹤唳。蒋士成一家加入了常州市民逃难的队伍。10 月份，定居上海十年的蒋维乔来快信要侄儿们去上海租界避住。蒋君衡因夫人计瑞华怀有身孕以及忙于转移家产，拖延了一些时日。之后，战火迅速蔓延，上海与常州交通阻断，音信不通。慌急之下，只得暂到武进乡下奶娘家躲避。日军破城当日的凌晨，蒋君衡带着伙计，一家五口借着夜幕雇船逃离。那一夜，4 岁的蒋士成平生第一次感受到惊恐，紧紧攥着已是疲惫不堪父亲的衣袖，整夜也不肯放手。

11 月 29 日那天的晌午，明晃晃的刺刀在白晃晃的太阳映衬下显得格外刺目，常州城笼罩着一片肃杀、恐怖的气氛。日军在城内屠城 3 日，“被烧毁房屋 9000 余间，火光数十里外可见，全城曝尸遍地，被杀民众达 4000 余人”。日寇实行“三光”政策，奸淫掳掠，无恶不作，千年古城几乎化成灰烬。这段惨绝人寰的暴行成为屠杀 30 万南京同胞的血腥序幕，被称为“常州三日”。

商业金融区在常州沦陷前就成为日军飞机轰炸的重点目标，临川里西邻的西瀛里在民国时期曾是常州的“金融一条街”，各种风格的银行、钱庄和商铺林立，随着敌机的几番俯冲，西瀛里一片火海，风格各异的建筑瞬间成为断壁残垣；商户云集的南大街，大小商铺酒肆计有 166 间，日军抢掠焚烧后仅剩 4 间；蒋士成大舅小舅在南大街开设的“瑞和泰绸布庄”和“天益泰洋货店”悉数尽毁；蒋懋大银楼也在这次战火中被夷为平地。

蒋君衡的奶娘住在武进县西南湟里乡下，这里河汊交错，东濒滆湖，西瞩长荡，金湟河、孟津河纵横其间。除当地散落的零星农户外，人迹罕至，蒋士成一家在这里度过了一个寒冷的冬天。因母亲怀有身孕，留入蒋士成记忆中的是那个水乡奶奶宽厚的笑容，以及过去从未感受到的那么深切的父爱。

对儿时的蒋士成来说，父亲永远是个忙碌和遥远的人。逃难经历拉近了父子间的距离。父亲有讲不完的故事，蒋士成也有问不完的问题。从家庭到家族，从历史掌故到人物趣事，滔滔不绝。蒋君衡的亲子交流，使童稚的蒋士成对当前发生的战争有了一个极其简单又极其深刻的解读——落后就会被打。

图强的基因早就融入父辈们的血液中。

天有不测风云。刚过完 1938 年的春节，蒋君衡病了，本来羸弱的体质加上连续的劳顿和乡村经历的风寒，导致他高烧不退，腹泻不止。一来偏僻的乡间找不到一个像样的医生，二来日寇严厉封锁抗生素之类的药品也无药可寻，三来淞沪、南京战场一线战火暂已平息。蒋君衡决定去上海治病。

几日艰辛辗转，一家人住进了上海蒋维乔的家。此时蒋维乔的家就像一个“避难所”，本来较为宽敞的二层欧式小洋楼塞进了十几个人，连吃饭也得分批“翻台”。因为蒋士成年龄最小，讨人喜欢，所以往往和长辈们一起吃饭。饭桌上大人们最多的话题就是目前的战局了，在他们时而愤慨、时而沉默、时而争辩中，蒋士成虽然听不明白，但始终感到的是一种沉重的气氛。

5 岁儿童的记忆是残缺而不清晰的。但蒋士成从大人们的口中第一次有了“化学武器”的概念，而且知道这是比飞机大炮更残忍的一种杀人武器，以至于经常在梦中被满天飞的蝗虫、满地窜的老鼠所惊醒。

这段时间，给童年蒋士成留下印象的有两个人。

一个是堂伯蒋君毅。蒋君毅是蒋维翰的儿子，因为父亲早逝，蒋君毅一直跟着蒋维乔生活，上海圣约翰大学毕业后在商务印书馆工作。1932 年淞沪战争中蒋君毅是上海市民义勇军指挥部成员之一，现在又为战地红十字会做事。蒋君毅不仅带着蒋士成游览十里洋场，还实地实景地将中国军民两次上海抗战的故事讲得绘声绘色。无疑，蒋君毅在蒋士成的心目中，就是一个大英雄。

还有一个就是三伯公蒋维乔了。三伯公经常拉着蒋士成到他的书房内习字画画，偶尔还会教蒋士成几个英文单词。在蒋士成的印象中，三伯公有着写不完的东西。书房很静很静，昏黄的灯光映衬着那张慈祥又不乏刚毅的面庞，蒋士成终生难忘。

后来，蒋士成才知道，上海沦陷后的蒋维乔生活日渐窘迫，经济捉襟见肘。除了在上海光华大学教授的薪酬外，这位誓不与日伪往来的文化老人有时不得不以卖文鬻字维持生计。蒋维乔接纳他们全家避难，为父亲蒋君衡治病慷慨解囊，对孙辈们生活上的关心无微不至。每想到这些，蒋士成的心中会情不自禁地流淌着一股暖意。

后来，蒋士成才知道，那段时间，三伯公笔耕不辍，除了完成了《中国佛教史》《中国近三百年哲学史》《宋明理学纲要》等著作外，每天日记里还详尽记述了淞沪战争的情势和进展，字里行间充满了对侵略者的仇恨以及对抗日军民浴血奋战的激赏。早已皈依佛教的三伯公有如此的情怀，蒋士成认为表面上的沉沦是中国知识分子独特的一种抗争方式。

后来蒋士成才知道，上海沦陷期间，三伯公多次拒绝日伪的威逼利诱。1942 年 6 月，上海日伪联合举办讲习所聘请蒋维乔为中国文化史讲师被拒；8 月，日本特务机关思想部长峰崇仁亲自登门，邀请蒋维乔担任“上海特别市教育会”副会长被拒，就连挂个名也不行；日华佛教会成立后邀蒋维乔入会被拒；对“76 号”的丁默村、李士群之流，蒋维乔要么是避而不见，要么是见而不理。一次，汪精卫在上海宴请各界“名流”，蒋维乔也在应邀之列。汪精卫在席前苦等“蒋先生”之时，蒋维乔早就将请柬扔进了废纸篓。❶ 这些，使蒋士成真实体会到什么是做人的铮铮铁骨。

中国人民失去家园，失去土地，失去财富，但绝不可以失去骨气。

家道中落

蒋君衡大病初愈，就带着全家回到常州，沦陷生活就这样闯进了蒋士成的童年。

不久，蒋士成的弟弟呱呱落地。蒋君衡给他取名为希成。

❶何宗旺．蒋维乔思想研究［M］．湖南：湖南师范大学出版社，2003.

“希”是一种盼望，一种期待。希望蕴藏在外族铁骑野蛮肆虐后的一片废墟中，扎根在每一个有良知、有血性的中国人民的心中。

亡国奴的生活是一种痛彻心扉的记忆，屈辱和抗争同时写进了常州的历史。常州人民懂得，有屈辱，必有抗争，有抗争，才有希望。

这种屈辱感同样侵噬着蒋士成幼小的心灵。

懵懂之中，蒋士成还记得巡逻的日本鬼子皮靴在家门前石板上的踩踏声。踩踏声由远及近，恐惧感总是会随着剧烈的心跳声袭来。蒋士成还记得日本鬼子在常州中学大操场耀武扬威、挥枪操练的场景，还记得在常州东门一个入城的农民小伙因为没有脱帽鞠躬，被两个日本哨兵用刺刀挑掉帽子，小伙头部鲜血淋漓。

常州沦陷后，日寇扶植的伪政府不断胁迫学校复课、工厂复工、商业复市，以实现日本侵略者“以战养战”的经济策略和实现所谓“大东亚共荣圈”的永久占领战略。

为了生计，蒋君衡在银楼的废墟上盖了几间草房，蒋懋大银楼重新开业了，但生意是一落千丈。一方面由于浩劫后经济萧条，商业寡淡；另一方面也由于金银首饰的经营比较敏感，易遭攫取盘剥。更重要的是，亡国奴的阴影始终笼罩着蒋氏兄弟乃至常州士绅阶层，使他们有心力抵抗，无心力经营。

有一股力量的聚集，使蒋氏兄弟看到了希望。1938 年 6 月，由陈毅、粟裕、张鼎丞率领的新四军第一、第二支队和先遣支队进入茅山地区，广泛发动群众，开展抗日游击战，创建敌后抗日根据地，军民抗日力量迅速壮大，在常武大地上奏响了一曲曲壮丽的抗战凯歌。

这就是令日寇闻风丧胆的“江抗”组织，全称为“新四军江南抗日指挥部”。抗战期间，“江抗”在常州接连打了一系列漂亮仗。常州各界人士有钱出钱、有力出力，踊跃支持新四军。

蒋君稼兄弟在常州人脉很广，很快就与“江抗”有了联络。兄弟俩以商人与文化人的身份，掩护抗日人士在常州城的活动。

就在蒋君衡对未来充满希冀、满怀憧憬的时候，病魔再次侵噬了他。本来身体已经基本复原，去了一趟上海就没能再回来。1939年农历9月21日，年仅31岁的蒋君衡因患肠癌辞世。

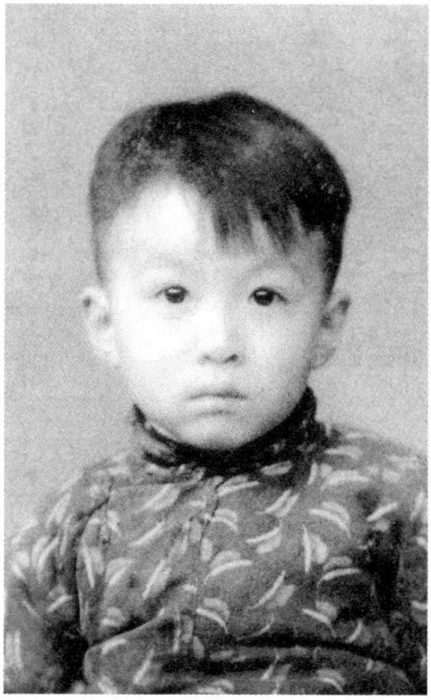
童年时期的蒋士成

这一天，离蒋士成5周岁生日仅差两天。

当一家人匆匆忙忙赶到上海医院时，蒋君衡已经奄奄一息。蒋士成至今还记得弥留之际父亲的满眼怜惜、慈爱的目光。

蒋君衡走了，家庭的大梁坍塌了，留下妻子计瑞华、儿子蒋士成以及蒋士成12岁的哥哥、10岁的姐姐和尚在襁褓之中的弟弟。

蒋君衡走了，一家人赖以生存的蒋懋大衡记银楼随着主人的去世而关闭。拮据困顿的生活无情地接踵而至。

蒋君衡走了，然而，祖辈父辈们勤学苦读的精神、不堪外族凌辱的气节以及实业兴国的夙愿，就像一颗饱满茁壮的种子扎根于蒋士成幼小的心灵。

是国难、家难，更是那个风雨如磐的时代，孕育了这颗种子。

种子，是要发芽、开花的。

第二章

孜孜不倦的求知生涯

觅渡，觅渡

蒋士成就读的小学是常州市的百年名校——武进县立觅渡桥小学。

觅渡桥小学的前身为“冠英小学堂”，为清末常州维新人士创办，“冠英”，意为“冠乎群英”。校歌中“欧风美雨，飞渡重洋，横来东西。睡狮老大，妖梦千年，誓争警醒”❶的歌词激扬豪迈，激励着一代代莘莘学子在欧风美雨的冲击中为振兴中华贡献着力量。1928 年，改称“县立觅渡桥小学”。

这所小学，走出了中国共产党早期领导人瞿秋白，走出了著名抗日将领冯仲云，走出了庄逢甘、庄逢辰、庄逢源、顾冠群、蒋亦元、蒋士成等 6 名中国科学院和中国工程院院士。

蒋士成在觅渡桥小学的六年，是饱受屈辱的六年，也是日本侵略者在沦陷区施行奴化教育与人民进行反奴化教育斗争的六年。

政治上以华制华、经济上以战养战、思想上推行奴化教育是日本侵略者控制沦陷区的实施战略。奴化教育成为钳制中国人民思想、消除中国人民抗日意志的罪恶工具。

日伪在常州推行奴化教育可谓是处心积虑：一是规定所有小学开设日语课，有的小学附设日语班，甚至打着沟通中日文化的幌子，在常州开办了“兴亚佛教日语学校”；二是小学起开设公民课，宣扬“中日亲善”“东亚复兴”，鼓吹武士道精神，颂扬汉奸头目汪精卫“和平建国有功”，陈璧君、陈公博、周佛海等大汉奸们“为国为

❶《觅渡桥小学校史资料》. 常州：觅渡桥小学藏档 .

民，劳绩卓著”；三是加强对学校和教师的控制，派遣教师和督学到各学校。据《常州市教育志》记载，有个叫小野文信的日本人，被任命为“大东亚省派遣教员”，经常牵着狼狗在常州中小学督学，借狗吠来威吓学生。❶

20世纪30年代的武进县立觅渡桥小学教学楼

觅渡桥小学三年级开始开设日语课，蒋士成班级的日语老师是由体育老师兼课的。早在20年代，为倡导新式教育，觅渡桥小学曾重金聘请日本籍教员教授日语。改由体育老师兼教日语课，无疑是对日语课程的蔑视。

这位体格壮硕、精力充沛的体育教师平时也不乏幽默感。日语的第一课，老师介绍51个片假名时说，日本话一是“骗”，一是“假”，所以就叫作“片假名”，引得学生们哄堂大笑。

日伪教育局不时派人来学校督查日语教育，这位老师也总是用“骗”“假”的方法机智过关。日本督学来校检查时，老师就以教日语应付，督学一走，立刻停止教学，给学生们讲一些爱听的故事，甚

❶常州市教育志[M]. 上海：上海人民出版社，1990.

至以调课为名带学生到操场上运动去了。

这位教师的幽默和机智，赢得蒋士成的好感。小学时候的蒋士成爱上了体育运动，田径成绩在同年级学生中出类拔萃。受老师影响，蒋士成还爱上篮球运动，篮球场上，经常会出现蒋士成的身影。

珠算课是觅渡桥小学培养学生职业技能的特色课，高小年级开设，计入算术课程成绩。珠算课的工具是一把算盘。算盘是中华民族祖先创造发明的简便的计算工具，现在已成为人类非物质文化遗产，可谓是“国粹”了。

蒋士成记得珠算老师是一个性格刚烈的“小老头”，塾师出身，在常州沦陷前日军空袭中，他家中有几个亲人被炸身亡。“小老头”有一双无比快速、灵巧的手，无论多么复杂的加减乘除题，在他手指的噼里啪啦下须臾间就能给出答案。据说他思念亲人的方法就是无休止地打算盘。上课时他经常对学生说，要把算盘当成武器。他天生的一脸凶相，令学生们望而生畏。

同学们惧怕“小老头”，还因为他沿袭了塾师体罚学生的坏习惯，一种叫作“打手心”，一种叫作“顶算盘”。两种形式惩罚的对象不同，“小老头”从不会用混。“打手心”针对的是学习不用功或者是粗心大意的学生，用“小老头”的话说是让你长长记性。而“顶算盘”则是“小老头”就地取材的发明，就是让违纪不守规矩的学生头顶着算盘在教室外或操场上罚站。

这两种令人生畏的手段，蒋士成从来没有“享受”过。有一次，有个同学由于没有吃早餐，为了走捷径，课间翻墙头去买麻糕吃，蒋士成“甘当人梯”，不巧给“小老头”抓了一个“现行”，蒋士成自以为“大祸临头”，结果，那个同学被罚“顶算盘”，他自己却“幸免于难”。

或许是“小老头”的感染和偏爱，或许是商人家庭出身的伶俐和聪颖，蒋士成对算术课的兴趣越来越浓厚，算术包括珠算成绩在班级名列前茅。“小老头”那张不苟言笑的脸也渐渐地亲切起来。不仅如此，学校每学期开展跨年级的珠算比赛，蒋士成与高他两个年级的庄逢辰比赛成绩总是遥遥领先，难分伯仲。

庄逢辰后来成长为中国火箭发动机和飞船发动机专家，与其大哥庄逢甘、四弟庄逢源都先后就读于觅渡桥小学，都投身于新中国的航天事业，又相继当选为中国科学院院士。庄氏“一门三院士”成为常州人民和觅渡桥小学的佳话。

2008 年 10 月 24 日，觅渡桥小学“院士墙”揭幕，长 7.3 米、高 3 米的汉白玉浮雕墙上，6 名杰出校友的形象栩栩如生。蒋士成、庄逢辰等应邀回到母校，谈起当年的“小老头”打手心、顶算盘的往事，不禁开怀大笑。蒋士成深情地对小学生们说：“算术是一切自然科学的基础。我们这一代人不仅受益于觅小老师的严管严教，更是受益于老师们抵制奴化、抗争奴化家国情怀的熏陶。觅小培养了我们一个信念，只有勤勉读书，刚正做人，中国的未来才会有希望；精神不倒，中华民族才能真正崛起。”

蒋士成(后排左一)、庄逢辰(后排左二)在常州觅渡桥小学院士墙前与小校友们合影

退学风波

1945 年 8 月 15 日，曾经不可一世的日本侵略者终于无条件投降，常武地区一片欢腾，常州城内歌声、笑声、鞭炮声、锣鼓声彻夜未停，所有人都沉浸在胜利的喜悦之中。

常州大戏院内，息演多年的蒋君稼连日领衔登台义演，梅兰芳书以“宏我夏声”横幅予以声援。蒋士成放学后就去剧院为伯父助阵。

“八年的忍受和苦痛，得到了今天的成功。如今每一个中国人，抬起头来挺起了胸。”在音乐老师风琴的节奏下，蒋士成学会了这首歌。

然而，短暂的喜悦过去后，蒋士成似乎还没有找到昂首挺胸的感觉。

学校里的气氛再次凝重起来，讲堂内外看不见老师们的神采飞扬，看不见师生之间的亲密无间。令学生们不解的是，日伪教材中的防共反共的论调没有随着汉奸的被清算而删除，反倒成为思想教育课灌输的重要内容。更为诧异的是，新四军在已经丢掉、落入敌手的常州地区奋勇抗日屡立战功，怎么不是抗战？反而成了国家的“叛逆”？

“抓赤匪、防赤化”，限制教师言论，禁锢学生思想，国民党当局的倒行逆施在瞿秋白的母校觅渡桥小学尤其为甚。广大师生义愤填膺，而只能敢怒不敢言。

1946 年，蒋士成就是在这种压抑的情绪中度过的。这一年夏天，蒋士成小学毕业。

令蒋士成更加压抑的是，家庭的经济拮据已经到了捉襟见肘、难以为继的程度。

父亲去世后，伯父蒋君稼接管了银楼的经营，蒋士成全家的经济来源一方面依靠银楼的给济，另一方面依靠不停地变卖家什。乱世经年，税负层层盘剥，百姓又缺少购买力，蒋懋大银楼生意惨淡，门可罗雀。已经升入高中的哥哥蒋元成被迫辍学，到银楼帮工打杂。姐姐蒋启蕴在芳晖女中毕业后到一所小学里执教。哥姐二人以微薄的收入贴补家用，维持一家人的生计。

为了蒋士成安心读书，一家人刻意隐瞒家中的窘境，尽管小学时候的蒋士成能够吃饱穿暖，但他还是隐隐约约地体察到家境的快速衰败。

一次，蒋士成放学回家，偶然看到哥哥蹲在街边上摆地摊，面前都是家中的一些装饰器皿摆件。说不清是一种愧疚，还是一种惴惴不安，蒋士成不禁觉得心头袭过一阵悲凉。之后，辍学的恐惧感便日夜缠绕着他。

其实，让蒋士成读书成人，不仅是父亲的遗愿，也是全家人，尤其是妈妈计瑞华所坚持的。计瑞华打定主意，即使节衣缩食，也绝不能中止蒋士成的学业。她与蒋君稼商量，决定让蒋士成报考常州师范学校。

常州师范学校也是一所老校，在常州“废科举”“兴学校”的革新浪潮中诞生。著名政治活动家史良曾在该校就读，五四运动中，史良曾带领常州学生联合会声援北京爱国学生运动。此外，20 世纪 30 年代，有个叫作蒋海澄的浙江小伙子，曾在该校任国文教员，他就是后来大名鼎鼎的诗人艾青。

让蒋士成读师范学校，家里人主要是考虑到师范学校属于公立学校，学费全免，可以减轻家庭经济负担。而从小立志学军工、学制造的蒋士成虽说对读师范有些不情愿，但他知晓家里的困难也就同意了。1946 年 7 月，蒋士成考入常州师范学校。

新复校的县立师范学校男女生兼收，分初等师范和中等师范两部，课程设置与初中和高中差不多。蒋士成读的是初师。

国民党武进当局对公立学校的思想控制和教育管理极其严厉狠毒，县教育局下派了一个名叫金凯的训教处长，鹰犬般地在校内四处游荡，对学生动辄训骂，令学生们毛骨悚然。沉寂的校园氛围让处于少年叛逆期的蒋士成感到喘不过气来。

失望、苦闷、愤怒、无奈，诸多情绪在蒋士成身上交集、蔓延，渐而转化为消极乃至叛逆的行为。课堂上与老师争辩顶撞，做鬼脸，不按时交作业，替被校纪处理的同学打抱不平，甚至是打架、逃课。蒋士成后来回忆说，那段时间有自暴自弃的想法，一生的“任性”都集中于那短短的四个月。

1947 年 1 月，师范学校第一学期结束，五门功课竟有三门不及格。学校勒令退学的名单中，出现了蒋士成的名字。

退学处分对蒋士成思想上的触动和精神上的刺激是很大的。在大学读书时，他在一份《自传》里写道：学校给我的退学处分只能反映出国民党教育是腐败之极，他们没有对青少年进行好的教育，不断让你犯错误，最后把你一脚踢出学校。

大大出乎蒋士成意料之外的是，母亲计瑞华对他被学校勒令退学之事并没有他想象的责怪、悲戚，甚至是大发雷霆，而是显得格外的平静。母亲只淡淡地说了一句：天无绝人之路。母亲的坚强以及对子女的理解、包容让蒋士成感到自责和敬佩。

就在蒋士成经受着失学苦恼以及愧对母亲情绪的双重压迫中，母亲的话神奇地应验了：私立辅华中学向他伸出了橄榄枝。

就读辅华

辅华中学是一所私立学校，校长叫汪绍先，复旦大学毕业。他毕生热爱教育事业，为辅华中学的创建、生存发展可谓是呕心沥血。他主张育才重在育人，十分注重学生品德培养和体格锻炼。他在学校设立“诚毅堂”，激励学生存诚弘毅，务实进取。近百年来，“诚毅”一直作为辅华中学的校训。

辅华中学还是常州沦陷后坚持办学为数不多的学校之一。先是移址上海建辅华沪校，后又迁址武进县坂上镇大刘寺。在上海办学期间，得到了蒋维乔的鼎力相助。坂上办学期间，著名历史学家吕思勉受聘来校定期讲学，使学校声名大振。

吕思勉也是常州人，在商务印书馆任编辑和在上海光华大学任教授期间，与蒋维乔既是同乡，又是同事，且志趣相投，过往频繁。常州人将两人尊称为“常州二先生”。1942 年，吕思勉还接受辅华中学聘请，担任中国文化史一课的讲授。有了这一层关系，辅华中学不仅接受了被开除了的蒋士成，还免去了蒋士成的学杂费。

辅华中学位于常州市双桂坊，学校得名于北宋年间在此地居住的宋姓和丁姓两家兄弟同时考中进士，官府树立牌坊，以示褒扬。

辅华中学的校舍原先是一座庙，叫作“刘先师庙”，是常州人民为纪念明朝万历年间名医刘云山所建造的一所祠堂，清代硬山式建筑风格。前面新建了一幢民国风格的二层教学楼，后有两进整齐的校舍。右边有一片空地，是学校租来当作运动场的。尽管简陋狭小，但功能齐全，安排得紧凑有序。

辅华中学为避日寇与战火，多次迁移，被教师们笑称为“孟母三迁”。虽然有师资不足和经费短缺的困难，但校园里始终洋溢着乐观主义的气氛。师生们十分珍惜教与学的机会，尤其是蒋士成，经过退学这番周折，更懂得学习的机会来之不易。父亲的期望，母亲的慈爱和坚强，常州先贤们的激励，辅华中学“诚毅”校训的指引，使蒋士成暗自下了决心：努力学习，报效祖国。

蒋士成在辅华中学旁听半年后，正式转入了6年的初中和高中的学习。

在辅华中学的旗帜下，凝聚着一批有事业心、有责任心、有教书育人丰富经验的骨干教师。吕思勉返回上海光华大学后，仍受聘任辅华中学校董。辅华中学一些学科教育很快在常州市创立了品牌。

钱志坚和钱小山，并称辅华中学“国文二钱”。钱志坚是位文绉绉的老先生，平时有点“之乎者也”私塾老师的味道，对学生温文尔雅，文言文教学深入浅出，书法和诗词歌赋功底很深，经常与吕思勉等社会名流诗赋唱和，对学生中的诗词爱好者也有歌赋应答，深得学生喜爱。钱小山是清朝进士钱名山的儿子，文史哲学科门门精通，热心教育事业，原先在常州创办了名山中学，抗战胜利两年之后主动并聚到辅华中学旗下。新中国成立后，钱小山曾任常州文化局局长。国文课是中学基础课，蒋士成的国文成绩一直优秀，进入高中学习后，兴趣虽然偏向理科，但回忆起受“国文二钱”的教育，仍觉得受益匪浅。

辅华中学选聘了部分远征军转业官兵充实到教师队伍。这些从滇缅前线凯旋而归的热血青年给辅华中学带来了生气活力，受到学生们的欢迎。

给蒋士成留下深刻印象的有一位英文老师，他叫李晓声，大学快毕业时应征入伍加入远征军，据说曾担任过美国史迪威将军的中文翻译。李晓声讲课生动，英文发音纯正。课间，常给同学们讲述中国远征军英勇抗战以及国际盟军之间的一些奇闻趣事。与李晓声的亲近，激发了蒋士成学习英语的兴趣，为蒋士成以后的英文阅读和对外交流打下良好的基础。

篮球运动拉近了蒋士成与李晓声的距离。辅华中学的运动场其实就是一块狭窄的空地，只能满足学生上课间操的功能，一旦遇到雨天，那里便是一片泥泞，无法落脚。李晓声等青年教师游说校方增添了部分球类器械等体育设施，并带领学生平整土地，制作三合土，铺上细沙，使之具备了田径竞赛的基础条件。在运动场与校舍之间，他们又修建了一个简易篮球场，经常组织与兄弟学校开展篮球比赛。蒋士成身材矫健，反应灵敏，投篮准确，与后卫李晓声配合默契，是打边锋的好料子。一次，李晓声要与蒋士成互换角色，他鼓励蒋士成："后卫充当着组织指挥的职责，你一定能够打好。"那次比赛果真使辅华队大获全胜。

从那时起，体育教育在辅华中学逐渐形成特色。辅华中学新中国成立后参加历次全市中等学校运动会，团体总分大都名列前茅，因而得到国家体委和教育部"全国体育运动红旗学校"的称号。篮排球运动成绩更是遥遥领先，20 世纪有几个辅华毕业生曾担任过国家队和省市队的主教练。蒋士成不仅篮球球艺精湛，田径成绩如短跑、跳高、跳远成绩均达到国家健将级运动员标准，新中国成立后多次代表学校参加全市中学生运动会，并代表常州市参加全省中学生运动会，曾获得过五项全能冠军。

1951 年，蒋士成进入高中学习，先后担任校学生会体育部长和学生会副主席。这一年，朝鲜战场战事正酣，李晓声受命赴前线任美军战俘营翻译。辅华师生举行了隆重的欢送仪式，学生会准备了一个鲜红封皮的笔记本，作为给李老师的临别礼物。各年级的同学们自发地签名、留言。

球场和课堂有时会冲突的。有一次，兄弟校的篮球队借蒋士成和另外一个队友去校外打比赛，没有经过学校批准，耽误了一下午的课程，回来后学校给了蒋士成一个“警告”处分。从此，蒋士成才深刻认识到，在辅华，纪律和学习才是学生之本，于是，他将精力全部集中到课堂上，学习成绩节节攀升。

对蒋士成人生影响最大的，或者说指引蒋士成走向化工事业的引路人，是化学老师杭甄。

杭甄老师

杭甄，1924 年出生，是辅华中学 38 届毕业生，读完高校后回到辅华中学任教。这种被大家戏称为“近亲繁殖”的现象，在辅华就有 20 多例，说明了辅华师生感情融洽，对学校一往情深。

辅华中学初二年级设化学课，初三年级设物理课，学时均为一学年。高二、高三年级并设化学、物理课。当时，学校经费困难，师资缺乏，教师跨年级、跨学科兼课的情况很多。杭甄不仅是化学老师，还是物理老师，不仅是高中老师，还是初中老师。杭甄年轻肯干，也不乏幽默，自嘲曰：“多面手乎？拉郎配乎？”

在退休后的教学生涯回忆文章中，杭甄用“焚膏继晷，蜡炬成林”来形容当年双桂坊校园的学教情景，令人感动。他记述道：

> “学生早晚集体自修，我与学生同吃同住，零距离接触，有利于教学。由于年龄相仿无代沟之嫌，上课为师，课余为友……学生深知学习机会来之不易，抓紧点滴时间

刻苦学习，有时停电，则人手一烛……”[1]

蒋士成崇敬杭甄坚韧的毅力。1938 年，杭甄考取的大学内迁，由于日寇的封锁，杭甄一路辗转到了皖南，不巧错过了约定时间，一个人竟然连续步行四个昼夜赶到长沙，历经辛苦找到了转移的师生队伍。

杭甄的“真”影响了蒋士成的一生。他性格率真，教学认真，对错误较真，对同事、学生付出真情。

更让蒋士成受益的是，杭甄激发了他对化学学科的浓厚兴趣。高中第一节化学课，讲台上没有讲义，黑板上只有“化学的用途”五个字。个头不高、略显清瘦的杭甄侃侃而谈，表情亲切又不乏严肃。蒋士成感觉杭老师的讲授像是一场热血青年的动情演讲，又像是一次战地指挥员的战前动员。

一个概念在蒋士成的心头扎根了：化学是非常实用的，不仅应用于自然科学的各个领域，更能够创造自然、改造自然。

杭甄的教学别出心裁，引人入胜。讲碳酸盐一课时，他大声朗读明代民族英雄、文学家于谦的《石灰吟》：“千锤万凿出深山，烈火焚烧若等闲。粉身碎骨全不怕，要留清白在人间。”接着，他问学生：“青黑色的山石，经过熊熊的烈火焚烧之后，怎么会变成白色石灰呢？”由此，他写出化学方程式。

江苏宜兴的善卷洞是世界著名的石灰岩溶洞，距离常州很近，大部分学生都去游览过。杭甄让学生仔细观察钟乳石的形状，思考千万年来碳酸盐的化学反应过程。

杭甄的教学善于因陋就简，就地取材，增强直观性和感性，千方百计地让学生提高学习兴趣。比如讲烷烃，他带着学生们去校外池塘边用烧瓶采集沼气做实验讲解。一次，学校粉饰内墙，杭甄组织学生观看熟石灰的制作过程。生石灰遇到水，反应生成了熟石

[1]《常州第三中学校庆资料汇编》. 常州：第三中学藏档 .

灰，由于是放热反应，反应过程中水竟然开始咕咕冒泡，沸腾了。蒋士成看着沸腾的水，心里不禁暗自惊叹化学的奇妙。

私立学校经费拮据，无力独自设置理化实验室。杭甄联合周边私立性质的正衡、私常中、芳晖等三所中学，集中各校的零星仪器药品，共同租赁常州城中公园“水榭轩”的建筑，联合创设了理化实验室，轮流使用。

实验课几个星期才能轮一回，因此去“水榭轩”做实验成为蒋士成最期待的日子。辅华中学离城中公园不远，大家排着队去，做完即可以回家。有些对实验兴趣不大的同学敷衍一下就逛公园去了，留下的“空台”给了蒋士成反复练习的机会。蒋士成沉浸于试纸试剂变化的神奇之中，享受着无穷的乐趣。

雪花膏是市面上特别流行的护肤品，主要原料是脂蜡酸、水、氢氧化钾、甘油和香料。蒋士成从杭甄那里得到配方，连续试制了几次，膏体不是稠厚就是稀薄，不是泛黄就是含有颗粒物。杭甄从原料的配比、温度的控制、搅拌的均匀度几个方面耐心指导，蒋士成终于做出了颜色纯白、气味芳香、膏体均匀的雪花膏。老师高兴地将蒋士成的实验品分发给同学们，蒋士成把他所得的那份“战利品”送给妈妈。老师的赞许、同学们的敬佩、母亲的惊喜，给了蒋士成莫大的鼓励。化学的魔法世界，给了蒋士成一个崭新的人生憧憬。

蒋士成与杭甄结下了深厚的师生情谊，蒋士成辅华高中毕业后，一直保持与杭甄的通信联系。杭甄命途多舛，1958 年被打成“右派”下放农村劳动，有家族精神病史的妻子受到刺激离他而去。拨乱反正落实政策后，杭甄又不幸身患骨癌。2008 年辅华中学 80 周年校庆，蒋士成专程去医院看望了这位恩师。

2010 年 5 月，杭甄病逝。人们在整理他留在医院里的遗物时，发现了一个档案袋，里面装着《常州日报》有关蒋士成的报道和蒋士成写给他的信件。蒋士成惊闻噩耗，不禁悲从中来，唏嘘不已。

“亚克西”

初中阶段的蒋士成“性格内向，寡言少语”“除了在运动场上矫健的身姿，平时的举止总是一副与年龄不相称的少年老成的模样”，[1] 这与他经受的家庭变故与退学挫折不无关系。蒋士成下决心改变这种境况。

1949 年 4 月 23 日，常州解放，古城到处载歌载舞，各种庆祝活动接连不断。辅华中学学生会组织了业余文艺宣传队，并成为全市宣传活动的骨干力量。那年，正在读初三的蒋士成报名参加了宣传队。

不久，常州市军管会接管了全市公私立中小学，辅华中学也获得新的生机。1953 年 1 月，辅华中学改为公立，更名为“常州市第三中学”，仍由汪绍先担任校长。

辅华中学学生会干部大多是高中学生，学生会文艺部部长汪文英是校长汪绍先的女儿，比蒋士成高一个年级。她回忆说，当时的蒋士成看上去比较文弱，甚至有点腼腆，性格也特别温和。全校的文艺积极分子大部分是女生，男同学很少有人喜欢游行、跳舞之类的活动，而蒋士成态度积极，总是随叫随到。

宣传队虽然分成秧歌队、舞蹈队、莲湘队和腰鼓队几种，其实也就那么几个人，基本上都是“全能演员”，一场过后，换上服装道具接着上场。有时还得“救场”，比如女生舞蹈人数不够，蒋士成与高中女同学个头差不多高，汪文英经常安排他上场“补缺”，蒋士成

[1] 汪文英口述访谈 . 2015. 11. 常州 .

每次都爽快答应。

汪文英家里的天井很大，所以宣传队通常在此集中训练。有时，汪校长也会在旁边饶有兴致地观看，不时给予点评。汪文英说，蒋士成的文艺天赋并不突出，是凭借他的认真和一股钻劲挖掘出来的。

腰鼓舞最初盛行于陕北革命根据地，新中国成立后立刻风靡全国。1943 年，著名词作家贺敬之创作的《胜利腰鼓》在延安鲁迅艺术学院演出后，这种民间表演形式便成为欢庆胜利、庆祝解放的象征。腰鼓舞分路舞和场地舞两种。顾名思义，路舞即边走边舞，队形与鼓点稍有变化，通常与秧歌队混合，适用于游行庆祝。场地舞属于纯表演艺术形式，队形的变换、鼓点的花样要复杂得多，对鼓手技巧、气质的要求相对也高得多。尤其是男鼓手，踢踏跳跃，腾空转身，在固定的节拍中，要完成一系列高难度的动作，才能表现腰鼓粗犷豪迈、刚烈奔放的风格。这使蒋士成的运动天赋得到了充分的发挥。经过刻苦训练，蒋士成的表演有张有弛，形神兼备，不久就成为辅华腰鼓队的骨干队员。一次参加完市政府举办的庆祝活动后，市宣传部的同志非常高兴，特意将辅华腰鼓队带到照相馆，留下了蒋士成腰鼓表演造型的精彩瞬间。

蒋士成打腰鼓造型照(摄于 1949 年)

新疆舞也很是流行。大概

是五彩斑斓的服饰、拍掌弹指的动作、扬眉动目的表情最能够烘托热情气氛的缘故，辅华宣传队的新疆舞很受观众的欢迎。不过，新疆舞蹈的舞姿很有讲究，要有扎实的基本功，步伐、翻腕、移颈，一招一式看似简单，真正做到位可不是一件容易的事情。蒋士成很是投入，仅练习"移颈"动作就是好几天。脖子酸胀之后，僵硬的肌肉开始松弛，再配合眼神的练习，蒋士成的晃头移颈动作已经非常传神了。

"亚克西"在维吾尔语中是"好"的意思。《幸福生活亚克西》是新疆舞蹈的传统节目，蒋士成扮演了买买提大叔的角色，头戴小花帽，手捻山羊胡，舞姿舒展，步伐矫健。他的每场演出都获得观众好评。表演到高潮时，观众们也会情不自禁地伴随着音乐和舞蹈节奏，高喊：亚克西！亚克西！

参与文艺演出及社会活动，带来蒋士成心情的"亚克西"，精神面貌的"亚克西"。更重要的是，蒋士成的家庭境况在新中国成立后也好了起来。

解放初期的蒋君稼

对民族资本家实行的"和平赎买"政策使蒋士成一家有了固定的收入来源。蒋懋大银楼按照新中国的金融政策息业关闭，由政府接收；在蒋君稼的安排下，蒋士成全家搬出"望云堂"到旁边的老宅居住，每月还能从政府领取一定的津贴；哥哥蒋元成进入公私合营的益丰成浆纱厂做会计。总之，新中国给了蒋士成有记忆以来从未有过的踏实稳定感。

1951 年抗美援朝期间，蒋君稼抱病在常州西门大华大戏院为捐献"鲁迅号"飞机义演三天，梅兰芳闻讯后，从北京寄来他亲笔手书的“爱国精神”立轴，表示对这次义演的赞赏。

新社会的阳光给予蒋士成无穷的动力，摆脱了精神困惑和生活烦恼的他变得乐观和勤奋。1951年夏天，蒋士成参加了学校夏令营学习班，加入了中国新民主主义青年团，高中学习的后两年，学习成绩节节攀升，品德评级均为甲，各科成绩都在90分以上。

一个消息让蒋士成感到振奋：为推动中国化学工业的发展，培养化工人才，中央在1952年7月在上海新组建了华东化工学院。蒋士成心中蓦然升起一个念头：到华东化工学院去！到祖国最需要的地方去！

《新华日报》发榜那天，骄阳似火，华东化工学院录取新生的名单中，赫然写着蒋士成的名字。

亚克西！蒋士成的愿望实现了。

初遇江湾

新组建的华东化工学院坐落在上海北郊江湾镇，黄浦江之滨，这里是连接江北的门户。宋代抗金名将韩世忠曾屯兵于此，所以无论在商业方面还是在军事方面的地位都非常重要。

早在20世纪30年代，中国和美国的规划设计师就在这里做了一个开发“大上海”的规划。仿效美国华盛顿、芝加哥等城市的格局，修建了5条幅射状的干道，再与横向的马路连接，形成星罗棋布式的网络道路，意将中心地带的“五角场”打造成“中华民国”的“经济首都”。但是，这一宏伟规划随着“一二八”淞沪抗战和“八一三”淞沪会战的相继爆发而夭折。之后，“五角场”便成了江湾的代名词。

1937 年的抗战使江湾地区成为中国军民的血肉磨盘。日军占领上海后，立刻染指江湾，强行圈占民田，将有四百余年历史的殷行镇夷为平地，修造军用机场，即后来号称亚洲最大的上海江湾机场。

民国政府的“江湾-五角场”不仅成为日本帝国主义侵华的重要军事基地，而且暴露了日本长期侵吞上海的殖民扩张企图。上海沦陷期间，日本人在江湾这片百孔千疮的废墟上，建设了一条具有日式风情的街区，取名为“平昌街”。

平昌街东起其美路(今四平路)，西至协议路(今政法路)。不到50 米的街道两旁，排列着武馆酒吧茶肆之类的建筑，大量的日侨在周边安家落户，整个街区弥漫着浓厚的殖民主义色彩。更为显目的是沿街而建的两所学校，南侧的为日本居留民团立中学，北侧则为日本第七国民学校。这充分说明了侵略者妄图永久占据上海、实施殖民计划的狼子野心。

1945 年抗战胜利后，这两所学校所在地成为回迁的同济大学的新校址，南侧为同济大学工学院，北侧为同济大学理学院。7 年后，理学院被上海市政府划拨给新组建的华东化工学院，门牌号是江湾区政法路 195 号。

1953 年 9 月，蒋士成来到刚创建不到一年的华东化工学院报到。据他回忆，当时校园里到处都能看到侵略者留下的影子，教室、礼堂、操场上混凝土砌成的小学生滑梯，尤其是在南北走向、连绵百余米的两层教学楼的北端突兀而起的六层高的灰黄色岗楼，似乎还在传递着当年疯狂而恐怖的信息。

一个静谧的下午，蒋士成穿过二楼北楼梯暗红色木门，拾级而上，登至岗楼楼顶。秋风瑟瑟，冲击瞭望孔时发出刺耳的啸鸣声，空悬的旗杆锈蚀斑斑，在风中茕茕孑立。由近及远，整齐的空军部队营房、江湾机场的“米”字形跑道尽收眼底。

1952年华东化工学院江湾校址上的教学楼

蒋士成的脑海里不禁演幻出另外一种景象：岗楼上，血色的膏药旗迎风猎猎，日军一架架轰炸机以岗楼作为航标，不停地起降，在中国的大地上肆意轰炸，日本帝国主义的“焦土”政策使我国城市支离破碎，百姓流离失所。也许，十五年前蒋士成亲眼所见的常州大轰炸，敌机就是在这片刚平整的土地上起飞的。想到这里，蒋士成觉得心中有一种刺痛的感觉。

大学课程开阔了蒋士成的视野，使他更多地从理性上去认识这场残暴的战争给中华民族带来的伤痛。蒋士成清醒地意识到，仅有弹丸之地的日本，敢于以血腥武力挑衅中国、鲸吞华夏，不仅是依靠军国主义式的穷兵黩武，更是依靠强大的军事实力。在军事实力的背后，是强大的工业基础和完备的工业化经济结构的支撑。

从1953年入校，到1954年8月迁址梅陇新校区，蒋士成在江湾校区学习了整整一年。新中国化工事业欣欣向荣的气象、学校内紧张和谐的校园气氛使蒋士成看到了祖国未来的希望，同时，作为新中国培养的新一代化工学子，他感到肩负的沉甸甸的重任。

更让蒋士成增添信心的是，全国各个层面和多个层次展开的中苏合作。

“苏式教育”的熏陶

1953年5月15日，中华人民共和国中央人民政府和苏维埃社会主义共和国联盟政府在莫斯科签订了《关于苏维埃社会主义共和国联盟政府援助中华人民共和国中央人民政府发展国民经济的协定》。协议决定在1953年至1959年，苏联援助中国新建改建项目141个，次年又增加了15个项目。这就是中苏关系史称的156个援华项目。其中，化工项目有14项，主要分布在吉林、兰州、太原三大化工区和华北部分地区。

协定的签订，拉开了中国工业大规模引进技术装备的序幕。这些项目的实施，为新中国胜利完成第一个五年计划，选择确定中国工业化道路和经济建设模式，具有极其深远的意义。

不仅是项目建设，中国教育也进入全盘苏化的快速轨道。蒋士成入学的1953年，华东化工学院按照高教部的要求，向苏联学习，苏联的教育理念、教学方法、课程内容渗透到学校教育各个环节中。

1954年8月，学校搬迁到梅陇新校区。进入校门的标语牌上，书写着苏联教育家的名言：“热爱自己的工作，自觉地创造性地劳动。”

1954年12月，苏联专家阿赫米托夫应邀来华东化工学院讲学，为期三周。蒋士成听了他所做的《苏联大学生的学习与生活》讲座，不禁为苏联大学生参与社会主义建设、连续完成四个“五年计划”所取得的骄人成绩感到仰慕和兴奋。

“苏联的今天就是中国的明天。”这是当时四亿五千万中国人民发乎于内心的热切期盼。

按照苏联大学专业课程设计，这一年，蒋士成所读的有机工业系的“有机合成工学”专业改名为“有机染料及中间体工学”专业。在苏联专家的讲解下，蒋士成对“化学工业”与“工业化学”两个概念的内涵有了新的认识。虽然同属于“化工”的范畴，但是前者是行业的概念，后者则是学科的概念，化工学科可以涵盖很多专业。“术业有专攻”，学科的研究是有深度而且是与时俱进的。只有基础学科的进步，才能推动化学工业的发展。

此时的蒋士成坚信，只要以苏联为榜样，我国的工业化道路定能实现既定的目标。蒋士成暗自下了决心，努力学习，刻苦钻研，成为国家新兴事业的栋梁之材。

大学教材大多是苏联教科书的译本，不时有俄籍教师授课。对中国学生来说，俄语是第一道难关。蒋士成是江南人，多发舌前音，卷舌音不够卷，俄语的浊塞音与唇齿擦音更是发不出来。比如，俄语讲话时，舌头“咕噜”打圈后引出单词来，这样发音才会有韵律感，而用汉语发音方法讲俄语，张口迸发单词，就显得生硬不连贯。为了消除语言障碍，华东化工学院师生开展了“俄文扫盲”活动，不仅开设俄文课程，还开设了许多俄文速成班，并对学习优秀者给予奖励。蒋士成制定了俄文学习计划，听说读写能力均有了大的长进。

事实上，50年代初期俄籍教师在中国高校并不罕见，但通俄文的中国人很少，通中文的苏联人更是凤毛麟角，俄文师资极为紧缺，而高教部将有没有俄籍教师作为评定全国重点高校的硬性条件之一。华东化工学院一方面选派优秀师生去苏联进修深造，一方面千方百计地联系俄籍教师来校教学。到了1960年10月，建校才8年的华东化工学院就跻身于全国重点高校行列。

蒋士成记得教他们俄语课的是个俄籍女教师，一身的布拉吉裙装显得苗条、干练。她有很好的语言天赋，学习过汉语，也在天津某高校担任过语言教学，由于能讲中文，又幽默风趣，她的课很受同学们的欢迎。

不过，课堂上也会闹出一些笑话，蒋士成与同学张东强的俄文学得好，女教师喜欢要他俩回答提问：

“锵——咚——锵——”，讲台下一片愕然，张东强站了起来。全班报以热烈的掌声。

“蒋——先——生——”，讲台下又是一片愕然，蒋士成一脸羞赧地站了起来。下面又是一片鼓掌。

于是，有同学编了一段顺口溜：“锣鼓一响，东强上场；全班一鼓掌，学生变师长。”这位女教师不知怎么知道了这一段笑话，很机智地为自己解围：“不是吗？语言学习得好，难道我们不应该用中国最传统的方法敲锣打鼓庆祝吗？江苏的南方语言优美动听，我非常喜欢，难道不可以做我的老师吗？”

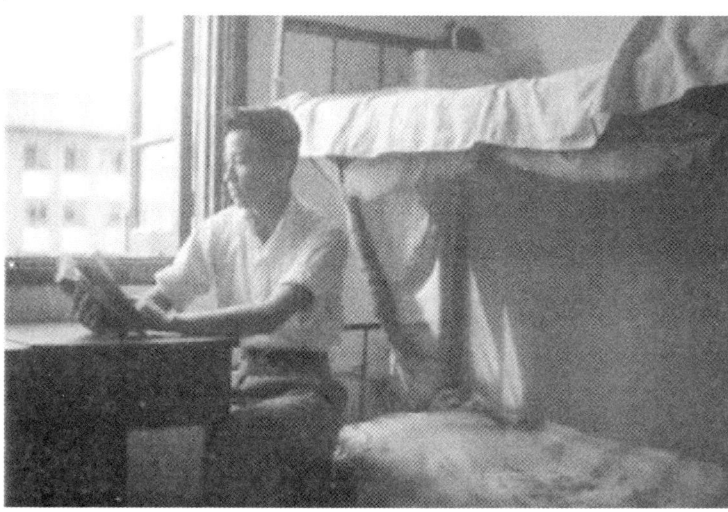

蒋士成在学生宿舍

1954 年 5 月，学校选派学生去苏联留学，尚在读大一的蒋士成在学校推荐的预备名单之列，填了表，做了体检，但由于政审等方面的问题，没能得到有关部门批准。尽管失去了这次出国深造的机会，但蒋士成丝毫没有气馁，他决心要用更加优秀的成绩来弥补他某些先天条件的不足。翻开档案，蒋士成在校四年的各科成绩，大部分为 5 分(苏联学制的学生评价 5 分为最高分)。

大学生活是蒋士成人生中最美好的回忆。和 20 世纪 50 年代中国许许多多青年学子一样，蒋士成开始思考人生的价值和意义，“不因虚度年华而悔恨，不因碌碌无为而羞愧”。保尔·柯察金的认真、善良，他那炽热的爱国情怀、钢铁般的意志、永不言败的精神给蒋士成的心灵之路点亮了一盏明灯。

苏式教育给了新中国一个全新的教育体系。但是，在一段时期内，它割断了中国教育与西方先进教育思想、教育理念、教育方法的联系。譬如说语言，蒋士成后来深有感触地回忆道：大学年代我丢下中学所学的世界最为通用的英语，硬去啃艰涩难懂的俄语。到了中国改革开放的大门再次向世界打开时，再去拾起过去丢弃的东西时，我的最美好的青春年华已经错过。这是我的遗憾，也是时代的遗憾。

受益于“三宜”训导

“德性宜笃实也，知识宜富实也，身体宜健实也”是华东化工学院首任校长张江树对学生的谆谆教导，也是蒋士成努力秉承践行和弘扬光大的至理名言。

蒋士成第一次见到这位德高望重的校长是在江湾校区开学典礼的大礼堂，最深刻的印象是张校长洪钟般响亮的声音，带一点点喉音，微颤，充满磁性。张校长在大礼堂讲话从不用话筒，据听过他课的同学讲：校长讲课概念清晰、条理分明，只不过授课时声震屋宇，使同学有点闻之生畏。

在校期间，蒋士成没有机会聆听到张校长亲授的物理化学课程，然而，无论在江湾校区，还是在后来的梅陇校区，蒋士成经常看到老校长忙碌的身影，看到校讯里老校长参加主持的各种交流、洽谈、学术活动，从而体会到传说中那种令人望而生畏的一种“霸气”。

蒋士成觉得，张校长的“霸气”是其人生经历大风大浪、千锤百炼后形成的坚毅和果断，是对事业忠诚、对国家负责的担当，是有容乃大、海纳百川的胸怀。这种“霸气”正是推动人类社会迅猛发展的原动力！

张江树20岁起就与化学结缘，为我国化学科学建立、化学工业建设和高等教育事业倾注了毕生的精力。他还是中国化学会的建会元勋。

梅陇新校区位于上海西南远郊，梅陇古镇以东，沪杭铁路线以南，(老)沪闵路以西。1953年5月选址，同年8月紧急开工，次年7月约4万平方米的主体建筑建成投用，10月初新老学生在此开学，整个建设周期不到一年。张江树亲任筹建及基建工程部主任，他身体力行，从规划设计、施工监督到资金控制，每个环节都事必躬亲，年近花甲的老人穿梭于新老校区之间，令广大师生感动不已。

新校区地块内河浜纵横，野径交错，原村民住户稀少。这也是张江树下决心在此落户的原因。地段偏僻，征地拆迁的协调量相对小，既能大量节省投资，又能加快工期，满足学校急剧增加的招生需要。但也存在着一个尖锐的矛盾，就是交通不便，条件艰苦，与江湾校区形成天壤之别。

蒋士成回忆起1954年10月新校区开学时的最初场景：一片没有植被的旷野之中，孤零零地伫立着几栋建筑，一座教学楼、两排宿舍楼和一个食堂。更加糟糕的是交通，没有通往市区的公交车，特别在雨季，长满青苔的道路坑洼不平，泥泞不堪。

离学校最近的曹河泾站是上海公共交通的神经末梢，距学校十多公里，步行的话大约需要两个小时，也可以搭乘“二等车”前往，如奢侈一点的话，还可以坐“一等车”。所谓“二等车”其实就是自行车，“一等车”就是拉运杂货的三轮车，上海人称之为“黄鱼车”。因为三轮车多了一只轮子，方便摆放行李，学生们就尊之为“一等车”了。学校迁址，惠及农民，当地老乡们多了一种谋生手段，特别是在学校放假和开学的前后几日，车队在逶迤数里的乡间小道上来回穿梭，颇为壮观。

最辛苦的是那些居住在市区的教师们，城里生活、农村上班，每日来回奔波。尤其是那些上了年纪、又不会蹬自行车的教授们也只能去享用老乡们的等级车了。这样的状况一直延续到1956年1月上海市50路公交线路的开通。

一部分教师在老校长的动员下住进了学校，张江树还尽可能为他们的家眷安排了相应的工作，可是生活购物又成了问题。没有自来水，不通电话，全校仅有一个小卖部，还是梅陇镇供销社设的一个点，家居什物用品，须到几公里外的镇上去购买。此外，看病就医、子女上学都是很令人头疼的事情。

蒋士成说，新校区洋溢着“以苦为荣”的乐观主义的气氛。广大师生都参加了校区建设的义务劳动，平整道路、植树绿化、修建大操场。令学生们感动的是，当他们住进明亮整洁的宿舍楼时，教工——包括一批著名的教授学者们还住在施工工棚改建的临时宿舍里。张江树就是其中的一位。

“德性宜笃实”是老校长“三宜”训导之首训，也是老校长身体力行的。张江树认为德性是做事的原则，做人的品格。为了实现“科学救国”“教育救国”的理想，早年留学美国的他，毅然放弃了个人成长最适宜的职场环境、最优厚的待遇，回到积贫积弱的祖国，从事“甘为人梯”的化学教育工作；国民党政权行将溃退台湾之际，被当局列入迁台学者名单的他，不顾国民党特务的威逼利诱，抒张正义，积极支持进步师生的爱国护校运动；美帝国主义在鸭绿江畔挑起战火时，他毅然将一双儿女送往朝鲜战场，保家卫国；为了建设新中国第一所化工大学，他带领全体师生艰苦奋斗，精打细算，成为全国勤俭办学的标兵。忠诚与执着，坚守与热忱，这种坚韧不拔的意志，刚正不阿的气节，身先士卒的作风，勤俭持家的精神，不正是笃实德性的鲜明写照吗！

在张江树的周围，华东化工学院的旗帜下，凝聚着一大批中国化学化工领域的精英。邵家麟、苏元复、顾毓珍、王承明、琚定一、吴志高、刘馥英、李世瑨，等等，他们毕业于国内外名牌大学，不少人还有海外科研工作背景，在化学化工理论学术界崭露头角，颇有建树。新中国成立后，他们满腔热忱地投入新中国建设，成为我国高等教育和化学化工事业的奠基人和开拓者。

蒋士成说，高质量的师资和老校长“知识宜富实”的训导是我大学年代学习的不竭动力。学校课程很紧，每天上午安排有6节课，3节课连上，中间有片刻的休息时间。下午的时间则由学生自行支配，学校举办的各种讲座、图书馆都是蒋士成经常“光顾”的地方。

某种程度上，苏式教育排斥欧美教育，意识形态的影响力是无所不在的。学校的老师大多接受的是欧美教育，课堂讲授苏联教材不免心存芥蒂，生怕碰触到敏感的政治问题。因而要了解欧美国家的化学化工的学术流派、发展情况，只能在一些讲座和图书馆去获得。

蒋士成从中获取了丰富营养。他如饥似渴地收集和阅读老师们的专著以及编写的教材、讲义，如张江树的《物理化学与胶体化学》、苏元复的《化工原理》、汪葆浚的《分析化学》、徐寿昌的《有机化学》、顾毓珍的《化学工业过程及设备》，亲耳聆听老师们的讲座，抓住一切机会与老师们交流。他说，大学阶段，在许多国家级水准的教授、学者的身上，学到了严谨治学的态度，科学缜密的思维方式，拓宽了专业视野。他深刻地认识到，老校长的“知识宜富实”的宗义是将丰富的知识运用于实践的。知识的富有不仅是在专业领域，无论是自然科学还是社会科学甚至是文学艺术领域都应尽可能去涉猎。

张江树十分重视体育教育，“身体宜健实”就是倡导广大师生强化锻炼，强健体魄。随着苏式教育的实施，苏联的“劳卫制”也纳入中国的教育体系。“劳卫制”全称为《准备劳动与卫国体育制度的暂行条例和项目标准》，1954 年由国家体委颁布。评价等级分为少年级、一级、二级上档，过了二级就是运动员标准。学校的田径、球类、体操、游泳等项目众人报名踊跃，校园内生龙活虎，生气盎然。

学校的大草坪和运动场也是蒋士成的最爱。如今的华东理工大学校园郁郁葱葱，绿草茵茵的大草坪成为校园中心的“绿肺”，满目苍翠，空气新鲜，是学生们晨读、运动和休闲漫步的好去处，也是无数华理学子青春年华的记忆。有校园诗人这样写道：

我爱清晨的大草坪/如同爱我的生命/多么自豪/多么骄傲/那满目的青春绿啊/有我的身/有我的影……❶

谁能想到，当年的大草坪就是一块开阔的空地，稍加平整后才成为一个偌大的操场。大草坪上的草是原生态的，品种繁多，而且有旺盛的生命力。各种野草混杂其间，耐寒的，抗晒的，可谓是脚步踩不灭，春风吹又生。有一种民间称之为“牛皮筋草”的为大草坪的“主打”草种，根须发达，耐踩耐寒，紧贴于地面向四处长，从不张扬。即便是天寒地冻的冬天，它也能够倔强地为校园增添一丝绿色。

蒋士成对大草坪的钟爱，不仅出于他的运动情结，还在于他参加了建校的义务劳动，拔草、平整场地、铺设煤渣跑道，更由于他知道大草坪的来之不易。在资金紧张、土地金贵的建校时期，张江

❶《华东理工大学校史资料》. 上海华东理工大学官网 .

树践行他倡导的“身体宜健实”的训导，在校园的中心地带留下这块绿地，从中可以看到老校长的良苦用心。

绿茵场上显身手。在这里举办的学校1956年第二届体育运动会上，蒋士成勇夺三枚奖章。男子100米11秒，男子跳远6米，男子跳高1.6米，均超过劳卫制二级标准，达到国家运动员的水平。值得一说的是，比他高一年级的一名杰出校友，以4分39秒的成绩刷新了男子1500米中长跑的校纪录，他就是著名的经济学家和社会活动家，毕业于无机物化工专业，后来当选为第九届、第十届全国人民代表大会常务委员会副委员长的成思危。

绿茵场上结姻缘。运动场上，一位女性矫健的身姿磁铁般地吸引着蒋士成。她和他是同班同学，初碰面时双方都感到似曾相识。蒋士成一打听，原来两人曾经一同参加过江苏省中学生运动会，说不清是学业上的相互倾慕，还是体育运动方面的志同道合，总之一种异样的情愫在两个青春男女的心中涌动、燃烧、升腾。她，就是来自无锡的美丽姑娘陈雅。有着共同生活背景和兴趣爱好的年轻人走到了一起，并且相伴终生。

蒋士成和陈雅在校园里合影

“华东化工学院四年的学习生活，开启了我人生的航向，尤其是老校长的三宜训导，我终生受益”，蒋士成这样说。

师　道

传道授业解惑为中国之传统师道。课堂教育、老师传授形成的固定模式在中国传承了几千年，其中的弊端甚至到现在还被国人诟病。旧社会的师道尊严，诸如“门生”“弟子”观念无孔不入地渗透到各个领域。蒋士成回忆华东化工学院四年的大学生活说，母校“勤奋、求实”的校风孕育的是一种弥足珍贵的科学精神，不惟门派，不惟书本，在实践中探索、发现、创新。

1954 年 4 月 13 日，华东化工学院发生了一桩震惊上海的事故。而这桩出自偶然的事故促成了这所开办不到两年的、新中国首座化工学院的一系列重大决策，最终，坏事演变为好事。

那是江湾校区的一个初春的上午，和煦的阳光从不大的玻璃钢窗透射进来，将化学实验室内映衬得暖洋洋的。蒋士成正聚精会神地做一项有关染料的试验，忽然，窗外走廊传来一声“哐当”的金属碰撞声，随即惊呼声、奔跑声大作，“氯气爆炸了！快跑！快跑！”校园内顿时乱成一团。

窗外急促的玻璃敲击声方才打断蒋士成的专注，蒋士成抬头一看，黄绿色的雾气顺着走廊迅速弥漫开来，他立刻意识到是氯气泄漏，随即左手抓了一块湿毛巾，捂住口鼻，右手拉开窗户纵身一跃，逆着风屏住呼吸冲了出去。

这次事故的原因，是两名校工用三轮车为实验室运送氯气瓶，过走廊台阶时瓶体不慎滑落，折断了阀门铁芯，阀门破裂，大量氯气喷出。幸亏没有其他可燃气体的混合，否则极易发生爆炸，后果不堪设想。此次事故造成100多名师生校工中毒送医院就医，20多人住院治疗，附近农村近百亩农作物受损。

蒋士成离事故源最近，又是最后跑出来的，按理说应是重度中毒，但是由于他的反应敏捷，自救防护措施得当，除了眼睛有轻微灼痛，肺部、呼吸道等器官没有受到损伤。当天下午，张江树校长去医院看望慰问受伤人员时，还对蒋士成提出表扬：机灵，体质好，跑得快。

次月，学校选派赴苏留学生，蒋士成列入预备名单。蒋士成暗自思忖，除了学习成绩，这次事件也许给老校长留下了较为深刻的印象。

“4.13”事故引起学校乃至上海市的高度重视。立即成立了以学校副校长、中国著名的化工教授苏元复为组长的联合调查组展开事故分析和调查处理，很快就出具了调查报告。事故原因有两条，一是学校的安全教育管理松懈，二是学校科研教育经费严重缺乏。报告的整改意见除了采取相应的措施外，还提出要把高校的实验室建设作为“重中之重”来看待。

建校初始的江湾校区只有5个由小学生教室改建的基础实验室，场地逼仄、仪器设备简陋，充其量也就是中学化学实验室的“加强版”。使用总面积只有1100平方米，由于新建化工实验室，既要搭平台，又要接管道，对房屋的面积和高度要求比较高，另外还要有水、电、热(蒸汽)和各种输送泵等，现场不具备建设条件，所以学生的化工实验只能到附近的交通大学(现上海交通大学)去做。

交通大学的化工实验室建于1948年，是由时任化学化工系主任苏元复教授带领筹建的，仪器设备七拼八凑，不少是化工系的教职员工们从战后剩余物资仓库购买或从各处停办的化工厂等淘来的，就当时的条件来说，也算是一个颇具规模、设施较为完备的化工单元操作实验室。1952 年 7 月，苏元复调任为华东化工学院筹备负责人，交通大学化工实验室的借用倒是十分方便。

化工系学生的一些简单的化学实验还得在本校做，当时新校区正在建设，资金紧张，人员精力分散，学校在实验室投入的经费和人手都严重不足。再加上教学实习科的安全教育松懈，危险化学品的储运采用最原始的方式，直接导致了“4. 13”氯气泄漏事故的发生。

蒋士成说，这次事故对他来说教训是终身的，那一刹那惊悚的场景时常在他眼前浮现。“诸葛一生唯谨慎”，作为化学工作者，处于易燃易爆的危险行业，必须将安全放在首位，来不得半点松懈和马虎。这一生，蒋士成经历了无数次的化工实验、装置开车，他总是身体力行、谨慎细微地排查安全隐患，有时甚至达到“迂腐”的程度。

更让蒋士成留下深刻印象的是，这次事故使华东化工学院深以为警示做足了“文章”。不仅提高了师生们的安全意识和制度意识，也为加强学校实验室建设、完善硬件设施，甚至是探索办校办学方向发挥了积极的推动作用。

学校档案馆里保存了用繁体字竖排印刷的一本小册子——《实验室及教学设备管理方面的规章制度汇编》，其中有一段文字记载：“在做好实验室建设和科学器材管理工作方面，张江树院长一再教导我们必须制订一套完善的规章制度，在日常工作中，做到有章可循。”这本小册子收编了 13 条规章，涉及面很广，行文简洁明了，易于学习、便于记忆、利于执行。

这本小册子现在看起来从形式到内容可以说都是微不足道的，但在建校之初，实验室在新中国高校中尚属于稀罕物和奢侈品的时期，是多么的难能可贵！小册子提出的职责分工和管理要求，这些制度折射出的理念是科学合理的，而且是人性化的。这本不起眼的小册子，成了我国高校有关法规性文件的“鼻祖”，1962 年，教育部、财政部联合颁发的《高等学校仪器设备管理办法》，国家指定由华东化工学院牵头起草。

制度化管理是管理科学化的基础条件，这是蒋士成从中读懂的一个基本道理。“没有规矩不成方圆，没有制度就没有品质，没有品质就没有进步。中西方的管理理念在这里是相通的”，蒋士成这样说。制度设计与先行也成为蒋士成管理职业生涯一直遵循的法则。

蒋士成感到，学校在建章立制、加强管理的同时，以张江树、苏元复、王承明、琚定一为代表的先辈们抓住契机，为学校实验室建设积极呼吁，向中央、上海市等上级部门提出建议。他们提出，化学是一门以实验为基础的自然学科，从化学学科的形成和发展来看，化学实验起到了十分重要的作用。因而化学实验尤其是化工工程试验在教学中的作用举足轻重、无法替代。对加强学生实践动手能力、培养创新意识更显得至关重要。他们请求增加学校实验室硬件设施的投入，彻底改变专业高等教育重书本、轻实践的现象。

学校的呼吁得到了回应：一是将交通大学化工实验室整体搬迁到新建设的梅陇校区，建成了更为完善的化工原理实验室，从而节省了设备投资；二是增加了科研设备经费；三是实验室从数量、使用面积、实验装置与水平上都有了大幅提升。迁校后的梅陇新校区，共新建了无机化学大楼、化工机械大楼两座实验楼，建筑面积计 8497 平方米；电工和热工 2 个实验室，计 753 平方米；蒋士成毕业的 1957 年，又兴建了理化大楼、有机大楼和抗菌素大楼等 3 个实验楼，计 9176 平方米。实验室和实验楼的总面积远远超过教学楼的面积，成为华东化工学院教学、科研的重要基地。可以说，蒋士成见证了当年实验室从无到有、从简陋到完善的历史。

1954 年 11 月，时任国务院文化教育总顾问的苏联专家组副组长马连采夫率团视察了上海部分高校的实验室，对华东化工学院新校区实验室建设给予充分的肯定和高度的评价。这个实验室后来还受到了教育部的表彰。搬迁到梅陇新校区的化工原理实验室，由于建造要求高，费用支出大大超出概算，按当时建筑预算教学楼每平方米 80 元，办公楼 120 元，而这半栋实验楼每平方米竟达到 140 元。以精打细算著称的张江树校长这回是痛痛快快的“大方”了一把，为此，他还认真地写了一份“检讨”，表示主动接受上级批评。

生生不息的校园文化使华东化工学院这棵大树枝叶繁茂。改革开放后的 80 年代，中国第一所国家级的化工原理实验室在华东化工学院诞生。也就是这所实验室，成就了蒋士成聚酯装置国产化之梦。

纸上化工厂

实验室使蒋士成产生了浓厚的学习兴趣，而实习开阔了蒋士成的眼界。

华东化工学院每学期都要组织学生到工厂参观实习。学校与上海市化工局以及周边的化工企业签订有协议，不间断地让学生去工厂参观装置结构、熟悉工艺流程、了解产品特性。这种观摩教学不但增加了学生的现场感和直观感，而且让学生融入工厂实际，体会到基层工人建设社会主义的热情、干劲和智慧。

“开门办学”是后来“文革”时期教育的口头禅，中国特殊时期办学的指导思想。而蒋士成说：“母校的开门办学是走在高校前面的，对我们一代来说，是大有裨益的。”

在上海安乐人造丝厂，蒋士成第一次认识人造的化学纤维——黏胶纤维。由天然纤维素经碱化而成碱纤维素，再与二硫化碳作用生成纤维素黄原酸酯，溶解于稀碱液得到的黏稠溶液称作为黏胶。

黏胶经过过滤、熟成、脱泡等工序后进行湿法纺丝，从而析出新的纤维素，再经过水洗、脱硫、漂白、干燥后成为黏胶纤维。这种人造纤维可以纯纺，也可以与棉花、羊毛混纺成为服装面料。

著名作家茅盾在其散文《人造丝》中写到，“每天看到女人们花花绿绿时髦的衣料，就觉得那些香喷喷的女人身上只是一股火药品”。因为这是人造丝织物，因为“打仗的时候，人造丝厂就改成了火药局”，更因为“这些人造丝都是进口货——东洋货!”

作家揭示了人造丝的生产原理——人造丝的原料和制造的首道工序与火药是相同的，也揭示了日本帝国主义在对中国疯狂武装侵略的同时，还在贪婪地进行经济掠夺。

使蒋士成感到耻辱的是，旧中国第一家人造丝厂是日军侵华时期由日本东洋纺株式会社在东北建立的安东化纤厂。该厂以东北丰富的木材资源为原料，年产 1 万吨黏胶纤维，战时生产火药以供军需。同时，日本人造丝织物作为高档面料充斥着中国沦陷区市场。

1937 年 1 月，民族工商业家邓仲和用百万美元从法国里昂购进全套人造丝生产设备，创办了安乐人造丝厂，但由于抗日战争爆发，运输中设备受损，无法组装生产，只进行过一些小型试验。1950 年公私合营后，纺织工业部委派化学纤维专家孙君立到上海担任安乐人造丝厂筹备处主任，领导恢复建设工作。孙君立一方面将机械设备修复、改造、调整、安装，使其适合生产工艺要求，另一方面修建实验车间，带领大家试制人造丝。经过多次试车，终于制造出完全国产的人造丝产品。到 1957 年，已形成 5 万吨黏胶纤维年生产能力。60 年代，该厂更名为上海第四化学纤维厂。

邓仲和的产业救国的情怀与孙君立的坚定的事业心给学生时代的蒋士成留下了深刻的印象。

感触最深的是两次东北远行。一次是为期半个月的赴吉林化工区的实习，一次是为完成毕业设计去锦州的参观学习。

吉林化工区是国家第一个五年计划期间建设的全国三个化工联

合企业基地之一。这个化工区是在战争后的一片废墟上建立起来的新中国规划的化工企业群。日本侵华战争开始后不久，日本帝国主义就筹划在这里建设一个规模较大的有机合成工业基地，1938 年始，日资企业陆续在吉林设厂，进行经济掠夺，为侵华战争提供资源。1945 年“8 · 15”日寇投降前后和解放战争时期，先后遭到日军和国民党军队的破坏，整个化工区一片狼藉，厂房倒塌，资料被烧毁，机器设备散失殆尽。随着吉林的解放，一批化工企业生产的恢复，以及苏联援华 101、102、103“三大化”工厂的建设，吉林这片饱受战火蹂躏的、富饶的土地焕发出新时代的光辉。

蒋士成是在“三大化”建设如火如荼之时来到吉林的。101、102、103 厂是苏联援华项目的代号，建成后三厂分别命名为吉林染料厂、吉林化肥厂和吉林电石厂。“三大化”于 1956 年 2 月开工，1957 年 9 月至 10 月陆续建成投产，其建设速度是惊人的。蒋士成心中感到无比的酣畅：昔日《松花江上》悲怆的旋律，已转换成为建设者们大干社会主义高涨激扬的乐章，奔腾不息的松花江水，洗涤冲刷着几十年的亡国奴的阴霾和耻辱！

蒋士成被分配在 101 厂苯胺车间实习。染料厂设计为 23 个基本生产车间。蒋士成实习时，已有 8 个车间组织试车生产。苯胺是重要的化工原料，也是染料生产必不可少的中间体。但苯胺对人体血液系统和神经系统的毒性非常强烈，接触皮肤或吸入呼吸道会引发中毒，对肝、肾及皮肤造成损害。同时，生产作业过程存在易燃易爆隐患，对生产的要求十分严格。

苯胺车间的装置虽说是全套引进苏联的，但是工艺技术还停留在三、四十年代国际水平。苯胺生产路线还是采用硝基苯铁粉还原法，对环境污染较大，职工的劳动强度较高，作业环境较差。

蒋士成的岗位是铁粉操作工，既需要干体力活，又是高污染岗位。添加催化剂铁粉时，必须打开闸门，加粉后必须迅速关上。这一启一合，需要速度、经验和气力三者的协同，因为闸门开合的瞬间，多少会有苯胺气体的泄出。年轻的蒋士成在实习师傅的带领下，很快地掌握了加粉的技巧。

实习生的任务是通过参加实际操作，熟悉生产工艺，了解装备特性，研究设计原理。而蒋士成深切感受到的远不只是这些，在101厂二十天的实习，他与工人师傅们朝夕相处、同甘共苦，始终被工厂、工地到处洋溢的建设祖国的热情感染着，他看到了中国基层的产业工人身上一种可贵的精神——乐观奉献、吃苦耐劳的精神。同时，他也感到作为未来的技术工作者应当肩负的责任，那就是要不断地解放生产力，提高装置生产水平，为他们创造一个健康安全的工作环境。

如果说吉林化工区的实习让蒋士成体验了基层工厂生活，那么紧接着的锦州之行则让蒋士成走进了一个色彩斑斓的世界。

锦州是中国东北重要的老工业基地城市。地图上的渤海湾，伸出的一个葫芦形状的地方叫作“葫芦岛”。因位于锦州之西，曾经的行政区域就叫作“锦西”。不要小看这座小岛，那可是我国石化工业的发源地，新中国第一滴人造石油、第一块顺丁橡胶、第一根锦纶纤维都在此诞生。

1957年春天，蒋士成与华东化工学院的师生们来到这个美丽的滨海化工城参观学习。锦西岛上的化工企业众多，化工产品琳琅满目，门类齐全。在这里，蒋士成对化工产业链有了一个直观的感性认识，同时感到自己所学习的知识原来与社会的各行各业、与老百姓的衣食住行是如此的亲密，顿然觉得自己有一种庄严的使命感。

按照苏联的工程教育，大学毕业不需要提交毕业论文，而需要直接提交一个完整的项目工程设计。蒋士成选择了有机合成农药工厂的工程设计作为他的毕业课题。“民以食为天”，化学农药是农业生产不可或缺的生产资料，对农业病害虫防治、农作物的抗灾保产的作用可谓是举足轻重。当时，有机氯农药666风靡一时，蒋士成的毕业设计作品就是一座666工厂。

毕业设计从调研、收集资料、制定工艺流程、设备选型、总图布置到最终制图，前后总共花了近两个月时间，一座臻于完美的纸上化工厂诞生了。对蒋士成来说，这是一次实战的体验，也是他用四年学到的知识向母校献上的一份优秀的答卷。

“但愿从今后，你我不相忘，莫斯科郊外的晚上。”毕业前夕，在华东化工学院的大草坪上，同学们围着篝火，在手风琴的伴奏下，不约而同地唱着这首新流行在神州大地的苏联歌曲。年轻人真诚之声、黎明前与母校依依不舍之情和大草坪夜色之美和谐地交融在一起。富有魅力的、水晶般剔透的旋律让即将奔赴北京的蒋士成感到心醉：这是美，是爱，是希望，是阳光……

第三章

青春献给化学工业

入职北京

1957年9月，蒋士成被分配到位于北京和平里的化学工业部有机化学工业设计院工作。

蒋士成与分配至北京的同学们一道，乘火车一路北上到达北京火车站，再转乘公共汽车沿着安定门的城墙根儿越过护城河直抵终点站——和平里。当时的和平里属于北京的近郊区，虽然耸立着零零星星的楼房，以及有宽敞的柏油马路，但汽车与行人都十分稀少。化学工业部大楼位于和平里街道的北侧，恢宏的建筑虽然与周边的景致不相协调，但在蒋士成看来，这里是中国未来化学工业的中心，几代人的化工兴国之梦将要在这片荒寂多年的土地上升起。

有机化学工业设计院组建于1957年1月，由化工设计院的氮肥部、基本化学部、有机化学部、勘探部组合分设而成。化工设计院集结了全国主要化工专家和大量技术人员，在新中国成立后大规模经济建设的实战中经受了锻炼和考验。著名化工专家陈冠荣担任化工设计院总工程师和有机化学工业设计院院长。

1958年蒋士成在北京化工部有机化工设计院大门前合影

陈冠荣个头不高，性格谦

和，对新入职的大学生非常关心，在工作、生活等方面的关心可谓是无微不至。蒋士成报到后没几天，陈冠荣就找他谈话，并为他指定了实习指导老师，说：化工设计技术是在实战中磨炼出来的，书本上的学到的东西与现实往往有脱节，所谓的“老带新”，其实就是“互助组”。一个是经验丰富，一个是知识较新，对大家都有利。

蒋士成的实习指导老师叫陈伍瑞，比蒋士成长 7 岁，是一个精干、淳朴的工艺工程师。

化学工业部(以下简称化工部)对新来的大学毕业生格外重视，彭涛部长亲自为新入职员工作形势报告。彭部长的报告深入浅出，引人入胜。听陈伍瑞介绍，彭涛是“老革命”，但没有一点革命功臣的架子。虽然不是化工专业出身，但为了学习化工知识，常常利用晚上时间请人轮流为他上辅导课，周一到周六每日不辍。他对工作严格较真，自己也是一个“工作狂”，了解情况往往“打破砂锅问到底”，搞得一些不了解下情的司局长很不适应。毛泽东主席称赞他是一个“敢说真话的人”。

当时的有机化学工业设计院就设在化工部的 4 楼，在过道里、楼梯上蒋士成也经常会碰到彭部长。在部里定期举办的周末舞会上，也偶尔会见到彭部长的身影。

有一件事让蒋士成这一批刚入职的大学生们格外感动。当年化工部离北京市区较远，彭部长对年轻人的业余生活非常关心。新成立的中央乐团就在化工部附近，演出频繁，不定期地会给化工部送一些招待票，彭部长对部下交代：这里生活单调，给那些年轻人去看吧。

入职北京两个多月，蒋士成每一天都感到新鲜、紧张而充实。不久他接到下厂实习的通知：去东北参加苏联专家斯托尔维奇指导的一项中间试验，地点在吉林染料厂。

蒋士成听到后十分兴奋：一是吉林染料厂是他大学实习的地方，吉林化工基地的恢宏壮丽已深深刻在他的脑海里；二是能和苏联专家一起工作，虽然他知道斯托尔维奇是苏联派驻到化工部的唯一专家，但两个月以来在化工部从没有照过一次面。

人还没有到东北，但蒋士成的心早已飞向了那片充满传奇的白山黑水。

斯托尔维奇

蒋士成赶到东北，已经是冰封大地的严冬。记忆中清波荡漾的松花江竟然可以跑汽车，寒风凛冽，但蒋士成心里依然有一股热乎劲儿。

报到后的工作任务安排出乎蒋士成意料之外：陈伍瑞随斯托尔维奇去沈阳化工研究院，蒋士成却留在染料厂邻苯二甲酸酐装置蹲点，采集装置运行的各种工艺数据，根本见不到斯托尔维奇的影子，专家留给他的是一张填满各种要求的任务单：细致，不乏苛刻。

邻苯二甲酸酐，亦称苯酐，它是邻甲苯二甲酸脱水产物，在合成树脂、染料、塑料等工业领域中应用广泛，是化学工业家族中不可缺少的、重要的有机化工原料。

吉林染料厂苯二甲酸酐装置是1952年从苏联成套引进的，采用的是传统的萘氧化法工艺路线。这套装置的核心设备是固定床反应器，内部结构比较复杂，反应器内密密匝匝布满了几千根反应管，管程内填满催化剂，通过熔盐加热进行高温反应。其局限在于受热不均匀，能耗和物耗偏高，加上反应器的容量不大，产量也受到影响。

反应温度、进出料时间、原辅料及产品质量的各种指标，日复一日，枯燥单调。没有几天，密密麻麻的数字蒋士成就记了一大本。

蒋士成不解的是，现在工业化放大的是 3 米直径的沸腾床苯酐反应器，为什么还要统计陈旧的固定床反应器的数据？

车间技术人员告诉蒋士成：这套装置引进时就不是苏联最先进的。当今，欧美国家研制出沸腾床万吨级装置了，苏联 1 米直径的沸腾床罐体实现工业化了，现在又开发出 3 米直径的沸腾床，能把这项还没有工业化的新技术拿到中国来，斯托尔维奇这位专家功不可没，中央和部里的领导也做了不少工作哩！

听了这番介绍，蒋士成恍然醒悟。他感到科研开发如同体育比赛，创下的纪录不断被超越、被创新。他在见习小结写道：技术不像书本，不是静止的。书本知识如同固定床，反应物的固体颗粒处于相对静止状态；科学研究如同沸腾床，反应物的固体颗粒处于悬浮状态。用沸腾床技术替代固定床技术，既提高了传热性能、保证反应器内部温度均匀，又便于操作控制。这项研究的依据，不仅是科学的想象推断，更是来自大量实践的数据。

蒋士成很快从这些枯燥的数字中找到了兴趣。他在排列组合中似乎要去找到某些规律，在数据微妙的变化中分析其中的因果关联。他找来了装置开车以来的基础数据进行综合分析，根据其间的变化努力做出自己的判断。他带上这些成果，终于在沈阳化工研究院见到苏联专家斯托尔维奇。

斯托尔维奇没有蒋士成想象的那样高大健壮，瘦削的面庞上高耸着线条分明的大鼻子，眉弓突出，深凹的眼圈中镶嵌着一双不算大的眼睛，幽蓝而深邃。如果没有这两个明显的俄罗斯人种的特征，斯托尔维奇与研究院车间的技工师傅们不会有什么差异了，因为他的头发乌黑发亮。

像老师在批改作业般，斯托尔维奇认真翻阅着蒋士成的“答卷”，又顺手打开手边的一本深褐色牛皮封面的笔记本。良久，他冒出一句：你的记录是准确的，不过，有些判断过于牵强。

蒋士成(中)与斯托尔维奇(右)和陈伍瑞(左)合影

他接着说："中国人有句话，不怕做不到，就怕想不到。这与我们俄罗斯的一句谚语意思差不多。我们说，七分思考，三分行动。这说明我们两个民族都非常重视思想的力量。不过，想象与思考有着本质差别。做科研，思考来自于知识、经验。"他抬起头，看着蒋士成，严肃的目光里，似乎还带着一丝揶揄。

从设计程序来说，放大工业化生产装置是非常重要的环节，既要承接研究部门对科研成果进行工业化放大设计，又要指导工厂进行开车操作试生产。所以，不仅需要拥有丰富的化工工程知识，而且需要深厚的装置工艺技术和学术理论基础。

从项目的综合效益来看，科研成果转化为生产力也必须经过工业化设计这一阶段，研究部门用理论和数据整合技术，再先进、再高端的技术也还是"纸上谈兵"，哪怕是经过小试、中试，最终的效益，必须在生产装置上实现。差之毫厘，谬以千里，项目的放大设计容不得一点差错。

斯托尔维奇言辞不多，直率、犀利，但字字珠玑，给蒋士成以鞭策、以激励，蒋士成不禁为这位异国专家的严谨的科学态度感到敬佩。在他身边工作的日子里，蒋士成感到紧张有压力，同时又感到兴奋很愉悦。

沈阳化工研究院建造了一套中试装置，管道弯弯曲曲，排列成各种几何图形。斯托尔维奇带着蒋士成，不知穿梭来回多少回。

工程设计转换中，制图是最繁琐的工作。斯托尔维奇会十分仔细地审核每一张图纸，反复确认无误后，才慎重地签上自己的名字。蒋士成第一批图纸送审，就被斯托尔维奇退回了。

斯托尔维奇把蒋士成叫到办公室，表情冷峻："为什么不用母语？这是中国的工厂，不是苏联的工厂，难道中国的工厂非要用俄文不成？你是中国的工程师，必须使用中国的语言！"

原来，蒋士成为了让斯托尔维奇审图方便，图纸上的文字标注全部使用了俄语。尽管蒋士成的心里感到有些委屈，但就在那一刹那，他从严厉的诘问中，体会到一种尊重、一种善良，体会到这位苏联专家对中国人民的美好感情和宽广的胸怀！

就在设计转换工作接近尾声的时候，斯托尔维奇接到苏方要求他即刻回国的通知。欢送会的前夜，他邀请蒋士成到苏联专家楼的寓所做客。

暖气充足的专家楼让蒋士成忘了刺骨隆冬的存在。斯托尔维奇穿了一件宽松的格子衬衫，胸口微敞，露出一簇簇浓密而卷曲的茸毛。他微醺并透着潮红的面庞一改平日严谨、不苟言笑的神态，始终挂着谦和和热情：

"蒋，我要回国了，请你来是为了告别，也是为我对你的误会道个歉。我过去对中国大学毕业生存有陈见，而你的表现已经证明了你是一个合格的工程师。我相信，七分思考加上三分行动，你一定会成为中国非常出色的工程师的。"斯托尔维奇的直白与褒奖，让蒋士成感到很亲近。

蒋士成明白，斯托尔维奇所说的误会其实就是对他的一次考验，那些数据斯托尔维奇早已掌握甚至是烂熟于心。斯托尔维奇让他蹲点只不过是在磨炼年轻大学生的意志，培养他独立思考的能力。而理论脱离实际、拘泥于书本说教恰恰是学校教育可能的痼疾！在枯燥单调的生活中找到乐趣，蒋士成没有丝毫的怨气，反而是心存感激。

离别给了斯托尔维奇一丝落寞。他告诉蒋士成，他非常喜欢中国，尤其是喜欢中国热火朝天的建设氛围。这种氛围使技术工作者有了用武之地，更成就了科技的发展。他说，科技本身是没有国界的，也没有社会主义和资本主义的区别。

让蒋士成倍觉珍贵的是，斯托尔维奇将援华期间的工作笔记和一叠资料送给了他，并反复叮嘱：科学技术是国家强盛的根本。对中国来说，引进外国技术是必须的，但一味依赖国外装置技术是不行的。能攻破的技术、能制造的设备尽量自己做，哪怕是一个小小的零部件，否则就会被人死死地卡住脖子！

说到这里，斯托尔维奇用双手做了一个合围的动作。那道重重的、挥舞着的弧线，足以让蒋士成记忆终生。

两个多月与斯托尔维奇朝夕相处，蒋士成亲历了装置放大实验的过程，学到了数据收集、分析和利用的方法，熟悉了沸腾床工艺的原理，重要的是，这项新的装置技术后来在北京有机化工厂、上海华亨化工厂、大连染料厂、太原化工厂等企业得到广泛应用。[1]

更为重要的是，蒋士成结识了斯托尔维奇这样的异国师长，他从斯托尔维奇的身上看到了严谨的科学精神，看到了知识分子的责任和良知。

[1] 陈伍瑞口述访谈 . 2017. 8. 北京 .

“大下”武汉

沈阳项目完成后，蒋士成回到北京。1958 年春节倏忽而至，有一个消息让他感到震惊：苏联撤回援华的全部化工专家！

化工部通报了面临的严峻形势：没有开工的化工装置无法调试设备，由苏联专家照管的生产车间运行几乎瘫痪，化工原辅料的交易戛然停止。蒋士成陷入沉思，他脑海里浮现出斯托尔维奇揶揄般的微笑，以及那道意味深长、令人警醒的弧线。

国家发出了“独立自主，自力更生”的号召。在第二个国民经济五年计划的开启年，中国人民没有丧失意志，而是增强了信心。化工部和全国各行各业一样，制定了更新更快更高的发展目标。1958~1960 年，全国化学工业基本建设投资为第一个五年计划的 3 倍多，改变了“一五”期间集中兴建大型基地的做法，全国化工企业遍地开花，各省区纷纷组建化工厂，按大区组建设计研究机构，造成仓促决策、战线拉长、投资分散等严重的冒进倾向。

为了适应基层对人才的需要，1958 年 7 月，化工部作出了《关于调整勘察设计机构的决定》，将当时的氮肥、基本化学、有机化学三个设计院合并，缩编为化工设计总院。在全国组建区域性设计研究分院，即大连、吉林、锦西、华东、华中、华北、西南、西北等八个分院。总部保留 900 人，其余人分赴各分院，以强化基层力量。

这就是发生在 1958 年化工部称之为“大下”的人事调动：仅北京化工设计院就有 1200 多人下派到全国各地。

蒋士成得到“大下”的消息时，正在参加化工部分批组织的十三陵水库的义务劳动。因具体方案未定，院里要求每个人做好思想准备，随时待命出发。

十三陵水库宏伟壮观，大坝建在蟒山和汉包山之间，水面清澈宽阔。这是在毛泽东的倡导下兴修的大型水利工程，1958 年 1 月开工，6 月完成引流蓄水，实现了半年内建成的目标。蒋士成和参加过十三陵水库劳动的人一样，坚信中国的建设会在一个新时代高唱社会主义凯歌突飞猛进，超英赶美！

1958 年蒋士成(后排左一)参加十三陵水库义务劳动

晚上，一群年轻人聚集在水库坝上，月光妩媚，青黛色的群峰连绵不断，在夜幕中更加迷人。

“悄悄的我走了/正如我悄悄的来/我挥一挥衣袖/不带走一片云彩……”有人在朗诵徐志摩《再别康桥》的诗句，大家竟然有一种离别的感觉。

有人拍拍蒋士成的肩膀说：“别忘了请我们去华东院吃你与陈雅的喜糖呀。”华东分院设在南京，离蒋士成的故乡常州很近。大家都在善意地猜测或幻想。

是啊，眼前的袤大的水域不禁让蒋士成想起江南水乡的美景——太湖、大运河，还有常在梦中萦绕的常州内子河，想起翘首盼子归的母亲。

谁也不知道几天后的归宿，谁也不知道下次相聚在何时何地。但是蒋士成以及这些在旧中国出生、新中国成长的年轻知识分子志在四方，此刻，他们虽然留恋北京，怀念故乡，却没有感伤。因为他们知道，那里更需要他们，祖国的化工事业更需要他们！这就是这一代人的火红的青春！

一周后，蒋士成没有如同事猜测的那样去华东分院，而是接到去武汉华中分院报到的通知。同月，组织完成了对他的见习期考评，正式聘任他为化工工艺技术员，执行国家行政干部 21 级工资标准。

北京总院抽调的 198 名工程技术人员分 3 批到达武汉。蒋士成与有机院的同志因手头工作的扫尾交接，被安排到第三批。

更像是一次短期旅行，一个不大的行李箱，一只挎肩包，蒋士成与 40 多个同事一道登上南下的列车。

夏季正值洪水泛滥的季节，郑州的黄河大桥被洪水冲塌，列车只能绕道天津、徐州，沿陇海线至郑州，再转京广线赴武汉。历经两个昼夜，第三天上午列车终于到达武昌大东门临时车站，分院的卡车已在车站等候。

武汉是全国著名的“火炉”城市，八月的太阳照得人睁不开眼。两天两夜的颠簸后，大家已是饥肠辘辘，一碗热干面吃得汗流浃背。蒋士成就这样完成了人生第一次职场迁徙。

不怕艰苦，不图享乐，不讲条件，不计报酬，哪里工作需要就到哪里去，是这一代科技工作人员无私的品德和高尚的情怀。

首战未捷

化学工业是湖北省的短板，没有专业管理机构，也没有单独的设计力量。华中分院的设立得到湖北省委省政府的支持。省委书记王任重、省长张体学亲自接待化工部常务副部长梁膺庸和化工部工作组，对化工部提出的建议很快作出积极的反应。为了加强与分院的业务融合，湖北省新成立化工厅，组建省化工设计研究院，但仅是编制单列，财政另支。机构设置、人事任免、业务管理全部依托华中分院，就是通常说的两块牌子、两套编制、一个班子、一班人马。

由于筹备时间紧迫，华中分院的办公地点成为难题。在听说初步选择的汉口胜利街273号地址不能够满足将来分院事业发展的需要时，王任重书记一锤定音：英雄要有用武之地，就定在吴家湾“荣校”吧。

“荣校”全称为“中南荣军学校”，在抗美援朝时期为中国人民志愿军的疗养地，进而转为志愿军转业进行培训的学校，背靠伏虎山，右邻卓刀泉，近临武汉东湖，景色自然朴实优美。三国名将关羽在此“青龙镇虎、卓刀成泉”的故事在这里广为流传。

伏虎山还是一座英雄山，参加辛亥革命武昌起义的刘公、孙武、吴兆麟、蓝天蔚、蔡济民、刘静庵等六位烈士及抗日英雄郝梦龄都安葬在这里。

20世纪50年代是崇拜英雄的时代。伏虎山和卓刀泉所折射的文化信息，无论是祭供在寺庙里的关公，长眠于山间的烈士，还是生活在疗养院的志愿军官兵，无不镌刻着英雄的印记。

这种带有浪漫主义精神的气息，与蒋士成的青春勃发，与“人定胜天、创造奇迹”的时代气息十分契合。

武昌化肥厂的设计是华中分院的核心项目，这是国家“一五”期间吉林、兰州和太原3大化肥厂的苏联援助项目之后，化工部规划的自力更生的重大攻关项目。化肥工业直接关系到农业产量，在“民以食为天”的国度里其作用可谓是举足轻重。

按照建设规划，这个项目利用武汉钢铁厂的焦炉气以深冷法分离制成合成氨，加工工艺为湿法磷酸制成磷酸铵。这个方案在分院设立之前就已经确定，并进行了前期工作准备。华中分院的人员配备也充分考虑了这个因素，氮肥院和基本化学院抽调的人员远远多于有机院。项目设计由华中分院一科(硫酸磷肥科)和二科(氮肥科)负责。

蒋士成所在的三科(有机合成科)因为没有现成的项目，除协助四科(地方项目科)一起负责省市地方项目外，还兼做一些研究工作。

华中分院的成立提高了地方化工业发展的积极性。初到武汉的日子，蒋士成感到忙碌不堪，不要说各种交流、咨询活动，仅每天省市化工局的会议就让其感到应接不暇。

很快，武汉市属项目葛店化工厂就在一片锣鼓声中宣布开工。举行典礼时，不要说没有总图设计，就连设计任务书也没有下达。人们就是用这样超常规的方式来宣示社会主义建设的冲天热情。

葛店化工厂的任务通知刚下达，三科和四科又接到了有机合成氯丁橡胶项目的设计任务。

氯丁橡胶属于合成橡胶。合成橡胶(SR)是人们采用化学方法制造的一种性能类似或超过天然橡胶(NR)的新型有机高分子弹性体。20世纪20年代，美国科学家纽兰德从乙炔中得到乙烯基乙炔，并通过氯化氢与乙烯基乙炔的反应得到氯丁二烯。另一位科学家卡罗瑟斯利用纽兰德的方法，制得了氯丁橡胶。1932年，美国杜邦公司实现了氯丁橡胶工业化。

氯丁橡胶具有优异的耐臭氧性能和耐候性，又有众多工业和军事用途，无疑成为诸多工业化国家重要的战略物资，特别是对中国这样的天然橡胶生产条件相对匮乏的国家来说，就显得更为迫切。

会议分析了项目实施的难度：一是工程化基础薄弱，现有的工艺路线不完善，已投产的四川长寿的氯丁橡胶装置开车不稳定，电石消耗量大，产品质量合格率不高。二是院里面专业力量不足。北京有机院曾参与氯丁橡胶的科研设计人员基本上集中到成都分院了，武汉分院现有人员均没有相关经历。三是氯丁橡胶项目的工程化过去有苏联专家的指导，目前苏联专家正处于大规模的撤退期，绝无聘请专家的可能。会上还提出项目设址武昌的弊端，特别是原料的进出、电石的高消耗影响项目的效益，甚至会引发与民争电、争煤的矛盾。

尽管难度大，会议上还是做出了具体的安排，因为当时华中分院没有讨价还价的余地。在这次会上，蒋士成被任命为该项目设计组组长。

晚上，蒋士成惴惴不安地敲开有机室主任梁仲理的宿舍门。梁仲理不是化工专业出身，几年来刻苦自学，已经成为专业方面的行家里手。

没等蒋士成开口，梁主任就笑眯眯地拍拍蒋士成的肩膀说："坐下吧，我们一起商量一下，如何着手干好这个项目。"

梁仲理是和蒋士成一起从总院下派到华中分院的。一年多来他对蒋士成见习期的表现十分关注，梁仲理不但看到了蒋士成的勤奋和聪颖好学，更欣赏他身上的一股韧劲，面对困难不服输的一丝自信，这恰恰是作为一名优秀化工设计工作者不可缺少的一种潜质。

"我和你一样，也有这样和那样的担心，但我相信，你能够胜任这个组长。"那天晚上围绕氯丁橡胶项目他们谈了很多，而多少年来，蒋士成唯独记住了梁主任这句话。当时的他忽然感到心里有底了，他明白，这个"底"来源于梁主任谦逊的态度和充满信任的目光。

没过几天，蒋士成就收到了一大堆包裹，竟然都是有关氯丁橡胶项目的资料，有成都分院的通用设计，有四川长寿化工厂氯丁橡胶装置的工程化的试验方案以及开车过程中的各种数据，还有沈阳化工研究院与苏联专家的若干技术会谈的原始记录。领导的默默支持，给了蒋士成巨大的动力。

接下来的几个月，蒋士成的设计组一方面消化吸收技术资料，一方面配合地方有关部门和项目单位做各个环节的衔接，夜以继日，马不停蹄。

在该项目设计审查会上，梁仲理对设计方案做出了充分的肯定，他认为方案稳健、合理，在通用设计方案的基础上，考虑了装置工艺特点，考虑了国内现有装置运行中的瓶颈，在工艺调优、质量控制方面有所提升，是一个因地制宜的好方案。

尽管这个项目后来因为投资决策的经济性，特别是二汽的停缓建设等种种因素没有得到实施，但对蒋士成来说，丰富了他化工领域的专业知识，提高了他项目设计的组织、管理、协调能力。

又一个“流产”项目

1958 年 8 月 17 日，中共中央政治局扩大会议通过了《全党全民为生产 1070 万吨钢而奋斗》的决议，要求把钢铁生产放在首位，各级党委第一书记挂帅，大搞土锅炉土法炼钢。会上群情激昂，会后热火朝天，“坐八百看一千，土办法不花钱，大家一起努力干，年底一定会实现。”一场轰轰烈烈的全民大炼钢铁运动在全国掀起。

当年 10 月，华中分院全院职工投入大炼钢铁的群众运动。他们将原来荣校闲置的疗养器材、废弃的护窗铁栏拆掉，因院里办了食堂，小家庭职工上交了铁锅铁铲，单身职工上交了哑铃等健身器材，就连单身宿舍院的铁栅门也一起被送到炼钢点。还有几个土建、设备设计人员主动参加炼钢土炉的设计和建造。

几乎没有一个人怀疑土法炼钢的冲动盲目性，大家浑身上下充满了一股热情，积极响应党的号召，为高速度建设社会主义添砖加瓦，出力流汗。反之，“大跃进”运动中反对教条主义、全面技术革新的浪潮深得人心。“土法上马”成为当时工业战线最响亮、出现频率最高的新名词。

1958 年时的蒋士成

“土法上马”的核心是解放思想，打破洋框框，没有条件创造条件，充分发挥群众智慧，中国人民要用生动、鲜活的实践来印证“劳动人民创造历史、改变世界”的雄伟论断！

在 1959 年全国化工工作会议上，化工部党组织作了《为在 1960 年建立三万到五万个化工小洋(土)群企业而奋斗》的工作报告，提出化工工业大中小结合，以土、小为主的建设方针，拉开了“全民化工”的序幕。

化工设计战线也掀起了以土法上马为主要内容的技术革新高潮。

全国化工领域的设计革命在“大跃进”的助燃下迅速展开。一些规章制度被废止，设计工作程序被简化，“制图活版化”“晒图二底图化”“计算电算化”“图表化”“算尺化”等新方法得到宣传和推广，所谓“反应管道化”“超声波化”等在试验研究中的新技术、新工艺得以推行。

华中分院的技术革新喜获成果。年轻的技术人员发明了新的制图工具“玻璃活版”，获得总院的表扬。他们用玻璃制成设备工艺的各种标准模块，制图不用笔划墨描，用这些玻璃模块像搭积木似的拼凑成机器和部件，然后直接晒图，这样节省了画图描图的时间。

蒋士成参加并主持的“红薯土法制酒精”的项目也获得成功。

1958年湖北红薯大丰收。当时，全国几乎所有的农作物高产“卫星”不断升天，一亩地产13万斤水稻、12万斤小麦、113万斤红薯的喜讯登上报纸的头版头条。粮食多了怎么办？这成为从中央领导到地方干部都要考虑的问题。有人提出，红薯可以酿酒，一定也可以提取酒精。于是，这个项目下达到华中分院了。

红薯酿酒是中国乡村的传统工艺，将蒸熟晾干的红薯丝拌上酒曲，发酵拌糠后进行炊蒸，炊蒸桶就是一个蒸馏器，从蒸馏器冷凝管流出的液体就是醇香的红薯酒了。这种工艺虽说是有配方和经验上的诀窍，但工艺相对简单，投资也不算大，一般是小作坊作业。

蒋士成知道，建一座酒精厂不是一件容易的事情，建一座有效益的酒精厂更不容易。

红薯淀粉含量高，价格低廉，如果原料供应得以保证的话，利润还是可观的。但是，红薯是季节性产品，存放期短，国内没有红薯保存技术以及红薯半成品加工技术，所以生产周期受季节限制难以实现全年生产，这是其一；生产酒精产生的大量废水废糟液难以处理，这是其二；更重要的是，设备投资大，工艺复杂，土法上这样的项目能行吗？

蒋士成只能在心里这样问自己，因为他知道，土法上马是国家倡导的方针，要地方正规投资建厂绝无可能，任何不同的声音都有可能被指责为思想保守或洋奴哲学。这个时候，只能是硬着头皮设计了。

制取酒精的核心设备是精馏塔。20世纪50年代，发达国家已经成功地开发了各种板式塔，国内普遍使用的还是填料塔，塔内填充一定高度的填料，增加流体间的接触表面。按照设计规范，填料塔应采用筛板结构和正规的陶瓷填料，以保证气液均匀接触和分离的最佳效果。

通过多次试验，蒋士成发现用废弃的炉渣代替填料可以取得几乎相同的效果。这些炉渣在武昌矿区到处可见，他们就地取材，用旧油桶作罐体，焊接上管道，将洗干净的矿渣填进去，一座精馏塔就这样大功告成了。

就在这套土制装置成功地生产出酒精并准备大力推广时，原料供应出现了问题，粮食告急。决策者们在为红薯丰收盲目乐观时，只是在思考粮食多了怎么办，显然没有考虑到粮食不够怎么办的问题。

一场因自然因素和人为因素交织引发的全国性的大饥荒降临了。

萝卜汤婚礼

1959 年夏秋，新中国成立以来最严重的干旱灾害在全国相继爆发。许多地区河道断流，塘堰干涸，粮食大幅减产。这场旱灾持续了三年，即 1959 年至 1961 年，史称“三年困难时期”，饥饿成为直接威胁中国人民生存的首要问题。

毫不夸张地说，只有经历过三年困难时期的人，才能真正体会到饥饿的滋味。

华中分院成立之初就开设了食堂，即便是小家庭职工也不允许开小灶，定量的供应粮油计划全部交食堂支配。到 1959 年春夏，食堂愈发拮据起来，每人每月供应半斤肉、三两油，口粮男性 26 斤，女性 25 斤，供应的主食只有少量的米和面，其余搭配高粱粉、玉米面和红薯干。

如果说 20 多斤口粮对一个成年人已经足够的话那就大错特错

了。要知道，在没有其他“油水”补充的情况下，一个人饭量大得连自己也会感到吃惊。

“双蒸饭”是那个时期食堂的发明创造。因为粮食紧张，食堂师傅将蒸过的饭泡一下水再回笼蒸，让米粒完全膨胀，这样就显得饭的分量多一点，并确实能解决一时的饥饿感。但吃下去还是不顶饿，而且缺乏口感。

即便是这样的双蒸饭也很难吃上，更多的时候是喝稀饭。在华中分院百人食堂里，通常是一片吧唧吧唧的喝粥声。

饿着肚子工作，大家毫无怨言，依然鼓足干劲，力争上游，充满激情地工作。由于营养不良，不少同志出现乏力、浮肿的状况。为了避免缺粮断炊，院领导动员大家自力更生，开荒种地，并想方设法地筹措代粮食品。

在粮食匮乏的年代，凡是能够充饥的食品都是计划供应的，即使能够从黑市中寻到也是天价。五斤红薯干要一斤粮食的计划，供应价只有几分钱，黑市价要好几元钱，高于供应价的上百倍，而且当时国家是禁止黑市交易的。农作物中，唯有白萝卜、胡萝卜不需要粮食计划，在武汉郊县能够买到，价格也不算太高。因此，一段时间内，华中分院就采购萝卜用来补充口粮的不足。

每次院里通知年轻人参加夜间义务劳动时，蒋士成就知道要去搬运萝卜了，大家兴高采烈地拥着去码头，那股高兴劲儿就像小时候过大年一样。

严格地说，萝卜只是营养丰富的蔬菜，或者是价廉的水果代品，但绝不是好的替代食品。无论是白萝卜还是胡萝卜，好像都有助消化的功效，哪怕是吃得再多，不一会又会饥肠辘辘了。但要知道，在当时的情形下，满足一时的“饱感”是一件多么不容易的事情。

白萝卜腌制成萝卜干当菜肴，胡萝卜熬成的汤味道甘甜，呈喜庆的红色。亦饭亦菜的萝卜，给华中分院的同志们带来几年亦苦亦甜的时光。

一次，武汉化工系统举办篮球赛，蒋士成作为华中分院的主力边锋连连得分，华中分院一举战胜了劲旅武汉化工学院，获得冠军。消息传来，全院欢腾，院里的广播喇叭不停地播报着喜讯，当天的晚餐即为篮球队庆功，没有酒，没有米饭，每人一碗萝卜汤。院长杜新之不知从哪儿搞来几块湖北特产“八喜饼”，一个队员分得半块。那碗红得发亮的萝卜汤真的比红酒还要甘甜。

“萝卜汤婚礼”成为蒋士成一生中最甜蜜的记忆。

1959 年国庆节是中华人民共和国成立十周年纪念日。有些同事们已在节前回家乡探亲。国庆节一早，已经领了结婚证的蒋士成、陈雅去了一趟汉口，打算买点喜糖，顺便体验一下节日的气氛。当时吴家湾到汉口的交通不便，要转乘两趟公交车，还要步行几公里路，回到院里已经晚上七点多钟了。因行前已通知食堂师傅留饭，他们就径直去了食堂。

食堂里的灯亮着，人声嘈杂。平时六点就开饭了，今天怎么还有这么多的人？蒋士成正思忖着，一群男女同事突然过来，拉着他们两个进入食堂，又前后簇拥着把他们推到众人面前。蒋士成肩上斜挎着的黄色帆布包还没来得及放下，两朵大红花就分别扎在了他和陈雅的胸前，蒋士成这才明白了是怎么一回事。

原来在国庆节前，三室主任梁仲理曾找过蒋士成，关心起他和陈雅的婚事。蒋士成说，目前院里住房紧张，也不想增加双方家庭的负担，等将来条件具备了，也不办筵席，买点糖分发给大家就算结婚了。想不到说者无心，听者有意，幸福竟然来得这么快、这么突然。

梁仲理笑吟吟地站起来为他们证婚。他说，患难见真情，并勉励他们忠于爱情，忠于事业，克服困难，共同进步。又悄悄地咬着蒋士成的耳边说，他得为今天难得的荤腥找点话题。

那天，食堂里果真破天荒地蒸了肉馒头。同事们闹着要喝喜酒，蒋士成便急中生智地说：“我请大家喝萝卜汤！”

没有锣鼓鞭炮，没有丝竹管弦，没有婚纱华服，没有美酒佳肴，无家长亲戚的出席，甚至没有正规的仪式。一人一个肉馒头、一碗胡萝卜汤，蒋士成的婚礼却洋溢着浓烈的友情和亲情，让他们感到大家庭的温暖。

1959 年蒋士成和陈雅结婚纪念照

新房已经打扫一新，蒋士成和陈雅的单身铺盖整整齐齐拼凑在婚床上。因为房主人节前回老家探亲，所以新房只能说是临时借用的，除了窗棂上贴了红纸剪成的“囍”字外，就是一间简陋狭窄的宿舍。而在这里，蒋士成和陈雅度过了幸福温馨的新婚蜜月。

岁月蹉跎

三年困难时期，由于经济萎靡，化工投资再度收紧，项目少了，设计任务大量减少。1959 年 8 月，化工部决定将华南地区的设计研究任务合并到华中分院，成立“化学工业部中南化工设计研究分院”，并提出要加强研究工作，研究课题直接由化工部专业职能局下达。

原华中分院也有项目研究的职能，并在依托项目武昌化肥厂的旁边建了一个中间试验厂，由一科代管。但由于设计任务繁重，又没有成立专门的研究机构，所以研究工作成果平平，唯一的研究项目是石膏分解法制硫酸。

为适应新的形势，中南分院专门成立了研究室——三室，归属化工部二局领导，除了硫酸磷肥的小型研究外，还承担一些军工项目的研究。梁仲理任三室主任，蒋士成作为有机合成化学的技术骨干被调入三室工作。

1960 年，中南分院的研究楼建成使用。小楼分上下三层，建筑面积 2700 平方米。三室的技术力量由各科室的骨干组成，为了在困难时期储备技术，他们充满热情，投入工作，很快就编制完成了中南分院《1960～1967 年主要科学技术试验研究项目表》《1960～1962 年重要科学技术国际合作项目表》《三年、八年科学技术发展规划纲要》等重要文件。不仅列出了具体研究项目建议，还大胆地提出了发展有机合成化工发展、加强国际技术合作的建议。

蒋士成带领的有机工艺组研究了民主德国、波兰、苏联的有机合成技术现状，提出了合成异戊二烯、异丁烯橡胶等 4 个合作项目建议书。此外，还完成了阻燃剂添加、甲基丙烯酸甲酯有机玻璃合成等项目的研究。

在工程设计停滞的形势下加强研究工作不过是“养兵”和“用兵”的权宜之计。研究工作固然重要，但研究同样需要投入，尤其是实用工艺技术的研究，需要大量的实践数据，需要深入考察，需要各种大小的试验，而在连饭都吃不饱的情况下，这些条件根本无法达到。

就像一个饿汉坐在研究室里，没有烤箱，没有红薯，你脑子里反复想象着烤红薯的诱人的香味，想得馋涎欲滴，终将无济于事。狂热运动已经证明，依靠想象是不可能实现“大跃进”的。

果然，研究楼启用后不久，一半以上的面积就给职工宿舍占用了。

研究楼建在山坡上，周边有许多荒地。蒋士成想，与其在研究室画饼充饥，还不如自己动手开荒种地，以解决断炊之虞。于是，他主动请缨，带领工艺组的同事们利用空暇时间一起平地、复土、施肥，用水泵引水灌溉，按季节种上庄稼，当年就获得了收成。

第二年工艺组再接再厉，又开垦了一些荒地，就连宿舍楼周边的空地也种上了瓜果蔬菜，进而还饲养了牲畜家禽。

这是一段清净悠闲的时光，就像燥热的酷暑过去，凉爽的清秋到来。放牛、喂鸡、养兔，田间的劳作，清新的空气，湖光山影的美景，恍如农夫般的生活，让蒋士成感到充实，“采菊东篱下，悠然见南山”，蒋士成在这里领略到了陶渊明田园诗的意境。

更让蒋士成感到充实的是，由于他们工艺组的辛勤耕耘，中南分院的职工渡过了最困难的3年饥荒时期。

大饥荒没有击败中南分院同志们的意志。大家明白，农业是国计民生的基础产业，化肥工业与农业的发展息息相关。以化肥设计为专长的中南分院一定能够为中国农业的振兴作出贡献。然而，一个消息的传来，不啻给大家高涨的热情泼了一盆凉水。

中南分院设计的主要工程武昌化肥厂被通知下马了。这个项目倾注了中南分院3年多的心血，堪称为国家独立设计化肥工业的“希望工程”。

武昌化肥厂下马的原因是多方面的：一是资金困难。“大跃进”让化工工业为钢铁工业让路，投资被削减。二是资源不落实。武昌化肥厂的主要原料是武汉钢铁厂的焦炉气，因计划得不到落实，又改为无烟煤制半水煤气。三是设计方案多变。原最终产品设计为大磷铵，怕技术不过关，改为硝铵。厂大门一会儿要向东，一会儿要向南，导致总图一变再变。三个因素相互影响，造成决策混乱，多方协调不力，工程进度缓慢。

武昌化肥厂的下马使中南分院失去了重要的产业依托，使几百名设计人员几年的辛苦付之东流。武昌化肥厂的损失更为惨重。已经运到现场的、从捷克进口的核心设备高压容器被无偿调拨，征用的土地被荒芜，在大连化工厂培训好几年全套技术的管理干部被闲置。更加使人心情沉重的是，武昌化肥厂的下马在一定程度上挫伤了年轻技术工作者的青春理想和建设中国新化工的热情。

梁仲理后来撰文说❶：

“在那大跃进的年代，在中央的统一号召下，我们这批绝大部分是二、三十岁的年轻人，意气风发，斗志昂扬，来到武汉创业，大家不怕困难，敢挑重担，经常加班加点，通宵达旦，苦战鏖战，为化学工业的快速发展作出了积极的贡献。但同时我们的工作也走了许多弯路，做了一些蠢事，浪费了国家的资财，挫伤了广大群众的积极性……”

回忆起在中南分院度过的那段青春时光，蒋士成同样百感交集。

这艰苦的3年，蒋士成收获了爱情和亲情。1960年12月，女儿蒋丹敏出生，给单调艰涩的生活增添了生气和乐趣。

这艰苦的3年，使蒋士成得到了困顿环境的历练，面对饥饿、面对事业不顺、面对工作挫折时有了一份从容。

这艰苦的3年，使蒋士成看到了天灾人祸的戕害，致使中国化学工业失去了发展的重要机遇。

岁月蹉跎！是那一代青年知识分子的人生感叹。

三年困难时期结束的1961年，蒋士成28岁，正值青春燃烧、朝气蓬勃的花样年华。

---

❶《五环之路——中国五环化学工程公司四十周年（1958～1998）纪念文辑》. 武汉：中国五环化学工程公司藏档.

化工不能让路

《化工不能再“让路”了》是1959年4月化工部部长彭涛在中共八届七中全会上向中央提交的一份调查报告的醒目标题。

报告详细阐述了化学工业在“大跃进”中遇到的困难以及恢复化学工业正常生产的紧迫性，提出了降低钢铁产量指标的建议。化工部领导们为彭涛部长捏了一把汗。因为，在当时特定的政治语境下，彭涛的直言不讳，使他极可能有被打成“右倾”的危险。

彭涛认为，化学工业只有为农业服务，才能发挥它的最大效用。一方面要积极发展化工肥料的制造工业，使我国的粮食产量大大提高；另一方面要加快发展有机合成化学工业，为轻纺工业开辟第二个原料来源。

民以食为天，吃与穿息息相关。粮食依靠耕地，而自古以来作为衣着主要原料的棉花同样依靠耕地。因此，在农业结构里，种粮食还是种棉花是一对顾此失彼、难以调和的矛盾，丰年冲突不大，灾年矛盾凸显。1954年开始，粮食与棉布供应同时实行国家和省区计划票证制。

穿衣短缺与饥荒一样，是许多中国人刻骨铭心的记忆。“新三年，旧三年，缝缝补补又三年”，一件衣服，老大穿新，老二穿旧，老三穿破，是无数中国家庭的真实写照。贫穷地区的老百姓一家人合用一床棉絮、合穿一件棉袄的现象屡见不鲜。

三年困难时期，棉花产量严重下降，棉布等纺织品供应不能保证人民的最低生活水平要求。湖北省的棉布供应计划仅为每人每年一市尺二寸。如果做成衣服，一人的计划只能做一条裤衩。

因此，解决人民的吃饭和穿衣问题成为上系中央、下联千家万户、关系国计民生的头等大事。纺织工业部是国务院主抓全国服装纺织原料的部门，在1960年提出了“天然纤维和化学纤维并举”的方针，坚持两条腿走路，努力发展化学纤维工业。时任纺织部副部长的王达成曾专门带队到化工部学习全国化学工业发展的经验，一起研究全国化纤工业的总体布局。

化学纤维是化工产品，发展化纤工业是化工系统的工作。但由于基础化工承载的大行业众多，所以化工部和纺织部对化纤的关注程度不同，纺织部将发展化学纤维放在首位，而化工部则将化纤工业的发展列在化肥、农药、国防、军工、橡胶等工业之后，对化纤无暇顾及。当时就有人揶揄道，化纤，在纺织部是“老大”，在化工部成了“老九”。

化纤要突破，首先要在化纤原料上突破！化纤原料要突破，“老九”就得“升格”。

1962年，三年困难时期结束，粮食供应恢复正常供给，衣物供给列上政府重要议事日程。中国的国情决定了无法大量地扩大棉田，眼光只能转向化纤。周恩来决定，跨部门成立两个组，一个是化肥，一个是化纤，由他亲自抓。

鉴于当时化纤原料和技术的情况，发展人造纤维和维纶纤维是最现实的选择。纺织工业部在50年代末期已恢复改造建设了上海安乐人造丝厂和丹东化纤厂，并从民主德国引进设备建设了保定化纤厂和北京合成纤维实验厂。化学工业部也着手维尼纶纤维原料的开发研究，在天津成立了维尼纶研究中心，并在四平自行设计建设了一套年产1000吨维纶的试验装置。

在中央“调整、巩固、充实、提高”方针的指引下，两部联手、共同攻克化纤技术发展难关的序幕终于拉开了！1962年12月，在二届人大第72、73、74次常委会议上，化工部连续三次作了《化学工业如何为吃、穿、用服务》的汇报，赢得常委们热烈的掌声。

中南分院虽然以氮肥工业设计见长，但对有机合成工业的研究从没有停止过。1962年底，中国科学院武汉研究所以稻草为原料的人造丝项目小试获得成功，中南分院立即组织工艺、设备、工程人员，由有机工艺室主任向有成担任组长，参加工程放大攻关，蒋士成参与其中，并担任副组长。

采用稻草为浆粕原料制造黏胶纤维，从技术上来说是可行的。尽管蒋士成是第一次参与黏胶纤维的工程设计，但对其工艺流程并不陌生。蒋士成从小生活在中国纺织业的腹地江苏常州，对缫丝、纺纱、织布、印染耳濡目染，大学期间去过上海安乐人造丝厂学习工艺流程，对黏胶纤维工艺设计也饶有兴致。在中国科学院武汉研究所，通过多次试验，他发现，浸压粉碎、浆粕的黏稠度关系到抽丝的韧性和流畅度，立即在设计中进行了改进。

但从项目的经济性分析，原料固然廉价，但原料的采集、收购、储运以及明显的季节性存在许多问题，一旦实现工业化，会受到诸多不确定因素的制约。

在确定完工艺路线进行设备选型的时候，项目突然被叫停。那天，蒋士成一行准备乘坐火车去上海调研，票已买好，临行时接到“即刻回院”的通知，等待他们的是一个出乎意料又令人鼓舞的消息。

院长杜新之告诉他们：中央决定引进设备在北京建设一套年产万吨级的维尼纶生产装置，化工部、纺织部调集全国有机化学和纺织技术骨干参加建设，主要任务是学习和消化国外先进技术，为我国化纤工业的发展摸索经验、奠定基础、积蓄力量。

在布置完任务后，杜院长略显得一丝动情，说：“你们这一去，意味着就要离开武汉了，化工部正在进行工程设计专业化调整。中南分院将改称为‘中南氮肥设计院’，有机化学专业将集中至吉林分院，化工设计系统将形成一个个全国打得响的专业‘拳头’。为了我国的化工事业，我们共勉！”

杜院长一番感人肺腑的话语，让大家无不动容。回顾在武汉艰苦而波澜的生活，蒋士成忽然觉得有点依依不舍，这里有和家乡一样的青山绿水，这里是他事业的起点，这里还有着他没来得及燃烧的青春！

但他相信：化工的春天即将来临。维尼纶，定会点亮中国化纤工业绚丽多彩的明天！

第四章

维尼纶攻关的困厄岁月

聚焦维尼纶

维尼纶，简称“维纶”，学名“聚乙烯醇缩甲醛纤维”。1931 年，德国在实验室首次发现聚乙烯醇树脂纤维。1939 年日本京都大学教授樱田一郎和朝鲜化学家李升基共同研究出聚乙烯醇树脂纤维热处理和缩醛化处理方法，从而可制取耐热、耐水性良好的纤维，1949 年在日本实现工业化生产，被日本高分子化学协会正式命名为“维尼纶”。

维尼纶一经问世，马上得到世界的青睐。美国、西欧等国家和地区先后购进日本专利组织生产。当然，拥有世界最多人口的中国也特别关注。维尼纶的原料是电石，价格低廉，生产过程相对简单。发展维尼纶工业是投资省、见效快的选择。但是，由于当时以美国为首的西方发达国家对新中国政治上实行敌视，经济上采取全面封锁和禁运，大到工业机械，小到煤油食品，无一幸免，要引进这项技术或设备可以说是天方夜谭。

1962 年 3 月，纺织工业部和化工部联合向中央作出《关于发展维纶工业的请示报告》，提出参考朝鲜的维纶生产技术，在四平建设维尼纶试验装置，为下步建设万吨级的生产厂做准备。当年 11 月，两部各派 4 人去日本考察维尼纶工业。

就在这一年的 11 月 9 日，令世界瞩目的《廖承志-高崎达之助中日易货贸易会谈备忘录》在北京签订，确定在东京和北京分别成立“廖承志办事处”和“高崎达之助办事处”，在没有外交途径的情况下，打通了中日民间贸易的渠道。北京引进的 1 万吨维尼纶及其原料聚乙烯醇成套设备和技术就是在《备忘录》框架下取得的成果。

高崎达之助，日本政治家，中日民间贸易的开拓者。在1955年4月的万隆国际会议上，他与中国总理周恩来“偶遇”，他被周总理温文儒雅的风范、不计前嫌的态度、求同存异的政治主张所感动，从此全身心投入中日友好事业，成为推动中日民间贸易的积极力量。

5年后，他应周总理邀请访问中国，向周总理提出了若干建议。其中第5条是：“我看到，中国的工人和市民都清一色地穿蓝布衣服。贵国有一句古语‘衣食足，知礼仪’，应当向人民提供充足的衣食，再搞工业化。现在，应当从根本上考虑这个问题。”通过他的不懈努力，停滞了20多年的中日贸易，突破了日本反华政府的层层封锁，建立了民间渠道。

1989年10月15日，日本外务省公开的外交档案中对周恩来与高崎达之助的会谈有这样的评价：“周恩来和高崎达之助在亚非会议的接触是历史的一瞬间，开辟了中日贸易乃至邦交正常化的道路。”

1万吨维尼纶成套设备及其原料聚乙烯醇成套设备和技术是其间最大的引进合同项目。成套设备是以美金结算的，经历“三年困难时期”后的中国实在拿不出足够的外汇支付这笔昂贵的费用。在周恩来总理的精心安排和日本友人的帮助下，最终以延期付款的办法解决了这一棘手问题。

这套装置引进后，分为两个部分建设：维尼纶原料聚乙烯醇部分由化工部负责，新建了北京有机化工厂；维尼纶抽丝部分由纺织部负责，新建了北京维尼纶厂。

化工部紧急从全国各个设计院抽调工程设计人员，蒋士成便是其中之一。得知项目艰难曲折的背景后，蒋士成感慨万分，对为人民生活鞠躬尽瘁的周总理充满着无限敬意。

所有的参建人员都深知这项工程来之不易，深知偿还外汇的压力沉重，深知解决人民穿衣问题的任务艰巨、使命光荣。尤其是像蒋士成这样的一批化工科技人员，面对新奇而复杂的“洋技术”“洋设备”，要摸清装置的“脾性”，熟谙机器的工艺原理，更有着时不我待的责任感。

北京有机化工厂选址在北京市朝阳区大郊亭，以北京化工二厂的电石为原料，生产规模为年产1万吨聚乙烯醇。北京维尼纶厂选址在北京市顺义县的牛栏山——北京著名“二锅头”的故乡。以聚乙烯醇为原料生产维尼纶纤维，每年可以织布7300万米。

两项工程由北京市分别和化工部、纺织工业部组成建厂委员会，统一领导建设工作。北京有机化工厂于1963年11月破土动工，1965年8月建成投产，历时1年零9个月，比引进合同规定的工期提前了8个月，比计划概算节省投资7%左右。北京维尼纶厂于1963年8月动工兴建，1965年9月全面建成。

化工部抽调的工程设计专家和技术人员在工程开工前就提前介入，大致分为3个组：现场对接组负责与日方工程人员的联络、协调和服务；测绘组配合一机部将所有进口的设备进行实地测绘；设计组负责研究工艺流程衔接，转换设计图纸，跟踪工程安装调试全过程。三个组分工各有侧重，但一个共同的任务是消化吸收，尽快掌握关键技术，为装置国产化做好充分准备。蒋士成分在设计组。

设计组人员主要来自吉林化学工业公司设计院(以下简称吉化设计院)。该院的前身是化学工业部吉林化工设计研究分院，1961年归属吉林化学工业公司(以下简称吉化)领导。除了承担吉林化学工业公司的扩建、新建设计任务外，同时也面向全国承担一些项目。在专业上，以有机化工见长。到1965年5月，化工部体制再次改革，取消了吉林化学工业公司建制，设计院改名为“化工部第九设计院”。

北京有机化工厂的工程项目给了蒋士成难得的锻炼机会。组长李梁臣是吉化设计院的室主任，也是1958年从北京化工设计院下放的一位资深设备专家。他带领的设计组在其他两个组的配合下，在不到3个月的时间内，日夜兼程，成功地转换了近万张工程和设备设计图，并对聚乙烯醇生产技术和装置技术进行了认真的分析研究。

就在建设者们沉浸在工程开工的喜悦、工地面貌日新月异的振奋之中的时候，一个更大的喜讯传递到共和国的高层，化工部和纺织工业部联合向中央报告：通过对外来技术的消化吸收，我国的设计人员已经具备了维尼纶及其原料生产先进技术的翻版设计的能力！

1963年12月，李梁臣和吉化公司人事处的同志一起赴武汉中南分院，按照化工部专业整合的要求，办妥了蒋士成等7人的工作调动手续。

1964年新春佳节后，蒋士成全家迁往吉林，一个全新的、艰巨的任务在等待着他。

吉化有个“104”

吉化是新中国化学工业的摇篮，坐落在吉林市的北部，南临烟波浩渺的松花江，东依峰峦叠翠的龙潭山，北面为连绵不断的蛇盘山和蜿蜒曲折的牤牛河，是一个林木蓊郁、山环水绕之地。

吉林是中国最早、最大的工业基地，铁路交通十分发达。距离吉化不远，有个不起眼的小站叫作龙潭站，六七十年代曾名噪一时，说这个站是李玉和与交通员接头的地方。虽然革命现代京剧《红灯记》的故事和人物均为艺术加工和创造的，但吉林人对共产党领导下的东北抗联抗击日本侵略者的英雄事迹有着刻骨铭心的历史记忆。至今你如到吉林旅游，吉林人仍然会自豪地跟你说，李玉和是我们吉林人！

“手提红灯四下看，上级派人到龙潭。”化工部在吉化设计院调集了有机化学方面的骨干，他们的任务是破译日本仓敷公司聚乙烯醇成套引进设备的“密电码”，建设吉化“104”。

人们习惯地将20世纪70年代建设的“吉林有机合成厂”称为“104”，而在吉化早期规划时，“104”的全称却是“吉林合成纤维厂”。合成纤维厂的产品，就是维尼纶。

吉化对蒋士成来说并不陌生，大学实习、毕业后的工作见习期都在这儿度过。“三大化”（化肥厂、染料厂、电石厂）火热的建设场面、现场日新月异的变化使蒋士成感到振奋，尤其是听了分管工程建设、设计院的公司副经理杨浚关于“104”建设背景的介绍后，他深为中央领导关心这个民生项目所感动，为能够亲身参加这个工程建设感到自豪。

电石是生产维尼纶工业的重要原料，吉林电石厂于1957年5月建成投产，电石炉的容量为亚洲之首。苏联专家参加了计划的编制。电石厂代号为“103”，纤维厂的代号就成了“104”了。在公司总图规划中，“104”紧挨在“103”的南端。

“104”的命运多舛。先是中苏关系破裂，苏联撕毁合同、撤走专家，紧接着中国进入“三年困难时期”，项目举步维艰。

1962年6月24日，国务院总理周恩来视察吉化，接待周总理的正是刚参加两部维尼纶工业考察团从日本回来不久的杨浚，他向周总理提出利用日本维尼纶专利技术、引进成套设备兴建吉林“104”的建议，引起了周总理的重视，项目建设出现了新的转机。吉化档案馆珍藏了这次视察过程中周总理和杨浚同志的谈话纪实，部分截录如下：

> 总理问：“生产维尼纶用电石，电石你们够吗？”
> 杨浚答：“我们有。”
> 总理问：“一吨维尼纶要几吨电石？”

杨答："根据日本专利，要3吨电石。我们今年电石产量是5万吨，生产能力有8万吨。"

总理问："除了电石，还有什么别的原料？"

杨答："主要原料还需要醋酸，醋酸现在能力是1万2千吨。生产一吨维尼纶需要醋酸110公斤，一万吨维尼纶需要醋酸1100吨。"

总理说："那你们可以解决，还需要什么？"

杨答："还需要甲醇，一吨维尼纶需要100公斤甲醇，一万吨维尼纶需要1000吨甲醇。我们能力有2万吨。"

总理说："那你们也可以解决，还需要什么？"

杨答："还需要甲醛。我们也生产，一万吨维尼纶需要4000吨甲醛。我们甲醛能力是2万吨，也没有什么问题。"

总理感兴趣地说："你们这些原料都有了，只要加加工就行了！要些什么样的设备？"

杨说："主要是生产聚乙烯醇和抽丝的设备。在我们这里设维尼纶工厂，只要建设两个车间：一个是原料车间——聚乙烯醇车间，一个是抽丝车间。为了加快维尼纶的建设，最好从日本购买一套1万吨维尼纶专利，因为日本原材料消耗比朝鲜低。"

总理问："建设这么个厂，总共需要多少投资？"

杨答："根据日本的报价，需要2900万美金。"

总理说："2900万美金差不多相当于1亿人民币，这也不多，可以解决。"

接着总理又问："1万吨维尼纶可以做多少衣服？"

杨答："大约2千万套、6千万米。还是宽面。"

总理说："6千万米相当于1亿8千万尺，那不错，可以解决一些问题。"

接着总理说："好呀！你们这里原料都有，公用工程可以利用，可以节省投资。你把我说动了，维尼纶应该搞。”

（在谈到建设周期时）总理说：“为什么要在明年、不在今年开始建设？我们别的都能大跃进，有的不该大跃进还大跃进，这个应该大跃进又不大跃进了。”接着又说，“现在日本代表团正在北京，我们给他谈。”❶

杨浚回忆说，周总理在离开吉化的时候，特意要他将维尼纶有关的材料形成书面文字晚上送到他下榻的宾馆。到了北京后，周总理曾多次在国务院会议上提到吉化，还说：“我去过吉林化学工业公司之后，对化学工业产生了兴趣，我买了一本《有机化学辞典》，将来有机会还要去看看。”

就是这次谈话，杨浚给周总理留下了深刻的印象，称赞杨浚是“用辩证法讲化学的人”。

也就是这次谈话，促成了中日民间贸易不只限于民用物资，还包括新技术、生产线的大宗买卖。尽管这笔交易被发展条件更好的北京市捷足先登，吉化公司没有拿到第一单，但毫无疑问，这一单奠定了维尼纶工业在中国快速发展的基础。

就在吉化“104”紧锣密鼓准备上马时，成套设备引进谈判出现了问题。日本亲美反华的佐藤内阁上台后，迫于美国的压力，取消了和我国已经签订合同的大日本纺织公司的出口贷款，目的就是制止我国发展化纤工业。佐藤政府的“卡脖子”之举，意味着“104”要上马，中国的维尼纶工业要发展，就必须自力更生。

中央随即调整了“104”厂建设计划：一是改全套引进为关键设备引进；二是攻关一万吨维尼纶原料和纺丝装置技术，由吉化设计院牵头，在该套装置通用设计的基础上建设第一套装置，为在全国范围内大规模发展维尼纶工业铺平道路；三是吉林“104”改在贵州建设。

❶吉林化学工业公司史志编纂委员会.《吉化志 1938~1988》附录.

1964年10月，“西南第一合成纤维厂筹备处”在吉化公司青年宫挂牌成立。

八千里路云和月

吉林“104”迁址，是在1964年8月中央发出“三线建设”号召的大背景下作出的决定。

1964年是个充满火药味的年份。国际局势动荡，战争因素急剧增长。当时我国国防安全的情形是：在东部和南部，美国在韩、日及东南亚国家建立军事基地，组建反华同盟，在沿海地区形成半圆形的包围圈，第七舰队公然游弋我台湾海峡，台湾当局叫嚣“反攻大陆”，不断制造台海紧张局势。在西部和北部，与印度、苏联形势紧张，苏军在边境陈兵百万，虎视眈眈。特别是1964年8月北部湾事件爆发后，越南战争升级，美国把战火一直烧到我国的南大门。

战争迫在眉睫！中央发出了加强战备的指令。

毛泽东深思远虑：为了抗御外敌、保证战时国家工业经济命脉不被割断，提出了宏伟的三线建设的构想。要在云、贵、川、陕、甘、宁、青等西部省区的三线地区，建立战略大后方。

一个庞大的工业迁徙计划在祖国的大西南、大西北悄然、紧张地进行。

备战，备荒，为人民！

好人，好马，上三线！

党中央一声号令，广大干部、工人、知识分子、解放军官兵等建设者们浩浩荡荡、源源不断地奔赴三线，在崇山峻岭之间、在戈壁荒漠之上、在偏僻乡野之中谱写了中国工业史上一篇篇气吞山河的壮丽诗章！

化工部作出决定，西南第一合成纤维厂的总体设计由刚改名的“化工部第九设计院”（以下简称九院）承担，牵头工厂的设计工作。将吉林化工公司所属的工程公司组建为“化工部第一化工建设公司”，并从中分建出“化工部第九化工建设公司”（以下简称九化建），以“全包制”方式，统筹负责贵州有机项目的基建和生产管理工作。

第九化工建设公司共有职工 3091 人，以从吉化公司调入的人员为主，锦西化工厂、天津化工厂等单位也抽调部分人员加以补充。

吉化公司党委为了支援西南建设，还从三大化工厂抽调 200 名干部、200 名大学毕业生、200 名老工人，作为生产厂的基本队伍。

贵州清镇，一个名不见经传的名字，在松花江畔的吉林化工城迅速传开。在建厂筹建处，在设计院，不断有人问询，有人查阅资料，有人报名，还有人做义务宣传。寒冷的东北大地上立刻旋起一股“清镇热”。

蒋士成是作为九院设计代表被列入第一批去贵州清镇名单之中的。所谓设计代表，就是现在通常说的项目经理，现场设计负责人。

1965 年 5 月，国际劳动节刚过。蒋士成随着首批西南建设大军启程奔赴贵州。龙潭火车站里，在锣鼓鞭炮声中，满载着建设者们的专列鸣着汽笛缓缓驶出。一篇通讯描写了这支远征队伍进发时的情景：

> 连基建带生产，一支几千人的队伍将要“不远万里”而去。几千人调动意味着几千个家庭发生动荡，但是竟奇迹般的在几个月之内全部解决了。有的同志有老人卧病在床，有的同志妻子即将分娩，有的同志身体不好，有的同志要改变专业，但这一切都阻挡不了建设者的步伐。有的同志头一天报到，还来不及安排一下家务，第二天就像平

时上班一样，挟着饭盒，作为“先遣部队”登上火车了。❶

这一幕幕感人的场景，让蒋士成感慨万分。几千人当中，大部分的同志参加过吉林化工城的建设，他们将青春和汗水浇灌在这片肥沃的黑土地上，对化工城的一草一木倾注着无限深情。而今，一座新型的化工城拔地而起，技术先进、管理有序、生活安定，但为了建设大三线，他们不计较个人得失，不贪图安逸享受，不恋念故土乡情，听从祖国召唤，以四海为家的豪情，义无反顾走向气候恶劣、条件艰苦的贵州高原！

从地图上，蒋士成在贵阳市的附近找到了清镇。从吉林到清镇，等于是从祖国的大东北到大西南的一次穿越。接连两地的铁路线跨越 9 个省市，路长 4000 余公里，是真正的“八千里路云和月”啊！

来到清镇，他为现场铺天盖地的建设三线的热情所感染，又为亲身参与建设自主设计的现代化项目感到兴奋，更为项目能不能在遥远的山区建设成功感到担心。因为，这套装置是第一次在国内翻版建设，只引进了少量的关键设备，设计的成熟度、国产设备的可靠性都有太多的不确定性。入职以来的实际经验让蒋士成明白，做项目仅有热情是远远不够的。

“瓜蔓式”工厂

1965 年 5 月 20 日，第一声开山炮声在清镇县上空响起，推土机在干河坝这片荒丘上划出了第一道履痕。西南第一合成纤维厂维

❶余璧英．一片生机勃勃的绿洲——记改革中崛起的贵州有机化工厂[J]．山花，1990(5)．

尼纶工程破土动工了。

清镇距省会贵阳28公里，是通往云南、四川、广西的必经之路，为省会贵阳的西大门。明代在贵阳都司下始设威清卫和镇西卫，清代康熙二十六年(公元1687年)合并置县，两卫各取一字，定名为清镇县。

选址清镇，首先是这里为大西南交通枢纽，公路、铁路交通相对便利，适应战时物资运输的需求；其次是有丰富的水资源；再次是这里有取之不尽的石灰石，石灰石为电石生产的主要原料；第四是周边煤矿企业集聚，能够满足煤化工生产的需要。更为重要的是，这片丘陵山地符合中央提出的三线建设“靠山、分散、隐蔽”的战备要求。

到清镇后，蒋士成才知道俗谚用“天无三日晴，地无三尺平，人无三分银”来形容贵州的气候、地貌和贫困，并不算夸张。当时的清镇工地，只有荒山数座，荒地一片，山间人烟稀少，道路泥泞，常有野兔和狐狸出没。4平方公里的厂境内，只有一个10多户农家的小村落——干河坝村。清镇钢厂废弃的厂房，也只可勉强作为办公用房，3000名建设大军只能依山安营扎寨，风餐露宿，条件十分艰苦。

20世纪60年代的蒋士成

最不适应的是气候。贵州多雨，山中潮湿，夏天闷热难忍，冬天湿冷难挨，与东北四季分明的干爽气候大相径庭。简易的油毡工棚四面透风，建设者们用北方农村的“干打垒”建房的方法解决住房问题。干打垒房基用条石垫底，在两块木板中间填入黏土夯实后构筑墙体。为了防潮防霉，他们在山土里掺和点水泥、石灰、石子、草筋，增强了墙体的牢度。这样，抢在入冬之前，快速又低廉地建成了一批干打垒宿舍。

建设工地上如火如荼。当时，许多道路尚未修通，沟沟坎坎，荆棘丛生，坡陡路滑，稍不小心，跌得满身泥浆，刮得鲜血直流。建设大军披荆斩棘，翻山越岭，以大山一般厚重的深情，奋战在工地上。他们用铁锹和铁镐为拖拉机和推土机开路；为了工地用水，他们用双肩把直径有饭桌高的铸铁管扛到山上，从红枫湖引来湖水；建电石炉、石灰窑基础需要电缆、钢筋，他们人背肩扛，硬是从几公里以外运到工地；他们不分工种，不分专业地投入热火朝天的大会战。工艺技术员干起了泥瓦匠的活，学机械的大学生推着混凝土小车满工地跑，管理干部们抬砖头、拌灰浆、干苦力。没有行政命令，没有一分钱奖金，从管理干部到刚进厂的大学生，都自觉地在繁忙的工作中抽出时间参加建厂劳动。就连一些职工家属也背着年幼的孩子来到工地上挖土方、砸石子。一首《大战二月破三关》自编歌曲，唱遍了山上山下，山内山外。

生产准备工作同步进行。贵州有机项目的所有技术干部和技术工人，没有维尼纶工厂生产和管理经验，没有成熟、系统的技术资料，为了这套自行设计的装置顺利开车，第九化工建设公司将工程技术人员和大学生组成实习队，分批北上拜师学艺。在北京有机化工厂、北京维尼纶厂、四平化工厂和吉化公司电石厂，都能看到身着黑帆布工作服、脚穿水胶鞋的实习队队员的身影。他们和这些单位的师傅们一起，爬管架、钻设备、紧螺丝、铺电缆，在实践中摸索维尼纶装置的生产原理和操作规程。他们在外实习没有宿舍，有的在当地农家借宿，和农民挤在一个炕上，有的就住在工厂仓库的大货架上，白天跟班实习，晚上趴在货架上整理操作笔记。他们克服了各种难以想象的困难，终于掌握了装置的操作要领，形成了一整套系统的、规范的管理文件。

设计是工程的灵魂。担任项目总体设计的第九设计院举全院之力，组织勘探、工程、工艺、设备、财务人员奔波在现场。除了完成浩大的初步设计任务之外，工地上千头万绪的工作也都必须在设计部门的协调和衔接下，才能够有条不紊地进行。蒋士成是项目的现场设计代表，除具体负责醋酸车间和聚乙烯醇车间的设计之外，还要熟悉总图以及各专业设计的内容。在进入现场最初的 3 个月，他和同事们跑遍了整个工地，夜晚挑灯夜战，讨论设计工作。“白天爬山头，晚上伏案头”，两眼熬得通红，深夜回来妻子陈雅取笑他是“不知从哪座山上窜出来的野兔”。

首先是规划产品设计。工厂的主要原料来源地石灰石矿位于距清镇 100 多公里的黔南贵定县城郊，设计生产能力年产原矿石 20 万吨；厂区内设计有两座石灰混烧窑，单窑设计年产石灰 4500 吨；电石车间电石炉设计年产 60000 吨；乙炔车间设计为干法生产装置，气柜容量为 2400 立方米；醋酸车间设计装置生产能力为年产醋酸 6000 吨；醋酸乙烯装置 X 列设计生产能力为年产 20000 吨；聚乙烯醇装置 X 列设计生产能力为年产 10000 吨；缩丁醛车间 PVB 树脂有高黏度和低黏度两种，设计生产能力分别为年产 150 吨和年产 200 吨；PVB 薄膜装置设计能力为年产 100 吨，最终产品维尼纶设计生产能力为年产 1 万吨。此外，还有公用工程供水、供汽、供电等装置。

其次是确定总图。尽管装置的通用设计已经完成，但是要因地制宜地应用到清镇这个地方，可不是一件容易的事情。在起伏不平的山地里建厂，不具备内地陆地建厂三通一平的条件，车间布置也不可能做到集中紧凑，只能顺着地势、按照生产流程依次排开。为此，设计工作增加了难度和工作量。最终“瓜蔓式”工厂就这样诞生了。如果说，每个车间是一个“瓜”，连接车间之间的管道、道路就是“藤蔓”了。远远望去，山上山下，藤蔓滋绕，瓜果相连。这也是中国“三线建设”山区工业的一道独特景观。

再次是编写初扩设计。初扩设计是工程项目的蓝图，以明确项目的规模、投资、建设方案和效益评估。经过3个多月的日夜奋战，九院将已更名为“贵州有机化工厂”的初步设计上报到化工部。我国近代化学工业的重要奠基人、时任化工部副部长的侯德榜同志亲自主持工厂初步设计方案的审查工作。1965年8月20日，国家计委以(65)化计字735号文批准了“贵州有机化工厂设计任务书”，批准贵州有机化工厂投资总概算为人民币1.01亿元。

最后是施工图设计。1966年4月，化工部在北京有机化工厂组织生产、科研、设计等十多个单位，就聚乙烯醇生产线的技术改进问题进行联合攻关会战。同时在四平化工厂维尼纶车间总结技术革新经验，为贵州有机化工厂工程施工图设计提供了改进的依据。

蒋士成是醋酸乙烯及聚乙烯醇车间的设计负责人，他认真吸收群众技术革新成果，关注国内装备技术创新的发展，大胆进行技术改造。比如，在聚乙烯醇车间聚合工段，日本装置用的是相对落后的泡罩塔，运行时会造成聚合物对精馏塔的堵塞，经过反复试验，改用新型的大孔径筛板塔结构；在回收工段，增设了芒硝回收系统，并改造日本设计的重沸器，由热虹吸式变为中央循环管式，反应槽改为管式反应器，这样，生产废水可用于农业灌溉；在醋酸乙烯车间合成工段，简化了回收乙炔系统，取消了碱洗及水洗系统，借醋酸蒸发器压力排残渣，取消了残渣输送泵，节约了能耗；将蒸馏残渣工段的精馏塔改为新型浮动喷射塔盘结构，使精馏系统运行更为简洁、流畅。

诸如此类的改进在这两个车间的设计中就有11项之多。

施工图设计完成后，九院的大部分设计人员撤回，蒋士成留下来负责工程现场的施工图交底、设计衔接、指导、联络工作。

贵州有机化工厂醋酸乙烯车间设备安装

看到眼前工地上忙碌、喧闹、热烈的建设场景，蒋士成无比兴奋。他相信，如今的荒山野岭，几年努力之后将要变成塔釜林立、槽罐纵横、厂房鳞次栉比、管道张弛其间的化工化纤新城了。届时，这个“瓜蔓式”的工厂，蔓茎缠绕，花叶滋润，定能在祖国的大西南，结出令中国人民扬眉吐气的甜蜜丰硕之果！

大字报风波

贵州的雨，说来就来，以暴以疾著称。

20 世纪 60 年代中期，一场政治的暴风骤雨汹涌而至。史无前例的“无产阶级文化大革命”势不可挡、铺天盖地而来了。这场起源于文化领域的政治运动，很快就自上而下地延伸和渗透到国家与社会各个领域，就像贵州山间暴雨中的泥石流一样，让人猝不及防。

对于“革命”这个当时社会的高频词，蒋士成是满怀激情、充满期待的。1964 年底，毛泽东主席发出了“发动所有的设计院都投入群众性的设计革命运动中去”的号召，化工部要求各大设计院开展设计革命化运动。提出“一专多能”的口号，对化工领域每一项技术、每个产品组织攻关，搞设计方面的“芦荡火种”。当时蒋士成正参加北京有机化工厂的建设，他亲身体验到，在装置设备的安装和调试过程中，在年产 1 万吨聚乙烯醇引进装置的翻版设计过程中，依靠广大设计人员、工程技术人员以及基层技术工人的智慧和经验，攻克了许多技术安装难题，大量利用“小发明”“土方法”节省了资源，节约了投资，形成了许多技术革新成果。这不正是中央提出的“领导与群众、专家相结合，设计与施工、生产科研相结合”的要求吗？

不锈钢是化工装置不可缺少的基础材料。特别是凡接触腐蚀性介质的机器设备、管道，必须使用优质不锈钢甚至是更高规格的材质。在日本的设计中，大量地使用了韩国不锈钢。但在当时，不锈钢主要依赖进口，不仅价格昂贵，进口渠道也受控制。为了节省外汇，化工部组织设备制造厂、设计院和项目单位进行攻关，分别与四平玻璃厂、唐山陶瓷公司、南通碳素厂等单位一起研究能够替代不锈钢的材质。经过分析、检测和装置试验，应用到实践中去。

在贵州有机化工厂项目的设计里，就运用了许多攻关创新成果。

——用“搪玻璃代钢”制造防腐管道，是与四平玻璃厂联合攻关的。在北京有机化工厂扩建工程中有所应用。虽然对搪玻璃管的加工和安装缺乏系统的经验，但其成本优势十分明显，因而在贵州有机化工厂的项目中得以大幅度推广。

——“陶瓷代钢”也是一个攻关项目，陶瓷的防腐性能好，在我国的化工生产中早有应用，但为数不多，用于作蒸馏塔的更少。在唐山陶瓷公司的支持下，成功地通过了试验。贵州有机化工厂项目的设计中采用了 7 台陶瓷塔，节约了大量的投资。

——石墨换热器广泛应用于化工氯碱工业，但多用于冷却过程，用于冷凝器以及再沸器较少。南通碳素厂对换热器原有结构作了几次修改，满足了贵州有机化工厂项目的要求。由此，装置内接触腐蚀介质的冷凝器和再沸器，大部分都选用了南通碳素厂的石墨换热器。

当然，对设计上的变革，各方的意见不尽一致。合作单位态度非常积极，刚成立“革命委员会”的九化建也十分赞同，而设计牵头的化工部第九设计院表现出种种顾虑。

二室主任李梁臣是贵州项目设计的总负责人，曾赴日本考察维尼纶工业。参与编制“万吨聚乙烯醇通用设计”，抗战时期在重庆军工厂里从事技术工作，由于技术过硬，被授予过国民党军队中尉军衔。新中国成立后，留在化工部设计院工作，加入了中国共产党。1958 年下放到吉林化学公司设计院，是当时九院为数不多的化工设备专家之一。

“文革”初期，蒋士成来回奔波在贵州、北京、吉林几个地区以及几个合作单位之间。现场的工程进度、合作单位承担任务的进展、存在的问题和困难，他都要向李梁臣汇报。凡遇到重大事项，李梁臣带着他一起向副总工程师周俊杰汇报。

周俊杰是一名资深的化工设计专家。毕业于复旦大学化工系，抗日战争时曾从上海赶往云南为美国飞虎队做翻译。抗战后一直从事化工设计工作，1961 年 9 月起任化工部第九设计院副总工程师，主持全院技术管理工作。

对轰轰烈烈的设计革命运动，周俊杰与李梁臣一直保持着十分谨慎的态度。尤其是对工艺路线的改进、生产流程的缩减以及设备材质的选择总是慎之又慎。1964 年完成的聚乙烯醇的通用设计，凝聚了化工部、纺织部和一机部技术部门以及若干个设计院人员的心血，也取得了重大的技术进步成果。但在贵州有机化工厂的设计过程中，有关方面还是一味要求以“土”代“洋”，降低设备材质成本。

针对群众提出的建议，有些组织了攻关试验，但没有进行深入的可行性比较分析就确定采用，有些由于种种原因，在没有组织试验的情况下就写进初扩设计，形成边建设、边设计、边攻关的境况，因而造成设计多次修改、工程窝工、投资不降反增的现象，与抢时间、争速度、节约投资的初衷南辕北辙。

周俊杰和李梁臣反复叮嘱蒋士成：通用设计只是一个参考的模型，贵州山区与北京、吉林的地质环境和气候条件不一样，贵州有机化工厂的设计一定要因地制宜，化工防腐不可马虎，选用替代材质要充分考虑到运输、安装、维修成本，更要进行反复的试验。设计人员要亲自到设备厂家调研，关键设备要落实监制检验责任。只有这样，才能做到对工程的质量负责。

当时的党委书记找到蒋士成，言之切切：对待资本主义技术，首先是批判，然后才是吸收。过去日本帝国主义疯狂地侵略中国，现在又在技术上卡我们的脖子，还用不锈钢等材料来控制我们社会主义建设。你是新中国培养出来的大学生，要有阶级感情。我们的技术和设备，可能在性能上差一点，但这是革命群众、中国工人阶级的智慧结晶。我们不能长帝国主义威风，灭无产阶级志气呀。

在蒋士成看来，九院的两种意见都是正确的。以周俊杰与李梁臣等为主的技术专家坚持尊重科学，实事求是，不做技术上的冒险；另一种意见则是坚持政治挂帅，自主创造，反对崇洋媚外。这两种本身出发点相异的意见完全可以统一、调和的，但在“文化大革命”的政治氛围下变得对立并愈发尖锐起来。

于是，在500多人的九院内，就有了“保守派”与“革命派”之分。

接着，“保守派”被贴上“洋奴哲学”“轻视群众”的标签。

进而，一批优秀的技术、工艺、设备专家被打成“反动学术权威”。一批技术管理干部被打成“走资派”。

设计院日常的工作秩序乱了，在建工程的设计图纸跟不上了，不少设计人员白天在办公室接受指责批判，晚上在逼仄的家里赶出图纸。这些场景让蒋士成既心酸又敬佩。

蒋士成一路风尘将图纸送到清镇工地时，眼前的一幕让他惊呆了：往日热火朝天的场面消失了，清镇工地变成了一个打杀场，被“打砸着”“炮轰着”“火烧着”……

九化建是基建单位，舌战笔伐的“文攻”很不擅长，舞刀弄枪的“武卫”却很是在行。

这一时期，不要说是工程建设和生产准备，所有的工作都停滞了，甚至连水电也都停供了。

痛心、迷惘、失望、怀疑、苦闷，多种情绪交织着向蒋士成袭来。蒋士成知道，贵州有机化工厂是我国第一个自行设计的维尼纶原料和维尼纶生产企业，也将是全国维尼纶工厂建设的样板工程，国家花费了上亿资金的投入，这样下去将要成为一堆废铜烂铁，给国家和人民将要造成多大的损失呀！

蒋士成负责设计的聚乙烯醇车间，投资大，工艺复杂，设备精密，技术要求很高，凝聚了一代化工科技工作者的心血。聚乙烯醇既是维尼纶生产的原料，又是国家紧张的物资，为什么不大干快上，早日建成投产，使其发挥应有的效益？

蒋士成左思右想，找不出答案。

在北京有机化工厂，蒋士成看到，车间外大字报铺天盖地，车间内机器轰鸣。他想，北京是“文化大革命”的发源地，这应该才是毛主席所说的抓革命、促生产的正确路线吧。

的确，位于大郊亭的北京有机化工厂全厂干部职工“高举毛泽东思想的伟大旗帜”“灭帝国主义威风，扬社会主义志气”“文革”期间创造了“革命生产两不误，稳产高产为国家”的好成绩。当年，有多少单位停产闹革命，有多少单位处于开开停停半停产状态，更有多少单位产量下降，质量滑坡，事故频发。而北京有机化工厂生产装置没有停过一天，在当时的近乎疯狂的政治环境下，实属凤毛麟角，堪称奇迹。

回到九院后，蒋士成做了一件让所有人，甚至让他自己也感到吃惊的事情——在九院办公的职工出入的显目处，贴出了九院“文革”以来的第一张大字报。

大字报的标题为《我院运动向何方发展?》，表达了对九院运动冷冷清清，既不抓革命、也不促生产，还停留在批判“三家村”、搞人人思想消毒等现象的强烈不满。字里行间充满了革命热情。他以北京有机化工厂为例，阐述了“抓革命、促生产”的重要性。他写道，抓革命是为了促生产，无论是技术革命，还是文化革命，都必须破除陈旧的思想观念，破字当头，立在其中。既不能因循守旧，也不能盲目冒进。九院干部职工肩负着自主设计大型装置的任务，光荣而艰巨，我们不能辜负党和国家的重托，乘“无产阶级文化大革命”的强劲东风，建设贵有机，气死帝、修、反!

一石激起千层涟漪。蒋士成的大字报在九院引发了不同凡响。

“革命派”找蒋士成谈话：大字报通篇不提阶级斗争，并指责群众的革命主张为“盲目冒进”，这是严重的政治错误!

“保守派”用异样的眼光看待蒋士成：尊重规律是“因循守旧”?

更多人责疑蒋士成：这样做是不是“煽风点火”?

没办法，那个年代，帽子满天飞，所有人都很敏感，所有人都习惯了对号入座。

是自己政治幼稚?还是他人误读?蒋士成的心里虽然感到有些忐忑，不过，忽而又感到一阵轻松，他毕竟吐露了自己的心声。

九院又回到死水一般的寂静，令人窒息。

鲁迅先生说：不在沉默中爆发，就在沉默中灭亡。

谁也想不到，厄运正悄悄地向九院走来，噩梦像一张漆黑的网，向蒋士成袭来。

关押和干校生活

1967 年初，随着部队进驻第九设计院“支左”，运动升级，形势愈发紧张恶化。

九院的科研技术人员几乎都成为批斗的重点对象。副总工程师周俊杰、设计二室主任李梁臣、化工工程师向有成被首批隔离审查。其中周俊杰为国民党做过“飞虎队”的翻译；李梁臣曾就职于国民党重庆军工厂任技术员，曾立功受奖，还被授予军衔；向有成的社会关系更为复杂，出身于大地主家庭，解放时除他本人外，全家逃往台湾，“反右”运动时又是被定为“右派”。尽管他们的这些经历，在历次运动中组织上都做出过“无历史问题”的结论，周俊杰、李梁臣还光荣地加入了中国共产党，向有成也摘掉了“右派”的帽子。尽管他们都是新中国第一代优秀的化工技术和设备专家，为我国化工事业的起步和发展作出了很大的贡献，但在那个动荡的岁月里也无法得到幸免。

1968 年 7 月底，蒋士成是最后一个被隔离关押的。“工宣队”人员从贵州工地将蒋士成带回，关押他半年之久，使他受到非人的折磨。

这段时间，他家多次被抄，十几平方米的宿舍别无长物，不要说是发报机，就连一个半导体收音机也没有找到。十年来记录工程数据的笔记本被专案组疑是“密电码”，要“带回去研究研究”。

妻子陈雅被要求与蒋士成划清界限。她却将专案组要她写的揭发材料写成蒋士成从大学毕业后闯南走北，青春献给化工事业的工作事迹，对强加给蒋士成莫须有的指控给予一一反驳。她多次闯进专案组，给蒋士成送香烟、食品、衣物，并要求专案组将她和她的丈夫一起关押。

陈雅的行为给万念俱灰的蒋士成注入了生命的动力，在万般痛苦煎熬中，感知到温暖，学会了坚强。

这起荒唐而残酷的冤案中，共有 107 人因有作为“国民党特务”的嫌疑而受到隔离审查，占全院科研技术人员半数以上。1968 年 8 月至 10 月间，二室主任李梁臣、工程师向有成、李厚刚、罗万雄、李勤为等 5 人被迫害致死。❶ 蒋士成身心也受到巨大创伤。

这桩在运动中就见诸报端❷的惨案直到 10 年后才得以平反昭雪，1978 年，主抓科技工作的谷牧副总理在一份材料上作了批示：一个小小的科研单位竟然抓出近百名特务，耸人听闻。责成化工部彻底复查。6 月 28 日，第九设计院召开全院职工大会，为在“文革”“清队”期间被诬陷的 107 人进行平反，恢复名誉，为被迫害致死的李梁臣、李厚刚、李勤为、罗万雄、向有成平反昭雪。

同年 12 月 6 日，进一步落实政策，举行冤、假、错案材料公开销毁大会。把“文革”“清队”中形成的不实事求是的揭发检举材料、调查证实材料以及所谓的结论性材料全部当众烧毁。

单位通知蒋士成领取“平反证”，被蒋士成拒绝了。他说，群众对这件事最清楚，我没有任何历史问题，没有必要接受这个证明。

1968 年底，尚未“脱帽”的蒋士成被下放到吉林省市郊吴屯北沟“五七干校”劳动改造。

吴屯北沟位于吉林市的东北郊，与九院相距约 20 公里。北延的龙潭山脉和东延的蛇盘山脉在这里交汇，这是一座地处荒僻的小村落，20 世纪 50 年代中后期人民公社改造时更名为大屯公社李家大队第 11 生产队。1966 年化工部基建局下拨经费 34000 元在这里办起了副业基地，有旱田 50 亩、水稻 6 亩、菜地 4 亩，还有大片从未开垦过的荒地。1968 年底改造为“五七干校”。

❶吉林化学工业公司史志编纂委员会.《吉化志 1938—1988》附录.

❷解放军报[N]. 1968-8-24(1).

“牛棚生活”是知识分子对干校生活的一种揶揄。面对枯燥乏味的生活环境、不堪重负的体力劳动、形影相吊的孤独情感、身心交瘁的双重折磨，有人抗争，有人愤懑，有人悲戚，有人无奈，有人在含泪带血中仍没有忘记追寻着快乐的人生体验。

也许是近半年的关押审查磨砺了蒋士成的意志，在他柔弱的外表下增添了一份内在的坚强；或许是吴屯北沟相比其他干校少了些冷漠和残酷。蒋士成的牛棚生活在苦其心志、劳其筋骨、饿其体肤的同时，给他有时间冷静地观察时态，思考人生，让他从容豁达、积极乐观。

天将降大任于斯人，斯人则必须有其品质！

九院计划将全院职工分四批轮流下放到吴屯北沟干校劳动，每期 8 个月，每批 40 人。蒋士成被分在第一批。虽然大家是同吃同住同劳动，但是实际的待遇是有很大差别的。蒋士成身负的“特嫌”罪名尚未洗清，即使不是特务，“反动学术权威”定是逃不掉的。单位的“斗、批、改”还在持续，工宣队员以及“五七战士”们还在密切关注“阶级斗争新动向”，蒋士成除了比其他人干更脏、更累、强度更高的体力劳动外，还要早请示、晚汇报、写检查、接受批斗和监督。

吴屯北沟干校的生活条件十分简陋，仅能满足人类最基本的生存需要。简易宿舍是就地取材建造的，伐木、垒墙、夯土，习惯于绘图尺笔的双手如今抡起了笨重又原始的工具，冬日里照样是汗流浃背，衬衣干了湿、湿了干。蒋士成发现，在精疲力竭、大汗淋漓之后，又何尝不感到一种精神解脱？

麻绳为东北农耕传统的手工品，是生产劳动的主要工具。房屋搭建、起吊货物、车马套索、捆绑杂什都需要麻绳。就连东北的庄稼人也习惯以麻绳作腰带，再在腰间插上一支长长的旱烟杆，显得既朴实又随便。

苘麻在吴屯北沟的山间乡野到处可见，它的茎皮纤维色白坚韧，是制作麻绳的极好原料。搓麻绳成了蒋士成的又一项任务，这项看起来极为简单的家常农活做起来却不是那么容易，没干多久，双手就磨出血泡，疼痛难忍。在向屯里的老乡认真讨教后，蒋士成不仅得到技术方面的要领，而且从中受到很大的启发。

苘麻从水浸、晒干、剥皮，到接股、搓拧，有一套完整的麻绳制作工艺，没有严格的工艺参数，所有的秘诀技巧全靠农家世代的心口相传。农民不懂酸碱反应，不懂化学方程，不懂机械原理，而他们所制作的绕绳纺车等足以让专业设计师们汗颜。蒋士成深知，这些创造不知道经历了多少次的失败、多少次的改进、多少次的探索试验。科技原创力的真谛不在于书本，而在于实践！工业设计的灵感不是源于设计室，而是来源于生活！

干校食堂实行"轮值制"，每人到伙房轮值半个月，这对从没有做过饭、下过厨的蒋士成无疑是个挑战。食材极其简单无法挑选，人分东南西北众口难调，在蒋士成看来，安全才是他最要紧的头等大事。如果当值期间出现某人呕吐、某人拉稀的事情，肯定有人会将其作为"阶级斗争动向"为此做足文章。

轮值进入伙房后，蒋士成每天都是凌晨三四点钟起床，先清理好卫生，然后，就像在实验室里一样认真对待做饭的每一道工序、每一道流程。他切的菜刀工整齐，打出来的荷包蛋饱满圆润，最拿手的绝活是"锅巴饭"，俗话说"饭无锅巴不香"，蒋士成用大铁锅烧成的饭总有一丝特别的清香，特别是锅底的锅巴，色泽金黄，香脆可口，深受大家欢迎。这段时间，蒋士成还学会了擀面条、蒸馒头、炖粉皮等北方家常饭菜的制作技巧。厨艺的长进，花样的变换，吊足了大家的胃口，为此，半个月的轮值期过后，大家一致要求蒋士成再续一轮。

吴屯北沟的"牛棚"，虽然很简陋，但能遮风避寒；虽然生活清苦、政治上的聒噪之音不绝于耳，但大家自食其力，开荒种地、掘井取水，在劳动改造中以肉体之疲换取心灵一时宁静。

蒋士成在蹲“牛棚”的日子里，还真的与牛打上了“交道”。

九院与吴屯北沟相通的仅有一条山路乡道，汽车无法通行，物资运输只能用牛车。山道逶迤曲折，高低不平，正常人行走都感到吃力，何况负重的牲畜呢？牛是有脾性的，不是所有的牛都温驯着俯首听命，也有“横眉冷对”的时候。蒋士成就亲自领教过一次。

那是刚去干校时不久，蒋士成奉命拉一车柴禾送九院，一位负责监督的、年轻的“五七战士”同行。接连几个山坡翻过，那头老黄牛已经累得直喘粗气，速度明显地缓慢下来，小战士心急，扬起皮鞭对着牛屁股猛抽。老黄牛不但没有加速，反而停了下来，双目怒视前方，忽然间，两条前腿弯曲，顺势趴到地上，任凭小战士的吆喝和鞭笞，它就是纹丝不动。

蒋士成跳下牛车，小心翼翼地解开辔头，轻轻地抚摸它汗津津的额头。在与黄牛的对视中，蒋士成突然发现，老黄牛不肯就范的眼神渐渐地缓和起来，仿佛带着一丝哀怨、一丝迷茫。一会儿，它又站立起来，在蒋士成的牵引下继续上路了。

从这以后，凡是有用牛车运输的任务自然就落在蒋士成头上了。大家都说蒋士成赶牛车的技术好，而在蒋士成看来，赶牛车根本上不是什么“技术活”，而是在那个荒谬的年代，人性被扭曲、被扼杀了。动物与人类的本性，有些是完全相通的，悲哀的是，在特定的时代，动物比我们那些人性迷失的同类，不知道要真诚、善良多少倍！

一个风雪交加的下午，蒋士成为了送一车院里急用的柴禾，在雪地山路上折腾了四个多小时，到了九院已是深夜。牛车到达的那一刻，等着接货的同事们都惊呆了。眼前的“风雪夜归人”哪里是温文尔雅的蒋士成？分明是一个饱经风霜的东北老农呀！头顶着狗皮帽，老羊皮大袄反穿在身上，腰间扎着一根粗粗的麻绳。身后的大车上，堆着四米多高捆绑得整整齐齐的货物。老黄牛很乖顺地依着他的牵引，亦步亦趋。连他的妻子陈雅一时也没有认出他来。

“原始的工具原始地品味着苦辣人生，历史的筹码历史地掂量着沉重记忆。”这是后人镌刻在某一个全国著名“五七干校”原址石碑上的两行字，警示着我们不能忘记那一段荒唐悲哀的历史。品味也好，掂量也罢，蒋士成以及同一代的科学技术工作者怀着对祖国的挚爱之情，对科学技术事业的忠诚之心，困厄之中无怨无悔，在峥嵘岁月里搏击人生，在社会大熔炉中绽放着绚丽的光彩！

雾凇是吉林市的一大自然景观，被列为中国四大自然奇观之一。在吴屯北沟干校的日子里，蒋士成最喜爱的就是冬日山间乡野的冰雪美景，到处银装素裹，晶莹剔透，轻柔丰盈，婀娜多姿。雾凇给了他心底里的一份宁静，给了他思想上的一份澄明，给了他灵魂中的一份纯洁。更重要的是，给了他人生的希望和信心。

——冬天来了，春天还会远吗？

扎根三线

从清镇被带回后的两年里，蒋士成几乎与世隔绝，最让他放心不下的还是远在八千里之外的贵州有机化工厂项目。项目进程音讯不通，他不能打听，也不敢打听。只能按照项目的进度大纲，惦念着项目的开车、投料、试生产的每个节点，根据项目设计的瓶颈，担心项目进展过程中可能出现的种种问题。他痛心的是，眼前的政治运动不仅耽误了项目建设的可贵的时间，而且现场“武斗”造成工地秩序混乱，设备损失严重。特别是运动中，为项目付出心血的一批工程设计专家在精神和肉体上受到双重折磨，有的已经含冤辞世。但蒋士成坚信，老百姓要吃饭，又要穿衣，国家就需要维尼纶，更需要的是独立自主的化纤生产装置技术！

1970 年 6 月，中央决定第一轻工业部、第二轻工业部与纺织工业部合并，成立轻工业部。同年 10 月，煤炭工业部、石油工业部、化学工业部合并，成立燃料化学工业部，简称燃化部。燃化部成立后抓的第一件大事就是全力以赴建成贵州有机化工厂项目。并决定将年产 1 万吨聚乙烯醇生产装置的通用设计迅速向全国推广，大力配合轻工业部在全国 9 个省布点建设 9 套维尼纶装置。

这一年，周恩来总理明确提出："轻工重点抓纺织，纺织重点抓化纤。"

9 套万吨级维尼纶工厂分别设在贵州清镇、福建永安、安徽巢湖、甘肃兰州、广西宜山、云南沾益、湖南溆浦、江西乐平、山西洪洞。维尼纶工业即将在全国铺开！

1 万吨的聚乙烯醇可供织布 7300 多万米，9 套装置生产的维尼纶对解决粮棉争地、解决民生基本温饱问题，对动乱中衣食贫困的中国有着举足轻重的意义。燃化部和轻工业部的决策使电石乙炔法的维尼纶产品将在相当长的时间内成为全国产量最大、分布最广的合成纤维主打品种。

蒋士成的内心又一次充满了期待。

他明白，贵州有机化工厂是 9 套国产维尼纶装置第一个"吃螃蟹者"，无论是成功还是失败，都将积累经验与教训，最终为维尼纶技术的国产化铺平道路。他参加过万吨聚乙烯醇装置的通用设计，又曾担任过贵州有机化工厂项目设计的现场代表，一定有机会重返清镇工地，亲眼看到贵州有机化工厂"瓜熟蒂落"的一天！

蒋士成惦念着清镇，而清镇也惦念着蒋士成。

刚从"牛棚"解放出来的王惠美就接到上级要求迅速组织有机化工厂装置开车的指令。王惠美参加过吉林"三大化"建设，曾任 103 厂长兼总工程师，104 厂筹建负责人。迁址贵州清镇后任西南第一合成纤维厂生产厂长、施工经理兼总工程师，1967 年 6 月改任第九化工建设公司革委会主任，1968 年被免去职务。

此时的王惠美想到的不仅仅是贵州有机化工厂项目投料开车的事情，从全国的维尼纶工业的发展着眼，他要下一盘胜局更大的棋。

王惠美觉得，第九化工建设公司这支队伍虽然在贵州有机化工厂工程项目中受到了锻炼，具备了承担大型基建工程施工的条件，但是，缺乏工程设计能力的支撑。没有设计这个工程的灵魂，人手再多，队伍再大，也将是一盘散沙。他建议燃化部在第九化工建设公司成立设计机构，完成贵州有机化工厂开车投产任务后，可以立即转战其他维尼纶建设项目。

燃化部很快同意了这个建议，批准成立第九化工建设公司设计所(以下简称九所)，隶属于第九化工建设公司领导，具体负责广西宜山维尼纶项目的设计工作。但随即一个棘手的问题来了：人从哪里来?

通常新机构的成立和人员的调配都是一并考虑的，很少考虑个人的意愿。而这次燃化部却采用了“组织商调”和“个人报名”结合的方法。原因有两个，一是经过“文革清队”“一打三反”等政治运动，工程设计和技术人员几乎全被“打翻在地”，仍处于惶恐不安的状态，“文革”几年间，也没有大学生分配，造成化工工程设计专业人员紧缺且青黄不接；二是与第九化工建设公司合作的是九院，而九院又承接了江西、福建两个维尼纶厂的设计任务，参加过北京有机化工厂和聚乙烯醇通用设计的其他院也同样如此。一碗水要端平，所以，燃化部采用类似于后来广泛使用的“双向选择”的办法实在是不得已而为之。

没想到的是，九院报名的竟然可以用“爆棚”来形容。更没想到的是，报名的人员中竟然没有蒋士成。

九院是随着吉林“三大化”建设成长起来的老牌设计院，论规模实力，九所远远落后于九院，论待遇和生活条件，吉林也远远优越于贵州清镇。但是，劫后余生的知识分子再也忍受不了九院那沉寂压抑的气氛，在无奈中选择逃离。

蒋士成没有报名同样出乎大家所料。无论是专业技术水平还是对现场熟悉的程度，蒋士成都是最合适的人选，就在九化建公司的商调名单中，蒋士成也是处于前几位的。特别是这几年他身背无妄之灾，受尽了折磨，更是他远走高飞的理由。

是厌恶过去那种颠沛流离的生活，贪图江城的安逸？不是。蒋士成恨不得马上奔赴梦萦魂绕的清镇工地，将李梁臣他们描绘的蓝图变为现实，将维尼纶推向全国，推向千家万户。

是忘记了身上的隐痛？当然也不是。走进九院的办公楼，蒋士成的视听常常发生错觉：逝者的面容在眼前浮现，半夜里撕心裂肺的哭喊在耳边作响。他努力想驱除那些痛苦不堪的记忆，而过去的断章残篇总是在不经意间顽强地挤进蒋士成的思绪。

个人是渺小的，不能为了个人的委屈影响组织的安排。如果专业技术人员都走了，九院的任务谁来完成？蒋士成的想法就是这样简单朴实。

他在一次向党组织的思想汇报里这样写道：“个人在运动中受到触及与革命事业的整体利益相比，那就简直微不足道。我思想上曾希望有机会早日调离这个单位，这正是资产阶级世界观的表现，遇到一些挫折和困难，任何的犹豫、妥协、畏缩和退避的行为，都是可耻的。”

知夫莫若妻。陈雅承担过贵州有机化工厂醋酸车间的部分设计工作，深知蒋士成为项目付出的心血和倾注的热情。她找工宣队慷慨陈情，言辞切切，自愿一辈子在三线扎根。

碰巧的是，负责办理调动手续的就是对陈雅威逼利诱，要陈雅检举蒋士成、与之划清界限的那个人，那人现已是人武部部长。不知是高升后的得意，还是出于良心上的歉疚，或者压根儿就没把留住专业骨干当回事。那人显得很爽快，当场就开出了户口迁移单。

蒋士成知道这件事时，工作调动已经“木已成舟”。

第九设计所是一个“掺沙子”的基建单位。“掺沙子”的说法很形象，总共五六十人，专业技术人员不到三分之一。除了从燃化部各设计院调进的部分骨干外，其余人员由第九化工建设公司在内部选调，因此，人员的专业素质参差不齐。

蒋士成被任命为工艺室副主任。到贵州报到安家后，蒋士成就投入到装置安装检查、修复改造的紧张工作中去，1970 年 12 月电石车间投产，其他装置陆续开车。由于设计的先天不足，加上几年荒废造成的设备损害，以及前后道工序衔接协调上的紊乱，装置处于开开停停的状态。

1971 年 5 月，广西维尼纶厂筹备处在南宁市成立，轻工业部决定将广西维尼纶厂的设计工作委托燃化部第九化工建设公司设计所等 7 个单位负责。第九化工建设公司设计所为牵头单位，负责总体设计以及除矿山、抽丝、铁路、水电、民用建筑之外的专业设计工作，蒋士成为项目负责人。任务下达后，蒋士成一行立即踏上新的征程。

转战广西

蒋士成从贵阳出发前，就接到广西轻工局的通知，自治区领导要在柳州市国宾馆接见蒋士成一行。从柳州火车站下车后，几辆锃亮的黑色轿车已停在路边，广西人的热情扑面而来，大家都非常激动，觉得身上的工作服显得寒酸，就近在商店买了新衬衫换上。

令大家更为意外和激动的是，接见他们的是广西党政军最高领导韦国清。韦国清主政广西 20 年，为广西的工农业生产、国防事业殚精竭虑，深受自治区人民爱戴。他的平易近人给蒋士成留下了深刻的印象。他说，广西维尼纶的项目列为国家第五个五年计划的重点建设项目，是中央对广西的支持，也是为了改变广西轻纺工业状况、解决广西人民穿衣问题，我们极力争取的项目。韦国清还特别强调说，既然是一把手出了面，这个项目就是一把手工程了。

韦国清的风趣驱散了大家一时的局促和拘谨，同时也让大家深深感受到这个项目的分量。

第二天进行厂址现场审查。蒋士成了解到，项目伊始，各方就厂址选择发生了激烈的争锋。

广西轻工局一开始决定选址在融水县城以西 3 公里的西廊村。融水县位于自治区北部云贵高原苗岭山地向东延伸部分，属于典型的山区。轻工局的方案完全是出于中央三线建设“进山、分散、隐蔽”六字方针的要求，唯一的有利条件是当时还规划在图纸上的枝柳铁路，可以连接山内山外的交通。但枝柳铁路的建设一拖再拖，建成时间遥遥无期，因此，这个方案因此遭到不少人的反对。

轻工部提出，在柳州市郊太阳村或贵县覃塘选址，理由是依托广西工业重镇柳州，电力、交通相对便利。这一方案背离了六字方针，自然得不到通过。

最后的折中方案是宜山县城以西 9 公里处的叶茂独山。这个地方为低山丘陵地带，属喀斯特地貌，石灰石蕴藏丰富，资源及建设条件比融水县好，依傍黔桂铁路和两省公路干线，交通便利。尽管在工业配套和生活依托方面远不如柳州方案，但在当时的政治环境和三线建设政策的宏观背景条件下，确实是一个较为合适的选择。

宜山是广西农业县，工业基础十分薄弱。不要说在全国，就是在广西，宜山也只是一个默默无闻的山区小县。然而，在 20 世纪 60 年代，长春电影制片厂的一部《刘三姐》电影，让宜山声名鹊起。刘三姐从历史传说人物嬗变为艺术形象，从唐朝走向现代，从宜山走向世界。

宜山是刘三姐的故乡，宜山有个别称叫作“三姐故里”。

60年代，《刘三姐》一曲唱红了宜山。70年代，维尼纶项目落户宜山，会给宜山带来什么？不用说，万吨级的维尼纶可是宜山新中国成立以来最大的工业项目呀！如果搞砸了，对爱憎分明的千千万万的“刘三姐”们又如何交待？

现场审查会不久，蒋士成带领九所设计组有关人员进驻宜山工地。指挥部设在独山园艺场，操着不同方言的各路人马聚集在一起，泥土为地，芦席作顶，一个特大工棚可容两百多人工作休息。

1972年8月，广西壮族自治区革命委员会生产指挥组和国家建设委员会、轻工业部分别下达了广西维尼纶厂初步设计审查意见，确定：广西维尼纶厂建设规模为年产石灰石8万吨，电石3万吨，甲醛4千吨，聚乙烯醇1万吨，最终产品为棉型维尼纶短纤1万吨。

在总图设计上，蒋士成改变了过去三线建设通常采用的“瓜蔓式”“迷宫式”“地堡式”的设计方式，完全采用现代化工厂集约化规划方法，节省了用地，降低了建设成本。

为了说服各方接受这个方案，蒋士成绞尽了脑汁。结果是不费吹灰之力，总图方案顺利通过。说来也巧，1971年9月13日，林彪折戟沉沙蒙古温多尔汗，没人再敢强调“六字方针”，广西维尼纶项目便成为“九一三”事件的意外受益者。

在专业车间设计上，由于有燃化部新修改的通用设计，以及贵州有机化工厂的设计经验，九所很快就完成了设计任务。在使用代材方面，贵州有机化工厂的教训是深刻的，广西项目的设计阶段正是贵州项目的装置开车调试阶段，因代材引发的事故频发，蒋士成在多个场合据理力争，排除了各种干扰，大幅度地降低了代材设计用量。

项目计划于1972年7月破土动工，1973年第三季度建成投产。

建设中的广西维尼纶厂

但是，没有实事求是，再急切、再美好的愿望只能是事与愿违。和所有“文化大革命”期间筹建的企业一样，广西维尼纶厂的整个建设过程，也毫无例外地留下了这一时期的印记。项目在1972年10月开工，一直到1980年底才基本建成投产，历时8年，成为名副其实的“胡子”工程。

“胡子”工程

设计组从宜山撤回清镇不久，就遇上贵州有机项目建设体制大调整：第九化工建设公司因承担国家重大建设任务，全建制调往辽宁盘锦；成立贵州有机化工厂，负责项目的工程扫尾和生产管理工作；第九化工建设公司设计所并入燃化部化工设计院，撤销原第九化工建设公司设计所，改名为燃化部化工设计院西南工作组。

这突如其来的决定不啻是一记响雷，在清镇工地上空炸开了。

从项目筹建开始，第九化工建设公司就以“全包制”的形式负责设计、施工、生产准备直至试车投产全过程的建设任务。如果项目已经投产，生产与基建分开属于顺其自然，但目前实在不具备分开的条件。

最初，项目计划于 1965 年 5 月破土开工，1970 年建成投产。但由于“文革”的耽误及种种原因，1970 年的最后一天，电石装置第一锅电石才勉强出炉；第二年，醋酸装置试车成功；其他装置不是开车失败就是无法开工，聚乙烯醇车间虽然主要系统设备已安装就绪，但因代材问题，设备事故频发，不得不增加填平补齐项目，重新设计，再委托制造；生产最终产品的维尼纶车间由轻工业部接管后进度受到影响，尚处于设备安装阶段；还有许多配套工程没有来得及规划，如三废处理涉及全厂性的问题，设计施工不落实的话，即便投了产也势必被迫停工。

总之，就当时情形，全厂没有一个车间符合国家规定的交工验收标准，没有一个车间没有未完项目和收尾工程。

再说，新成立的工厂领导机构缺乏基本建设力量和管理经验，对全面的基建情况也不甚了解，全面接管确实面临着很大的困难。

然而，撤离是大局，撤离是命令，再大的困难只能克服，再多的牢骚也改变不了组织的决定。在燃化部基建组的主持下，第九化工建设公司和贵州有机化工厂签订了关于工作交接的会议纪要，确定以 1974 年 1 月为交接点，完成资产、财务和所有工作的划割。

近 9 个月的交接期内，尽管生产、基建、设计三方组织了几次大会战，但始终没有出现交接协议上所描述的同心协力打“歼灭战”的景象，尤其是 9 月 25 日聚乙烯醇车间的投产因准备不足而失败，彻底使广大干部职工丧失了信心。

九化建陆续撤离清镇，现场的基本建设处于停滞状态，已经投产的车间被迫停车，正在安装的工程部件四处散落，加上管理混乱，设备材料丢失现象严重。燃化部新调整的 1974 年全面建成的建设任务根本无法落实。

该项目最后全线建成投产的时间已是 1979 年，耗时整整十五个年头！

又一个不折不扣的“胡子”工程！

“胡子”工程是国人对一些进度缓慢、一拖再拖、长期不能投入使用的基建工程所做出的形象比喻。

有人说，胡子是长在脸上的，“胡子”工程从某种程度上说是“面子”工程。

有人说得更直接，“胡子”工程就是不负责任的“扯皮”工程。

从三十岁到四十岁，蒋士成将旺盛的精力都献给了中国的维尼纶工业，政治上的磨难、三线生活的艰辛、工程技术上的挑战，让他受到了锻炼，促进了他思想、专业趋于成熟。他经历的两个大型项目都是有关民生的国家重点项目，中央重视，地方支持，企业努力，为什么都成了旷日持久的“胡子”工程呢？蒋士成陷入了思考。

第一，国家为解决人民穿衣问题发展维尼纶工业无疑是正确的，学习日本先进技术的同时，坚持的独立自主、自力更生的方针也是正确的。但没有根据我国的具体情况，采取慎重的态度，在贵州有机化工项目尚未获取成功经验的情况下，决定同时上 9 个维尼纶项目，太快也太冒进，造成建设人力、财力、物资的供应不足。同时，基建队伍庞大，长期吃基建大锅饭滋长了一些人的不良作风和坏习气。

第二，国家的“三线”布局固然有战略方面的意义，但将工厂建在山沟里，不仅增加了建设成本和管理成本，而且建厂和生活条件都很差，影响了职工队伍的稳定，给企业的持续发展带来了后遗症。

第三，受极“左”思潮的影响，对进口技术不是先消化后吸收再逐步改进，而是首先猛加批判，接着标新立异搞改进，所以工艺不合理，设计无根据，特别是选用国产设备、选择替代建材方面走了很多弯路，造成边建边改，不仅浪费了大量宝贵的建设资金，还延长了工程的建设周期，给工程投产带来一系列困难。

第四，运动式的经济建设违背了工程建设规律。“首长工程”拔高了项目的意义，滋长了有些领导“乱指挥”“瞎指挥”的风气，不顾自身实际条件的争项目，是典型的“面子”工程；形式多样的“大会战”固然能够集中力量办大事，但是脱离实际的抢时间、争速度往往给工程安全和质量带来隐患。

第五，条块分割的体制不可避免地形成各自为政的利益格局。在目标不一致、利益有冲突的情况下，也是造成扯皮、踢皮球、延误工期的重要原因。

十年的风雨，十年的奋进。尽管维尼纶工业在中国化纤舞台上闪烁过璀璨的光芒，但多年来，蒋士成在谈到这两个他为之付出十年心血的项目时，总不免发出一声叹息！

心潮逐浪高

20 世纪 70 年代初，在中国化纤工业舞台上，除了维尼纶外，还有锦纶、腈纶、涤纶、丙纶等多个合成纤维品种。

锦纶纤维学名为聚酰胺纤维，亦称尼龙。1958 年，我国自行设计的年产 1000 吨以苯酚为原料的己内酰胺生产装置在锦西化工厂建成投产，生产的聚酰胺纤维被化工部副部长侯德榜命名为“锦纶”。1959 年，北京合成纤维实验厂和上海合成纤维实验厂的两套锦纶 6 纺丝装置相继建成。但苯酚是炼焦工业的副产品，产量很小，供应也不稳定，客观上限制了锦纶纤维的发展。

腈纶最初在吉林研发，以电石乙炔为原料，采用二甲基甲酰胺法纺丝形成腈纶纤维。和维尼纶纤维的生产一样，生产腈纶要大量使用高耗电的电石，全国普遍的电力供应不足也成为腈纶纤维发展的限制。

涤纶纤维的研发在上海，以苯酐为原料，尚处于小型装置实验阶段。

因此，我国合成纤维工业的生产一开始就受到原料的制约。再加上技术水平比较落后，工程能力、设备制造和仪表水平都难以满足合成纤维发展的需求。所以，我国合成纤维工业的发展远远落后于世界先进水平。

1949 年，世界上第一套石油铂重整工业装置的投产，开创了世界石油工业和石油化工技术开发的新纪元。以石油苯类产品为原料的合成纤维工业得到迅猛发展。至 1970 年，全球合成纤维年产量达到 470 万吨。而中国年合成纤维生产总能力仍不足 20 万吨。

石油，北宋著名科学家沈括为之命名，并将其载入百科巨著《梦溪笔谈》。

大庆油田开发后，胜利油田、辽河油田、江汉油田相继开采出油，中国一举脱掉了“贫油国”的帽子。

电影《五朵金花》在全国盛映的时候，石油部的五项炼油炼化新技术、新工艺成为石油战线的“五朵金花”。曾被外国人讥笑为“小茶壶式”的中国炼油炼化工业令世人刮目相看。

虽然，石油化工产品作为合成纤维单体生产原料的新工艺、新技术在我国得到探索、应用和推广，小型石油化工企业应运而生，但在当时的历史条件下，处于乱布局、小规模、低水平的无序状态。

一个不争的现实是：国内市场化纤织物供不应求，而化纤的来源又主要依赖进口。

“的确良”一时风靡全国引起毛泽东的关注。

“的确良”是涤纶织品的商用名，涤纶布轻薄结实，色彩艳丽，是当时城乡老百姓最钟爱、最奢侈的衣物，在市场上十分紧俏。

1971 年七八月间，毛泽东主席在南方考察途中，让身边的工作人员就休息上街的机会做些社会调查，了解群众反映。有人回来说，辛辛苦苦排了半天队，才买到一条“的确良”的裤子，毛主席很惊讶，怎么买一条裤子还要排半天队？

回到北京后，毛主席把周恩来总理找来问道：“我们为什么不多搞一点？”周总理说：“我们现在自己还没有生产化纤涤纶布的技术能力呀。”主席说：“我们自己搞不了可以从国外买嘛。”周总理说那当然行。

在毛泽东的支持下，主持中央工作的周恩来及时抓住机会，立即召集研究进口国外设备事项，力图以国内缺口巨大的化纤、化肥的设备引进为突破口，打开对外经济工作的新局面。1972 年 2 月 5 日，国家计委的《关于进口成套化纤化肥技术设备的报告》经过层层审定报送到周恩来手中，周恩来把这份报告呈报给毛泽东，当天就得到批准。

国家计委这份报告以及后续的三份报告，掀开了我国第二次通过引进和利用外资及技术设备建设国民经济的高潮。从最初的化纤、化肥成套装置设备的引进，扩大到乙烯、烷基苯、钢铁、大型电站成套装置以及单项关键设备的引进；从以解决七亿老百姓的吃饭和穿衣问题为目标，扩大到以解决国民经济几个关键问题为目标；从 4 亿美元的用汇计划扩大到 43 亿美元的用汇概算；从与少数几个西方国家的经贸合作，扩大到与美国、法国、德国、意大利和日本等西方发达国家的经贸合作。这就是著名的“四三方案”。

“九一三”事件后，国内的政治气候发生了很大变化，“文革”泛滥的极“左”思潮和无政府主义受到批判。“四三方案”请示报告提出了引进技术设备项目要遵循 6 条原则，其中第二条是“学习与独创相结合”。周总理强调对引进技术，应当“一学、二用、三改、四创”，即是在先消化、吸收的基础上，再进行创新、改革。有力地纠正了过去“一批、二改、三用”偏激极“左”的做法。

曾参加过方案制定和组织实施的、又长期在纺织石化战线工作的陈锦华这样说过，没有毛泽东的支持，没有周恩来那样的远见、决心和魄力，中国第二次大规模引进成套技术设备的项目是做不到的。

蒋士成知道四大化纤项目的立项启动已是 1973 年 8 月。时任轻工业部副部长的焦善民在燃化部领导的陪同下专程来到清镇，亲切地会见了西南工作组的同志们，他详细介绍了“四三方案”的形成过程和重大意义，并给大家带来一个振奋人心的好消息：西南工作组将全部参加化纤化肥项目建设，有机专业调往轻工业部第二设计院，无机专业调往燃化部新设在天津的第一设计院！

这次调动，说起来还有一个小插曲。

原来，项目确定后，国家部委对工程前期工作进行分工，包括项目谈判、设计联络、施工管理，等等。燃化部分管乙烯、合成氨和化肥项目，轻工业部分管化纤项目。对石油化工工程，就连燃化部都感到缺少人手，但大家都克服困难，调集人马，集中队伍，力争大干快上。第九化工建设公司就是在这样的背景下，紧急调迁至辽宁盘锦的，那里上马了一个 30 万吨的合成氨项目，后建成了辽河化肥厂。

但是，轻工业部实在找不到熟悉石油化工方面的专业人员，只能请燃化部支持。而在“文革”前后，化工部设计院都分散下放了，成立了各大区设计院，虽说是业务归燃化部管，但人事权却归到了地方。结果轻工业部分别派人去了山西娘子关的一院和四川成都的八院，两家都不同意抽调人员。最终事情报到李先念副总理那儿去了，李副总理发了脾气，说我们还是不是社会主义国家，连设计人员都调不动。碰巧的是，轻工业部设计院在广西维尼纶项目上与西南工作组有过合作，就向李副总理推荐，所以调令很快就下达了。

1973年9月的一天晚上，蒋士成交接完手中的全部工作，来到干河坝工地上，周边的山峦在白色月光的映衬下显得娇娆多姿，由近及远的车间蜿蜒于山间，忽明忽暗的灯光在山中闪烁，人声、机器声在初秋的凉风中若隐若现。蒋士成知道，有机化工厂的大会战还没有结束，而他却是在清镇的最后一晚了，他好像第一次发现清镇夜色是如此美丽，竟有些依依不舍了。这里，高高低低的山坡上印下了他的足迹，大大小小的车间里留有他的踪影，他为此付出了不少心血，却带走了太多太多的遗憾。祖国展示的宏伟蓝图，怎样才能变为现实呢？

把酒酹滔滔，心潮逐浪高。这一夜，蒋士成彻夜未眠。

第五章

国门开启的“前奏曲”

“的确良”引发化纤革命

虽然，“的确良”引起毛泽东主席的关注只是一次偶然事件，但是，作为舶来品的“的确良”在20世纪70年代初一时风靡全国，继而又引发了中国衣着史上的一次革命，却是一个不争的事实。因此，有人将我国第二次引进和利用外资及技术设备的“四三方案”称作为是一次“中国化纤革命”，是不无道理的。

“的确良”，通常被称作为涤纶，是英文“dacron”的粤语的音译。起初香港人将其翻译成“的确靓”，音近意佳。“的确良”产品传到内地后，又被称为“的确凉”和“的确良”。它是涤纶的纺织物，做成的衣服不仅挺括滑爽，耐穿易干，而且色质光亮、鲜艳。这对一段时期以来习惯于粗衣粗布、单一灰暗色调衣着的国人来说，不能不说是一个巨大的视觉冲击。所以，“的确良”产品一进入中国，就得到中国人民的青睐。即使是售价不菲，也抵挡不住人们对它的追捧。在那物资匮乏的年代，一个普通人能够拥有一件“的确良”衬衫，确实是一个美丽且时髦的奢望。

有人说，改革开放的劲风一朝刮起，最先变革的是人们身上的色彩。

化纤革命的意义不仅在于让老百姓身上的衣服由以棉布为主转变为以化纤为主，更在于有效地缓解了粮棉争地的矛盾。“民以食为天”，毕竟解决人民的吃饭问题是共和国的头等大事。把原来种棉花的土地腾一些出来种粮食、种蔬菜、种食用油作物，增加粮油蔬菜供应。粮食多了还可以养猪，从而增加猪肉的供应。因此，这个决策攸关国计民生，是几千年来中国经济史上的一件大事。

从技术层面上说，中国化纤的发展历经了从植物中提取纤维到从石头中提取纤维的过程，原料和资源的局限导致成本的上升，现在可以从相对低廉、供应稳定的石油中提取纤维。黑乎乎的石油经过化学的处理加工变成白花花的化纤产品，人们不可思议的事情在国际先端技术下成为现实，这何尝不是一场深刻的技术革命呢？

实施“四三方案”，中央是下了大决心的。43 亿美元，钱从哪里来？为了集中资金搞民生工业，毛泽东拍了板，取消了“曙光号”载人航天飞船的研制计划。他说，宇航员这事要暂停一下，先把地球上的事情搞好，地球外的事往后放放。邓小平回忆这段历史时说过：“说到改革，其实在 1974 年到 1975 年我们已经试验过一段。”因此可以说，以化纤革命为起源的“四三方案”吹响了中国改革开放的“前奏曲”。

项目酝酿之初，中央曾设想建设“三大化纤”，将项目放在纺织工业比较发达、棉花短缺而人口又比较多的上海、辽宁和四川。1972 年 6 月，根据国务院对进口化纤设备的安排方案，轻工业部在北京召开上海、辽宁、四川三省市会议，部署项目启动准备工作。后来，天津倚借大港油田的优势，想把原定在上海的项目抢过去。最后，李先念拍了板，追加了天津石油化纤项目。这样，就形成了“四大化纤”，项目确定后成立的机构名称分别为：上海石油化工总厂、辽阳石油化纤总厂、天津石油化纤总厂和四川天然气维尼纶厂。

引进成套设备的“四大化纤”提高了我国化纤工业的视野，促进了新中国与西方大国第一次亲密接触，无论从经济发展角度，还是从技术发展角度，意义都十分重大，甚至可以说，化纤革命为 20 世纪 70 年代后期波澜壮阔的中国改革开放发挥了开辟先河的作用。

“四大化纤”的建设规模为年产化学纤维 35 万吨。其中涤纶 18 万吨，腈纶 4.7 万吨，锦纶 4.5 万吨，维尼纶 7.8 万吨。所需投资相当于建设 1000 万棉纺锭的投资总和，大约是从新中国成立到

1971 年间的 22 年国家给纺织工业的投资总和，在我国纺织工业建设史上是空前的。

“四大化纤”项目建成后，合成纤维产量相当于 500 万吨棉花，可以织布 13.3 亿米，其中涤棉布 6.33 亿米，为解决人民穿衣问题发挥了重要作用。

更为重要的是，“四大化纤”的建设有力地推动了合成纤维成套设备技术的长足进步。在庞大的引进计划制定之初，轻工业部就秉承中央“能自己制造的不引进”的原则，一方面尽量节省来之不易的外汇，一方面通过学习、消化、吸收外国先进技术促进国产设备的配套生产能力。“四大化纤”的进口设备主要集中在化纤原料的生产装置，以及聚合和纺丝工艺的关键设备。有大量的配套设备需要进行国产化攻坚，通过这些工作的实践，使大家学习了新知识，开阔了眼界，培养和锻炼了队伍，使我国的纺织机械工业水平获得了新的提升。

这场化纤革命开路先锋的责任，无疑落在中国轻工业部纺织设计院的身上。

增光路纺织大院

中国轻工业部纺织设计院(以下简称轻纺设计院)坐落在北京海淀区甘家口增光路 21 号。这里在 20 世纪 50 年代还属于北京的西郊，只有苇子坑、坟地和几座孤零零的土山，60 年代初，北京市在这里建造了海淀钢丝厂，该厂打破了苏联的经济封锁，自力更生，成功试制了当时苏联已经停止供应我国的经济建设急需的铁铬铝合金钢，填补了我国冶金工业生产的空白，后更名为北京钢丝厂，曾经辉煌一时。增光路原是从甘家口到钢丝厂门口的一条土路，1965年在朱德委员长的亲切关怀下修为柏油路。道路修成后，朱德委员长高地称称这条路是为国增光的“增光路”，从此这条路就被正式命名为“增光路”。

和北京许多机关大院一样，轻纺设计院采用前楼后舍的布局模式，沿街的是办公楼，“工”字形结构，典型的苏式建筑风格，气派非凡。后面为零零星星的宿舍楼，办公楼的左侧开了一个侧门，方便行人进出。这种源于居家与田园紧密相连的、中国农耕意识引导形成的布局形式，在北京随处可见。多少年来，不管单位名称如何变化，大家都习惯又亲切地将其称之为“纺织大院”。

轻纺设计院白手起家，创始维艰。参加筹建并长期担任设计院主要领导的俞鲤庭老院长在《回顾与思索》一文中这样写道：“如果‘一五’是我们工厂设计的初创期，60年代进入化纤领域是第一次飞跃，70年代的特大工程是我们第二次飞跃……我们在困难中成长，从艰辛中趋于成熟。”❶

进入70年代以后，为切实解决人民衣食需求，国家决定成套引进化工化纤装置，建设四个大型联合企业，利用石油资源加速发展合成纤维工业。建设规模之大，技术之复杂，在我国纺织工业建设史上前所未有。这对于仅有二十年成长史且绝无相关经验的设计院来说，承担大型化工化纤联合装置的设计，是一个全新的挑战！

只许胜利，不许失败！全院职工摩拳擦掌，树立了必胜的信心和决心！

他们知道，担负如此重任是责无旁贷的，不仅是挑战，更是机遇！这是轻纺设计院在石油化纤领域实现再次飞跃的新契机！

为了建设“四大化纤”，轻工业部从全国紧急调集了近200名人

❶《纺织工业部设计院建院三十五周年1952～1987》. 北京：中国昆仑工程有限公司藏档.

员充实石油化工设计力量，其中燃化部贵州西南工作组的就有63人。

蒋士成正是在轻纺设计院即将实现第二次腾飞的起飞时刻跨入纺织大院的。1973年国庆节前，蒋士成一行来轻纺设计院报到，随后立刻投入到紧张的项目筹备工作之中。

70年代初，北京的生活条件比贵州好不了许多。蒋士成分配的住房是设计院宿舍楼4门5号，三室无厅，三个家庭各占一间房，厨房与卫生间共用，做饭、如厕都得分段排队进行。十四平方米的房间勉强摆下蒋士成从贵州带来的自制家具后，室内所剩空间无几，既是卧房，又是餐室，拥挤不堪。

更难堪的是户口问题。因为北京市进户口有控制指标，这批调动的人数多，又比较紧急，只能分期分批地办。人到了北京，户口却落在河北保定。粮油糖、布线煤，各种票证都要从保定转来，更有许多票证由于地域限制，不得不去当地购买。蒋士成是调动人员中首批解决户口问题的，但那已是一年以后的事情了。

大 项

蒋士成在设计院参加的第一个会议是关于“大项”项目的讨论会。会议由俞鲤庭院长主持，议题是如何做好“大项”的总体设计。

“大项”是辽阳石油化纤总厂项目的代号。可能是项目决策时的保密需要，也可能是辽阳石油化纤项目在四大化纤项目中体量最大，或许是当时项目的选址还未确定，在相当长的时间内，从中央到地方都以此代号来指代辽阳石油化纤项目。特别有趣的是，“大项”落户辽阳后，全省人民为此欢欣鼓舞，一些喜欢热闹的老百姓特意赶到辽阳动物园去看引进的大象，闹出了不少笑话。

国庆节刚过，轻工业部就下达了通知，要求设计院承担辽阳石油化纤总厂的设计任务，并为总体设计单位，负责该厂的总体设计和涤纶、尼龙 66 抽丝以及罐区、仪修、动修、制氮等厂区配套工程设计以及抽丝区的工程地质勘探。

所谓总体设计单位，就是工程设计总牵头和总协调的单位。在特大型基建工程过程中，会有很多设计单位参与各单项工程设计，有中央部委的专业设计机构，也有地方上大大小小的设计队伍。辽阳项目是成套引进设备的多装置、多类别项目，还要与国外设计单位紧密联系、分工和配合，拿总这样一个复杂工程的设计工作，其难度是可想而知的。

会议并没有“接不接总体设计单位”的议题，但是这个问题自始至终贯穿于整个讨论过程，且愈发尖锐，已致于讨论会连续开了一周。

按照轻工业部的设计分工，轻纺设计院负责天津石油化纤总厂的总体设计，任务书早在 1972 年 11 月已经下达。设计院随即开展了厂区地质初勘等先期工作，后因为天津项目原料供应的变化和水源不落实进行了调整，设计工作不得不停顿下来。现在，一下子要做“大项”的主体设计院，大家都感到突然，从情感上难以接受。

“大项”是“四大化纤”中投资最大、装置最多、流程最长、工艺最复杂的项目。引进装置多达 17 项、25 个装置，国内配套达 44 项，包括子项则多达 300 多项，云集的勘测设计单位 28 个。除了任务艰巨、经验不足、人才缺乏等客观原因外，俞鲤庭敏锐地看到，还存在着一些主观原因：部分同志认为做炼油化工装置的设计是

“不务正业”；部分同志觉得辽宁路途遥远，天寒地冻，远不如天津方便；还有部分同志对当地的政治氛围心存芥蒂……

蒋士成是作为项目所需化工人才奉调来院的，对这样一个举世瞩目的特大工程，他和绝大多数工程技术人员一样充满了极大的热情，但对承接“大项”项目心里也直犯嘀咕，毕竟自己也毫无石油化工工程的设计经验，大家的担忧同样也是他的担忧。值得他佩服的是，讨论会让大家说出了心里话，俞院长的会上会后的循循善诱、润物无声，让大家统一了思想，坚定了目标。

俞鲤庭在《回顾与思索》一文中这样回忆到[1]：

> 我们面临的棘手问题是大量存在的，我们未曾直接参与谈判，我们对石油化工有似萍水相逢，并未有足够认识，究竟会遇到一些什么难题，心中还是无数。但是我们经历过三百个项目，纺织部有关部门好心的同志在鼓励我们，领导也以亲切爱抚的眼光期待我们。经过一周的热烈讨论，大家分析了自己走过的路程，在化纤厂设计中，我们就曾是凭着勇气、信心和决心越过重重困难，夺取了成果，何况石油化纤厂引自国外，事实上国内也还没有一个工厂设计单位曾经拿下过这么大的项目，别人是第一次，我们为什么不能是第一次呢？我们承认困难，也敢于面对困难，克服困难，无非艰苦一些。艰苦本来就是建设者的家常便饭，再何况我们曾为天津项目作过一年多的准备，访遍全国大的炼油厂和已有引进的大型化工厂。对有利不利条件的共同分析，增强了大家的勇气和信心，接受新的考验的决心终于下定了。

[1]《纺织工业部设计院建院三十五周年 1952~1987》. 北京：中国昆仑工程有限公司藏档.

也就是在这次会上，蒋士成认识了当时轻工业部进口办技术负责人季国标。季国标是无锡人，比蒋士成大两岁，两人算是大同乡。季国标1952年交通大学(现上海交通大学)纺织工程系毕业参加工作后，曾作为优秀青年技术人员先后被国家选派至民主德国和英国学习，奠定了他坚实的化纤工程技术基础。为保定第一人造丝厂、南京化纤厂、兰州石油化工厂的建设立下汗马功劳。在“四大化纤”的总体规划、立项方案制定、引进设备选型等方面，季国标功不可没。但是，泛滥的“左”倾思潮不停地向他发难，有人在轻工业部大楼贴出大字报，指责季国标引进欧美30年代的落后设备，是向帝国主义摇尾乞怜的“哈巴狗”。在钱之光部长的支持下，他顶住了压力，完成了一批装备及技术的选择和审批工作。

季国标很详细地介绍了“大项”方案技术交流和商务谈判的过程，引进装置的工艺路线、技术特征以及引进国的石油化纤的发展概况。世界石油化纤技术的飞跃发展给蒋士成以深深的震撼。

“大项”引进工程的对外谈判从1972年6月开始，历经15个月130余次谈判，1973年9月与法国德希尼布设计公司(TECHNIP)和斯贝西姆设计公司(SPEICHIM)签订了第一份《以石脑油为原料生产聚酯、锦纶66、聚合级乙烯、聚合级丙烯联合企业合同》，合同包括催化重整等21套生产装置，简称CF7344合同，为辽化生产装置的主体。整体技术水平接近70年代初国际先进水平。

德希尼布是法国著名的化工工程设计公司，服务范围很广，包括可行性研究、浮动与固定式平台、上部设计与建造、项目管理与实施等；斯贝西姆公司是法国施耐德公司集团成员，主要业务是高分子合成原料和溶剂、石油化学产品、肥料、塑料和纺织品等。两大公司的业务遍布欧洲乃至全球。

法国是西方社会中第一个与中国建交的国家。选择从法国引进技术装置，体现了中国人民的重信义、讲感情。谈判过程中，因为

1000 多万美元的价格分歧，合同迟迟签订不了。法国总统蓬皮杜访华时，亲自出面做工作。法国驻华使馆在宴请周总理时，蓬皮杜说这个项目的签订，会在全世界引起轰动，希望中国政府在价格上让步。最后周总理从大局上考虑同意了，中法双方终于把这个合同签了下来。这个合同果然在国际社会上引起了很大的反响，“大项”为我国政治外交，为推动我国改革开放事业所作出的贡献以及付出的代价同样让与会者受到莫大的振动。

讨论会期间，CF7344 合同的技术附件还在大连印刷所付排，为了使大家尽快进入角色，设计院派人迅即赶往大连，复印了一份草稿后急返北京，分头刻写蜡纸印刷，做成油印本送至每个人手上，并按照装置和专业做了对口分工。蒋士成承担蒸汽裂解装置的对口设计工作。

“大项”引进的法国石油研究院(IFP)年产 11 万吨乙烯的梯台炉专利技术具有当时的世界先进水平。乙烯是化纤原料来源，蒸汽裂解装置是乙烯生产的核心装置。这样的分工，让蒋士成深切感受到领导的信任和肩负的责任。

面对新工艺新技术，蒋士成知道，即便是石油部有“八大金刚”之称的 8 位技术专家也是第一次接触此类装置，既缺理论积累，更无实践经验，必须从零开始，从头摸索，第一步就是要钻研装置原理，熟悉工艺流程，掌握对外技术交流和联络的主动权。

1973 年 10 月 23 日，蒋士成随着“大项”全体设计人员第一次赶到辽阳现场，着手项目设计的衔接和前期工作。虽时序已跨入深秋，蒋士成还是感受到现场的热烈气氛。工程筹建班子早已成立，技术干部相继调入，设计施工队伍也陆续进驻，解放军基建工程兵 300 部队受国家建委派遣开赴现场。轰轰烈烈的“三通一平”正在进行。“毛主席圈定我施工，建设辽化多光荣”的口号深深刻在每个建设者的心里。

辽化工地“三通一平”

项目选址在距辽阳市东南 8 公里的一个叫作石场峪的地方，这里绝大部分为山坡地，南临太子河，背山面水，相距鞍山炼油厂、原油管线加压站较近，公路、铁路交通便利，具备建设大型化工基地的基础条件。

“要知大项是啥样，睁开眼睛往南望；要知大项有多胖，十里厂区是个炕。”引进项目所带来的喜悦和自豪让辽阳人溢于言表。

踏勘现场后，设计人员前往沈阳东北工业建筑设计院(以下简称东北院)，组织召开第一次设计会议。东北院是一所实力很强的老牌设计院，在项目筹建之初就介入工作，参加“大项”技术谈判的全过程，并被辽宁省内定为项目主体设计单位，后来轻工业部从设计专业的角度综合平衡考虑才临时换帅。为了消除由此带来的消极影响，轻纺设计院领导郎清荣、俞鲤庭、王锦堂亲自带队上门拜访，将东北院的东北旅社作为联合设计的办公地点，在总图编制、设计流程、概算编制和设计分工等方面与东北院协同一致，院领导谦逊的态度和高超的协调能力给蒋士成留下了深刻的印象。尽管东北院退出了总体设计，但给了轻纺设计院工作极大的支持，在极其艰苦的条件下，承担了不少的子项设计工作。

月底，“大项”第一次设计会议在沈阳召开，中国工业建设史上规模罕见的联合设计会战拉开了序幕。

唱“双簧”

引进项目的设计不仅是一项复杂的业务工作，还是一项严肃的涉外工作。从技术谈判、方案审查、设计联络考查、土建施工、设备安装、投料开车到装置考核的每道环节，都必须有中外设计人员的共同参与，当时的辽宁是“四人帮”控制严格的省份，是非颠倒，“左”倾路线盛行。对于这个每步都十分敏感的涉外环节，稍有不慎，就会被横加指责，上纲上线，甚至酿成苦果。

参加谈判的技术人员以轻纺设计院的人员为主，此时被推到风口浪尖上。

李志方是轻纺设计院资深的化学纤维工程设计专家，江苏无锡人，美国麻省理工学院硕士研究生毕业。抗日战争胜利后，他怀着发展民族工业的抱负回到祖国，在上海筹建宏文造纸厂，为我国的草板纸生产填补了空白，新中国成立后又响应国家号召，带领宏文造纸厂公私合营。1956年李志方进入纺织工业部，参加丹东化纤厂和安乐人造丝厂的恢复建设，为我国化纤工业的起步和发展作出重要贡献。他出身于民族工商业者家庭，母亲荣慕蕴是著名民族资本家荣德生的长女，父亲李国伟是荣氏棉纺织和面粉产业的第二代传人。因此，李志方另一个特殊的身份是“红色资本家”荣毅仁的亲外甥，“文化大革命”期间，荣毅仁身处逆境，受到冲击，李志方也遭受迫害，举家被下放到湖北农村，失去了工作。

李志方不但有国内外化工企业的工作经验，还具有较强的谈判能力。20世纪40年代上海宏文造纸厂引进的美国设备，从选型、谈判到安装都是由李志方一手操办的。为了"大项"对口技术谈判，轻纺设计院急调李志方回院工作，但由于扣在他头上的"帽子"还没有来得及摘除，按照政审条件，李志方不能出现在和外方人员会谈的谈判桌上。无奈，设计院不得不上演了"双簧戏"。

蒋士成第一次见到李志方是在与法方技术会谈的沈阳东北旅社。李志方长蒋士成十五岁，个子不高，面色黝黑，花白、浓密、略带卷曲的头发和一副宽边的黑框眼镜透露着一种沧桑感和书卷气。由于操着相同的江南方言，蒋士成与他多了一份亲近。接连两个多月的朝夕相处，李志方渊博的化工知识、严谨的工作态度、旺盛的工作精力给蒋士成留下了深刻的印象，特别是在不公正的环境下，他无怨无悔的大度胸怀，让蒋士成由衷地感到钦佩。

技术会谈共分为 20 多个谈判小组，每组 3 到 4 人。9 个分厂中，原料分厂(后为化工一厂)的装置数量最多、技术最为复杂，主要由从法国引进的催化重整、蒸汽裂解、汽油加氢、芳烃抽提、制氢、对二甲苯等 6 套装置组成。李志方是原料分厂技术总负责人，蒋士成是蒸汽裂解装置技术谈判组的副组长，两人便成为"双簧"中的"前脸"和"后脸"的角色，配合非常默契。

李志方对蒋士成说："国家耗费巨资引进这个项目，我们作为国家培养的技术工作者一定要想方设法吃透装置技术，不能只知其然而不知其所以然啊。"

"大项"是"交钥匙"工程，当时有不少人认为，中方设计部门的主要任务是做好配套工程的设计和衔接，引进装置的技术和质量与我方并没有多大的关系。尤其是对于一向不擅于揣摩政治方向的知识分子来说，与洋人打交道，不免心有余悸。

李志方的一席话语重心长。蒋士成想起十多年前恩师斯托尔维奇的那段关于"卡脖子"一语成谶式的忠告，那道令人警醒的弧线又一次闪现在蒋士成的眼前。

技术会谈实际上是技术交底，外方依照合同按车间、分装置逐个介绍工艺原理、流程路线、设备构造、装置性能，谈深谈浅完全取决于外方。对于装置的核心技术，外方通常是避而不谈，或者是浅尝辄止的。然而，在蒋士成看来，这是学习消化外国先进技术不可多得的绝好机会。

会谈的日程排得很紧，谈判组为了吃透装置技术，更是白天黑夜连轴转，白天与外方会谈，晚上整理资料、内部沟通。始终站在谈判幕后的李志方几乎昼夜颠倒，几个谈判组的资料都必须经过他审查汇总，每天的碰头会上，他总是在仔细听取各组谈判小结后，提纲挈领地归纳出第二天的谈判要点。对一些技术关键点，他还亲自列出详细提纲，设计谈判技巧。许多次，在进入谈判室前，蒋士成还会收到他亲笔写就的会谈重点提示，那双充满血丝又充满信任的眼神，给予蒋士成无穷的力量。

这段日夜奋战的经历，也让蒋士成受益匪浅。一开始他只是裂解装置的副主谈，很快就上升为主谈，不久，领导又将汽油加氢装置的主谈的任务交给他。这样，蒋士成对引进的一整套处于世界前沿的石油化工装置先进的技术有了全面的了解，为完成这个特大型项目的转换设计和配套设计任务打下了坚实的基础。

技术会谈如火如荼之时，正值“文化大革命”“批林批孔”运动时期，每周都要安排几次政治学习，召开阶级斗争批判会，有人质疑像蒋士成这样的非党干部当谈判组长是“资本主义复辟”，与资本主义国家技术会谈是“洋奴哲学”“爬行主义”。蒋士成针锋相对，他在思想汇报中写道：“自力更生”与“洋奴哲学”是社会主义建设中两条路线斗争的大是大非问题，引进和学习国外的先进技术是必要的，但我们的方针仍然是“自力更生”，不能一味依赖国外技术，要做到“洋为中用”，学习国外先进技术是为了更好的“自力更生”，加速发展我国的石油化纤工业。

外面的世界精彩也无奈

紧张的技术谈判结束后，蒋士成被组织选派参加赴法设计联络工作。设计联络的目的是为外方的初步设计审查做准备。他们 1974 年 1 月 29 日启程，3 月 7 日回国，历时一个月零七天。

埃菲尔铁塔、凯旋门、塞纳河、香榭丽舍大街给了蒋士成崭新的视觉冲击，而法国飞跃发展的石油化工工业更使蒋士成感到莫大的震撼！

赴法联络组一行 20 余人，来自不同的参建单位。着装是统一定制的：深蓝色中山装套服，黑色皮鞋，黑雪花尼大衣。一行人行走之处，十分引人注目。在“万花筒”般的繁华世界，成为一道别样的风景线。

法国人以陌生、好奇的眼光打量着这群来自东方古老国度的中国人。

作为老牌帝国、世界首个化纤企业的诞生国，法国的石油化工工业体系完备，专利技术多，开发、工程化及商贸能力强。辽化“大项”的技术专利购于法国石油研究院和罗纳布朗克化工集团公司，承包商德希尼布公司和斯贝西姆公司只是工程设计公司，但他们的业绩很辉煌，设备供应商以及所承建的工程成功案例遍布了欧美各地。

“外面的世界很精彩，外面的世界很无奈。”20 世纪 80 年代的一首流行歌曲是当时蒋士成复杂心情的真实写照。

一流的技术，一流的企业，恢宏的装置，高度自动化的生产流水线，让蒋士成大开眼界，不禁暗自为现代科技而喝彩；同时，他看到了中外现实存在的差距，想到国家花费巨资引进成套设备，又不免有些许苦涩。

更为无奈的是整个联络工作的日程安排。法方人员在“友好热情”的外表背后，毫不掩饰地散发出与自信和浪漫俱生的优越感。

德希尼布公司陪同联络组的是一名年轻的小伙子，非常健谈。他可以从拿破仑谈到戴高乐，再谈到蓬皮杜，从法国的工业革命谈到德希尼布的前程愿景，滔滔不绝。在衣食住行方面也尤为心细周到，而对参观考察方面的安排，却缺少了应有的殷勤。比如，很少安排联络组去设备制造厂、仪表厂参观；考察位于里昂市费赞化工厂的裂解装置时，只安排联络组走马观花式地看一下没有负荷运行的 IFP 裂解炉，中央控制室及冷区不让参观；阻挠工厂里的工程技术人员对联络组介绍情况，等等。

设计联络工作是建设合同工厂的重要环节。通过考察，增强对引进技术装置的直观认识，才能保证引进设备的质量。蒋士成知道，法方的敷衍了事，一方面是减少中方掌握技术的话语权，让初步工艺设计审查轻松通过；另一方面是法方从心底里对中国同行们的技术能力持怀疑态度。

“这样的考察，我们怎么为国家把好审查关?”蒋士成向联络组组长反映情况后，带着诘问的口气问组长。组长是辽化筹建指挥部的一名老同志，还兼任联络组的临时党支部书记。他不擅长工程技术，但作为项目业主代表，非常担心关系搞僵了，影响以后的合作，所以过多地把双方关系寄托在“友好”两字上面。但是，他又不得不面对蒋士成所提出的问题。于是，他专门召开临时党支部会议，统一意见后，委婉地向法方提出了修改日程和增加考察工厂数量的意见。

法方部分满足了联络组的要求，蒋士成感到很兴奋。他主动承担了联络组资料汇总和《简报》起草工作，对老组长依靠组织、依靠集体解决矛盾的方法不由暗自敬佩，毕竟老组长也是第一次出国，第一次遇到涉外棘手问题的处理，况且当时外事纪律严明，谁也难以一语道明“友好”的清晰底线。

然而，蒋士成也明白对方不会就此罢休，我方仍旧掌握不了联络工作的主动权。果然不出所料，在多次申请下，法方同意第二次安排考察裂解装置。从巴黎联络组驻地到里昂市费赞化工厂有5个多小时的车程，当联络组满怀兴致地驱车赶到工厂时，恰巧遇上生产线停车检修。好在蒋士成借汇总资料的理由，与同行的技术人员分了工，有人检查设备，有人抄录技术数据，有人画工艺流程，有人个别了解情况。回来后加以综合分析，便基本掌握了较为完整的资料。

预定的归期已到，联络组无奈地结束了这次设计联络考察。在向院领导的工作汇报中，蒋士成这样写道：唯利是图是资产阶级的本性，外国资本家卖给我们成套设备和技术，根本目的是为了赚钱，与我国的对外援助搞国际主义决然不同。所以，我们建立合同工厂，既要保持与外方的友好合作，又要敢于有理有节地斗争。要按合同办事，不使我国在政治上、经济上受到损失。“友好”和“斗争”是路线和原则问题，绝不能本末倒置。❶

蒋士成的想法得到院领导以及筹建指挥部领导的重视和支持。在与法方初步工艺设计审查的碰头会上，蒋士成带领谈判组进行了一次激烈的交锋。

三名法方人员在洽谈一开始就盛气凌人：贵方已经按合同对我方提供的装置设备进行了考察，想必对我方工艺技术的先进性、可靠性有了深刻的认识。这样，下一步的审查就变得很简单了。总部授权我们3人配合贵方7个装置的审查，其实也没有什么可审查的，一个装置安排两天就足够了。

蒋士成微微一笑，说：“非常感谢贵方对我们在法工作期间的

❶蒋士成人事档案.《出国思想汇报》. 1974. 3. 中国石化集团公司人事档案室藏档.

热情接待，也相信三位先生有足够的技术能力配合好我们下一步的工作。但遗憾的是，我们在贵国没有能够按照合同规定看到我们应该看到的内容，甚至连与合同相似主装置的生产运行都没有机会看到，我们无法对贵方设备装置的先进可靠性作出评价。”

“工厂是例行的停车检修，我们为不够周到的日程安排表示歉意，那只是一个小小的意外。德希尼布建设的所有的工厂都非常成功，我们三人都是重要的参与者，请相信我们承建的中国工厂在现有业绩的基础上将会更加完美。”法方的主谈一边做解释，一边承诺由他们负责对改进后的工艺技术做详细的介绍。

蒋士成认真地听取法方所做的详尽的技术介绍，他心底里十分佩服法方工程技术人员的敬业精神，尽管他们披着一身商务的外衣，但他们从技术上谈设计的先进合理性时，拥有纯粹的技术观点，有可贵的创新精神。然而，凭借对合同的透彻理解以及考察中留心所掌握的数据资料，蒋士成很快就观察出其商务外表与技术内核之间的矛盾。在工艺设计、设备选型和材质配备等方面，法方选择了商业利益最大化，最终的代价恰恰是牺牲了装置的先进稳定性。

几句有理有节的诘问，让法方代表面面相觑。原来，蒋士成早就发觉这套装置的合同缺陷较多，预料在今后的谈判中会陷于被动。法方之所以千方百计阻挠联络组现场考察，除了保护其核心商业秘密外，在给出的工艺条件、参数、流程以及设备材料选择等方面就会留有很大的利润空间。蒋士成明确提出要以德希尼布建成的费赞化工厂等装置为参照系，弥补合同缺陷，避免造成经济损失。

这次会谈双方交锋的结果是，暂停了原定的初步工艺设计审查计划，与法方签订了蒸汽裂解装置需再次赴外设计联络的备忘纪要。

“你是我认识的中国最优秀的工程师”

第二次设计联络工作为期近两个月，1974 年 8 月 3 日离境，10 月 1 日返京。除了对法国的考察内容，还增加了联邦德国设备制造厂的考察日程。蒋士成被筹建指挥部指定为联络组三人领导小组成员，技术考察的总牵头人，随行人员大部分为辽化原料分厂的生产技术骨干。

德希尼布公司吸取了第一次设计联络工作的教训，协商问题不再那么咄咄逼人，考察日程、内容基本按照双方纪要精神安排，具体工作也尊重联络组的建议；同时，联络组也十分注重沟通的策略和方法，对法方刻意回避的敏感问题、接待方面存在的困难给予理解和引导，从而保证了设计联络任务的顺利完成。

这次联络考察的重点是法国里昂市费赞化工厂的 IFP 裂解装置。费赞化工厂位于里昂市南部石化工业区，毗连原油加工能力达 980 万吨的费赞炼油厂。IFP 裂解装置采用美国鲁姆斯裂解炉技术，裂解原料为石脑油，辽化引进乙烯装置的管式裂解炉和裂解气分离流程是这套装置的翻版。蒋士成对辽化的同行说，将来你们管好装置工艺和技术的关键，就是要认真吃透这套装置。

联络组没有在巴黎停留，下飞机后立刻转火车赶往里昂。一开始法方给联络组安排在里昂市最高级的四星酒店——里昂大旅社住宿，标间费用为每天 150 法郎，每天去费赞化工厂要用出租汽车接送，由于路途较远，需要一笔不菲的交通费。为了争取更多的工作时间，蒋士成和负责外事的副组长商量后向法方提出选择就近在费赞化工厂的南郊旅店住宿。

法方陪同人员感到不解，说："郊区偏僻单调，没有娱乐生活，旅店设施简陋，化工区的空气不够新鲜。"并告知联络组的生活费用没有超过合同预算。

蒋士成笑着解释："我们大部分人员来自中国的化工厂，平时住厂区宿舍，不习惯市区的吵闹。更重要的是，住郊区离工厂近，工作和休息都很方便。"

法国人虽然对联络组的提议感到不可思议，但还是答应了联络组的要求，调整了住宿计划。新的住处离化工厂很近，标间费用仅为每天60法郎。与之形成鲜明对照的是，德希尼布陪同人员仍坚持住在里昂市，来回往返。

费赞化工厂对这次联络考察非常重视，厂门前挂上了中华人民共和国国旗，在办公区安排了联络组人员的临时办公室，落实了对口人员。按照合同，该厂的工程技术人员和工人将分批选派到中国，指导、参加辽化项目的设备安装和联动试车。虽然名单还未确定，但从联络组与他们的交谈中，他们都十分向往参加到这个项目来，并以此作为他们毕生的荣耀。

费赞IFP裂解装置建成投产不足四年，要全面了解装置，不仅要掌握系统的运行数据，而且要掌握装置的历史数据，特别是装置开车调试时的综合历史数据，这样才能举一反三，保证引进装置的运行稳定，少走弯路。和上次考察一样，蒋士成仍然主动担任资料整理汇总工作，白天收集数据，晚上分析整理，准备第二天的调查提纲，及时拿出阶段性总结报告。

由于深入生产现场工作，蒋士成能够大量接触到法国工厂基层工程技术人员和操作工人，和他们朝夕相处，打成一片。在增进双方友谊的同时，为顺利完成设计联络工作任务提供了不少便利。他们主动提供了一些工厂档案里缺少的一些重要的技术资料，比如裂解炉的计算资料和开车时的运行数据，就来自装置工程师的私人笔记；在具体了解裂解炉高压清焦水泵的性能规格时，司泵工人生怕介绍的不够全面，特意开私家车回家取回设备的原始资料送给联络组。

在这次设计联络工作中，蒋士成对“友好”的内涵又有了新的认识，他在总结中写道：过去对团结友好工作方面认识不够，认为我们的主要任务是设计联络，不是友好代表团，友好工作是附带的。但作为社会主义中国的技术工作者，要学习国外的先进技术，首先就要保持一个谦逊和友好的态度。由于社会制度、意识形态与文化的长期隔阂、经济发展的差距，以及个体价值观的迥异，双方的合作过程中必然会发生误解和矛盾。因此，我们不仅是经济合同的执行者，还是增进两国友谊的对外大使。[1]

光有纸面上的数据还不够，还必须在实测过程中得到验证。

8 月 15 日是天主教圣母升天纪念日，是法国的国家公共假日，这一日工厂放假，因装置需连续生产仅有当班工人轮值。为了看清裂解炉的结构和使用情况，蒋士成一行放弃了休息，在当班工人的带领下，钻到炉膛内观察，在一千摄氏度的高温辐射下，实测裂解数据。炉膛内酷热难耐，几分钟就能让人窒息，不得不出来透气。一次进出只能测几个数据，往往是出来后汗流浃背，进去后又迅速蒸干。这样反复不断地进出，共测得 70 多个数据，得到了第一手资料。

这一天，工厂食堂不开午饭，他们连续工作了一整天，饿着肚子，体疲力竭，精神却格外饱满。

法国工人们感到惊讶：“我们工厂投产以来，从来没有像这样测过这么多的数据。”

装置负责人在第二天拿到联络组的考察资料时，不禁称赞道：“你们工作的认真细致程度甚至比我们还厉害，你们比我们对 IFP 炉了解还要清楚，真是令人敬佩！”

[1] 蒋士成人事档案.《出国思想汇报》. 1974. 10. 中国石化集团公司人事档案室藏档.

德希尼布公司的陪同人员惊叹不解，因为在崇尚自由的法国人的观念里，假日是神圣不可侵犯的。他们悄悄地问蒋士成：“我们都是打工的，是什么神的力量让你们放弃神的假日而如此拼命？”

蒋士成付之一笑：“中国人民不信仰神。我们之间不同的是，你们是为你们的老板打工，而我们是为十亿中国人民打工。”

也许这些法国的“白领”和“蓝领”阶层不能理解蒋士成话中的全部含义，不过中国技术人员的吃苦耐劳精神、对工作认真细致的态度赢得了他们的尊敬。

在费赞化工厂工作了整整一个月后，联络组于9月上旬赶往联邦德国慕尼黑和法兰克福，对设备制造工厂进行实地参观考察。德国制造业的宏大规模和严谨的工业标准给蒋士成留下了极为深刻的印象。

1974年国庆节，蒋士成随联络组回到北京。第二天他看到报纸上刊登了周恩来总理主持国庆25周年招待会的新闻和照片，不由想起了周总理年初在辽化项目赴外设计联络的法方邀请文件上的亲笔批示：“人选一定要精选，让能够学习考察一些知识和东西带回来的人去”，心中无比感慨。他想，周总理所说的“知识和东西”就是世界上最先进的技术，才是中国人民站立起来的真正力量。

由于这次设计联络工作的细致充分，在10月份进行的初步工艺设计审查中我方取得了一定的主动权。一向傲慢的法方主谈明显放低了姿态，虽然在会谈中时常会发生激烈的争锋，双方僵持不下，但在态度上始终是积极配合的。蒋士成知道，审查中每修改一项内容，资本家就要少赚一笔钱。因此，蒋士成总是避其锋芒，迂回作战，有理有节地用数据说话，让对方最终不得不做出适当让步。

施工图审查是工程建设的关键环节，既要有技术性，又要有耐性，任务十分繁重。如果图纸出现错误，不在施工前纠正，不仅让承包方造成损失，同时还会因为增加扯皮情况、延误工期给国家造成巨大的经济损失。蒋士成带领审查组对法方提交的几千张图纸逐一认真审查，结果发现了在总图与单项图、管道交叉排线错乱等方面的几百个设计错误。

对蒋士成审查中指出的错误，法国工程经理既感激又羞愧。他对蒋士成说："真想不到你对我们的设计图纸如此熟悉，没有你近乎完美的挑剔，我可能就会滚回法兰西了。你是我认识的中国最优秀的工程师！"

万人会战

"我接触到世界最先进的技术，也吃着世界最大的苦。"曾经参加过辽化项目万人会战的著名企业家任正非对法国记者如是说。

任正非有一段生活轨迹与蒋士成相似，都是从贵州的三线备战建设转战辽阳的，辽化建设时在法国专家的指导下从事原料分厂的化工自动控制工作。他虽与蒋士成在同一时期、同一区域工作，却无缘相识。但他描绘的当时工地艰苦恶劣的环境，蒋士成都亲身体验过[1]：

> 进入施工现场时，数十平方公里的现场，没有一间房屋。部队全部睡在草地上，当时是七、八月份。后来工厂拨款建了大批的土坯房，漏风、漏水。既不抗冻，也不防风，最低温度可以达到零下28摄氏度。当时中国处于极度困难时期，肉和油的供应极少，东北老百姓每个月供应的食用油是3两，相当于150克。没有任何新鲜蔬菜，蔬菜都是在秋天把白菜和萝卜用一个很大的混凝土池腌制起

[1] 任正非回忆军旅生涯：那段时间我过得很快乐．腾讯科技频道．2019-1-21.

来，做成酸菜和酸萝卜，一吃就是半年。主要粮食是高粱，而且是最难吃的杂交高粱。我们一边学习最先进的技术，一边过着最原始的生活，这就是那段时间的经历，用一个词总结，就是“冰火两重天”。

初步工艺设计审查结束，已是寒风凛冽的季节。三面环山的工地，经过“三通一平”，显得粗犷而狭长。工地上没有路，到处可见的是开挖的壕沟。褐色的土地裸露着，推土机、挖掘机留下的履痕纵横交错。没有了植被的庇护，山谷里的风变得犀利而强劲，天晴时卷着尘土，遮天蔽日；雨雪天气，不是泥泞滋积，就是冰封地冻，坚硬如石。先行开工的公用工程敷设的各种管线从地上地下，从四面八方向中央生产区涌来。所有施工器具的运送，无一不是依靠人拉肩扛的原始方式。在这样的恶劣环境下，工地上依然人声鼎沸，机声隆隆，辽化主体厂的开工会战陆续打响了。

辽化原料厂进口设备吊装

冰冻寒冷磨灭不了建设者的斗志，暴雪狂风扑灭不了建设者的热情。先进与落后，自然与人文，共同构绘出一幅奇特的“冰火两重天”的宏伟画卷！

轻工设计二院的办公室坐落在指挥部的东南侧，原为勘探测绘队存放设备的临建土坯房，而原料分厂规划在工地的中心地带。从办公点到工地，全靠步行，单程就要走一个多小时。除了施工碰头会，无论是施工图审查，还是施工交底协调，蒋士成几乎每天都要到现场，有时一天来回两三趟。没多久，他的胶鞋底磨破了，雨靴也蹭开了口子。

来回奔波并不是什么难事，蒋士成感到最棘手的是施工单位的协调。工程建设进入高潮期，工地聚集了近百家施工单位，建设队伍有 6 万多人，数百名外国工程技术人员也相继入驻。尽管指挥部有大大小小的协调会，但更多繁琐的技术问题要依靠牵头的设计院协调解决。

尤其是与法方的协调比较困难。引进装置的施工图是法方出的，配套设计和土建施工由兄弟单位承接，按照与外方合同，工程土建阶段，法国技术人员到施工现场只有有限的几次，大量具体的施工问题只能由中方对口人员联络协调。法国技术人员住在县城的外宾招待所，距工地十多里路。虽有班车往来，但常常因为事急跟不上班车时点，蒋士成经常在路边搭乘老乡的马车、架子车，有时回来时天色晚了，不得不步行回工地。

由于工作观念、生活方式的不同，尽管中方对法国人员的生活十分优待，但他们对这里枯燥、单调和艰苦的生活颇有微词。一次，法国国家官员到辽化察看项目，一些法国人竟然打出“我们要休假”“我们要红酒”“我们要鹅肝”的标语来迎接他们的官员，让双方人员啼笑皆非。

这些法国人万万想不到的是，他们的中国同行们每天吃的是酸菜、酸萝卜和杂交高粱米。杂交高粱号称“庄稼的骡子”和“盐碱地宝贝”，就像马和驴杂交生出的骡子一样，适应在旱涝、盐碱、风沙等地区生长。长期将其作为主食，实在是令人难以下咽。轻工院领导关心职工，趁去北京出差带一些挂面回来，在土坯房里用煤油炉开个“小灶”，已算得上是一种奢侈了。

工程协调千头万绪，不时还会有突发事件发生。

1975 年 2 月 4 日，辽南海城地区发生 7.3 级地震，鞍山、营口、辽阳三座较大的工业城市都在烈度 7 度区域范围之内。这场被媒体称为“土仪器预报出的大地震”，尽管震前得到预测和防范，但还是给人民群众的生命财产造成了较大损失。

这时，所有的设计图都已交付，而整体设计方案从没有考虑过防震的要求。也就是说，这样一个举世瞩目的全国重点工程，竟然是地震无设防的项目！

轻工设计院立即从地震局调集相关资料，与建设施工单位和对口设计院一起，昼夜兼程，修改完善整体设计和单项设计，使项目达到七度设防的要求。

科学设计，科学施工，本是工程项目建设的基本要求，但在“文革”时期却受到严重干扰。

切实完成国家交付的任务，积极争取建设单位和外方的理解和支持，坚决顶住来自“左”倾政治方面的压力，轻工院党委统一思想，确定了应对方针。

冬季施工是世界级难题。为了抢工程进度，指挥部将引进装置的土建施工安排在零下二十多摄氏度的寒冬腊月，外方负责人连连摇头。工程质量是百年大计，蒋士成一方面向外方讲述工期的紧迫性，一方面主动和他们讨论冬季施工的保障条件。

通过几个月双方的交流接触，蒋士成知道，法国人对工作是严谨认真的，尤其是对质量的要求近乎苛刻，引进装置的塔罐设备都有严格的施工标准。只要加强检查，发现问题及时纠正整改，是可以确保质量的。因此，他向法方负责人提出双方每天检查、联合签署质量保证单的建议，得到法国专家们的采纳。

海城地震后，蒋士成住进了工地棉帐篷，法国工程人员也搬到工地活动板房办公，方便了双方现场检查和联络碰头。有时活动板房的暖气不足，但法方人员看到中方同行们住的是冰冷的帐篷时，再也没有发什么牢骚了。

工程进入土建施工后，职工培训被提上了筹建指挥部的工作日程，一批又一批的干部职工从四面八方到指挥部报到。严格来说，职工培训不是轻工设计院的职责，轻工设计院却主动请缨，组织专业培训。负责油头装置工艺的蒋士成以及负责总图设计的王广鎏、负责聚酯装置工艺的徐炽等一批工程技术人员都承担了业务培训任务。

专业培训的层级多，人员素质参差不齐。管理干部和技术人员一部分从全国兄弟企业调集，一部分来自高、中等院校的毕业生分配；操作工人除了省部调配、退伍兵安置外，还接受安置了大量的地方劳动力。

无论是哪个层级，都有一个共同的特点，就是对石油化工知识所知甚少或一无所知。即便是从老的化工企业支援过来的技术人员，对引进装置的结构、原理、工艺流程也极其陌生；大中专院校的毕业生均为工农兵学员，理论基础和专业能力都相对薄弱。几年后，他们将要成为这个现代化工厂技术管理的中坚力量，让他们熟悉装置，掌握技术，同样是工程建设的当务之急！

经过技术会谈、设计联络、工艺设计审查和现场施工对口对接，蒋士成对这套引进的、处于世界技术最前沿的原油加工装置技术有了充分的理解，尤其是对其设备构造、工艺性能做到了烂熟于心。他的讲授最受大家欢迎，他编制的教学资料为各个培训层次所使用，被大家称赞为“深入浅出、通俗易懂的工具书”。

1976 年 10 月，“四人帮”垮台，中央拨乱反正，辽化项目进一步排除干扰，工程建设步入了正常轨道，轻工设计院也顺利地完成了任务。

离别工地，蒋士成感慨万千。这片热土，让他第一次走出国门，让他点亮了对中国石油化纤工业发展的憧憬，让他步入了大项目、大工程设计、施工和管理的平台。他为自己的人生喝彩，为辽化喝彩，为共和国喝彩！

1978 年 10 月，辽化引进主装置联动开车成功，1979 年 1 月，由辽化生产的纤维原料织成的涤棉细布问世。

在“四大化纤”建设的“前奏曲”后，中国拉开了改革开放的帷幕。

中国最大的化纤原料生产基地在扬子江北岸孕育，从此结下了蒋士成结伴一生的“化纤情缘”。

第六章

春风绿了长江岸

“大化纤”落户仪征

仪征，位于江苏省境内、长江北岸。20 世纪 70 年代，仪征还是一个寂寂无名的滨江小县。

仪征县真州镇西，有一个叫作“胥浦”的乡镇，传说是因春秋时期伍子胥在此逃楚投吴、解剑渡江而得名。这里地貌独特，以胥浦河为界，河东连接苏北平原，河西地势起伏不平，为典型的低丘缓坡地貌。几千年来，乡民们日出而作，日落而息，世世代代以务农为生。值得他们骄傲的是，“胥浦农歌”作为“真州八景”被清代仪征的文人墨客隆重地写进了仪征的历史。

谁也没有预料到：1977 年下半年间，一个工作组的到来，竟然改写了胥浦的千年农业史。

他们是轻工业部石油化纤总厂厂址调查组。这批由规划、勘探、天文、水利、总图设计专家组成的工作组，历时三个月，先后调查了河南省的中牟县，山东省的昌邑县、淄博市，江苏省的徐州市、南通市、江宁县和六合县。7 月 9 日和 9 月 29 日，工作组两次来仪征现场踏勘调查，轻工业部第二设计院院长俞鲤庭亲自带队参加了第二次复查。

很快，“三省八地”的厂址综合比较方案提交到轻工业部党组，仪征胥浦因地理位置、工程地质、交通运输、社会经济、给排水条件等因素成为轻工业部向国家计委和国家建委建议的首选方案。一个极为有利的条件是，仪征这个厂址与正在施工建设的、号称“华东地下油龙”的鲁宁输油管线的终端分输站相距只有 0.5 公里，可给石油化纤基地提供充分的原料保障。

可能是经历了1976年唐山大地震，决策者心有余悸，责成轻工业部和江苏省进行地质普查。1977年12月，轻工业部设计二院勘探队进驻现场，联合江苏省地震局进行了地质载荷试验和块体振动试验，确认了地壳断层的稳定性。严冬季节在丘陵地带钻探，机具无法运进去。江苏省协调南京军区，用两辆退役的坦克运送钻机和测试仪器，保证了选址工作的顺利进行。

1978年2月18日，中央政治局批准建设“大化纤”项目。4月，已恢复原建制的纺织工业部的党组书记、部长钱之光向时任中共中央副主席的李先念汇报了在江苏省仪征县胥浦公社建设石油化纤基地的方案，得到了李副主席的批准。同月，国家计委、国家建委将江苏仪征化纤基地项目列为1978年引进成套新技术对外引进项目，并列入国家“五五”期间国民经济和社会发展的重点工程计划。

新项目名称定为“江苏石油化纤总厂”。

以“新跃进、大转折”为特征的国家第五个五年计划跨越了由“文革”至粉碎“四人帮”及拨乱反正的重大历史时刻。由于多种原因，国家《1976~1985年发展国民经济十年规划纲要》拖到1977年12月才下发，因此，“五五”计划被“缩水”至只剩下三年。

把“四人帮”耽误的时间夺回来，把“四人帮”造成的损失补回来！加快建设速度成为人民群众的良好愿望，成为各行各业的共识。

仪征化纤项目就是在这样的宏观背景下诞生的。

根据《规划纲要》，1985年，我国化纤年生产能力要提高到200万吨，其中化工部负责50万吨，纺织部负责150万吨。而当时已形成生产能力的只有30万吨，在建的“四大化纤”全面投产后也只有35万吨。要实现党中央提出的战略目标，任务十分艰巨。李先念副主席多次讲，“解放多年了，我们只是低标准地解决了人民穿衣吃饭问题。”他指示钱之光：化纤要坚决搞到200万吨。

在国家立项的120个重点工程项目中，仪征化纤基地被列为其中的第22项引进国外成套设备的工程项目中，设计抽丝能力为53

万吨，占全国200万吨的四分之一还要多。53万吨化纤相当于1060万担棉花，可纺274万件纱，织布27.4亿米，可供9亿人民每人每年增加9市尺布。这个建设规模不仅在国内是最大的，在亚洲乃至全世界也是最大的。

1977年下半年，蒋士成就参与了项目的前期技术准备工作。钱之光、焦善民、李竹平、王瑞庭等纺织部领导多次与设计院人员座谈。一次在会议结束后，时龄77岁的钱之光部长亲切地拉着蒋士成的手，说："你在实战中锻炼过，要勇于挑大梁哦。"

纺织部设计院再一次被确定为仪征化纤基地的总体设计单位。

从辽化项目撤回的设计人员全部投入到仪化项目。李志方升任设计院副总工程师，蒋士成升任生产技术室副主任。

国家计划配置仪征化纤基地每年250万吨原油，可以生产40万吨化纤。中央领导要求：如果能证明技术经济合理，要力争搞60万吨。纺织部向设计院下达指令：要寻找世界上最优化的工艺技术路线，引进最先进的设备，原油必须吃干榨尽。

参加项目规划讨论的同志们感到了压力，经过辽化项目实战锻炼过的蒋士成对石油化工的工艺流程及其产业链更加熟悉，大家一致地将目光转向蒋士成。

蒋士成理了理思路，说："中央领导的要求虽然很高，但是是有根据的。我从参加辽化项目以来，也一直在思考这个问题。过去，我国是个贫油国，被发达国家欺负。现在不同了，不仅甩了这顶帽子，而且成为世界原油大国。说明我们不是没有油，只是由于技术能力找不到油。今年，我国的原油产量已达到1亿吨，但我们的原油利用的效率确实不高。根源还是在于我们掌握的利用技术不够，远远落后于西方发达国家。老百姓的衣食住行与石油化工息息相关，国家拿出250万吨的原油来解决人民的穿衣问题，并花费巨额外汇引进设备，已经下了血本。我们不能停在老的思路上去参加项目建设，要千方百计地提高资源利用率，一定要从源头抓起，将仪化建成一个有贡献的基地。”

蒋士成的话一语中的。根据当时石油部规划小组研究报告数据，1978 年我国每 1000 美元国民生产总值的耗油量为 0. 31 吨，而日本仅为 0. 17 吨，比中国少 45%。

在建的“四大化纤”，以原油为起始原料的只有上海石油化工总厂，配置量为每年 250 万吨，辽阳、天津用的是石脑油，四川维尼纶厂的原料为天然气。存在着“头重尾轻”的现象，从产品结构、产出效益上来说都是不尽合理的。

讨论达成了共识：要做到吃干榨尽，必须瞄准国际先进水平，在吃透引进装置技术的同时，取此长，补彼短，合成优化工艺路线，制定最合理的产品方案。这个共识得到部领导的赞许和肯定。

经历了“四大化纤”工程建设，特别是承担辽阳和天津两个项目总体设计任务后，纺织设计院虽然积累了一定的经验，但工程尚在建设，仍不能算有成功的业绩。他们对世界石油化工快速发展的先进技术接触不多，了解不深，绝大多数设计人员从没有跨出过国门。国内科研院所掌握的信息寥若晨星，不是残缺就是滞后。

困难难不倒勇士，也困不住智者。设计院上下立即动员起来，马不停蹄，分工协作。他们仔细研读“四大化纤”对外交流、技术谈判的所有资料，查找世界著名石油化工生产企业及技术供应商名录，甚至在纺织部领导的协调下，由中国技术进出口公司出面邀请，组织了几轮与外商的技术交流活动。

蒋士成获知北京燕山石化联合公司(以下简称燕化)正与外商进行聚酯装置引进技术谈判的消息后，立即前往学习。燕化位于北京房山县，1973 年，以 60 年代兴建的东方红炼油厂为依托，兴建了 30 万吨乙烯工程，1976 年建成投产。乙烯装置采用的是美国专利技术，设备由日本制造。目前正在筹建的是年产万吨聚酯的长征化工厂，引进的是联邦德国吉玛公司最新的聚酯工艺生产技术。这种不同国家、不同路径，甚至是不同年代的装置组合，给予蒋士成很大的启发。

综合多方面的资料和信息，设计院做出了3个初步方案。

有一个消息让蒋士成喜出望外：受纺织部指派，他将参加中国化纤技术考察团出国考察。他们这几个月废寝忘食搜寻的行业技术动态以及企业信息为制定考察计划提供了具体的方案图。

改革开放的“侦察兵”

中国石油化纤技术考察团由国家计委、国家建委、纺织工业部、外贸部、上海石油化工总厂、江苏仪征化纤基地等单位共20人组成。时任国家计委副主任的顾秀莲为顾问，纺织部副部长王瑞庭为团长，设计院院长俞鲤庭和仪化基地筹建负责人江坚为副团长，纺织部设计院蒋士成等4人参加。

1978年前后掀起的出国考察潮，给中国的改革开放决策以巨大的推力。在国家高层领导的鼓励下，中央和地方各级政府向西方国家派出了各种名义的考察团，使他们身临其境地观察资本主义和现代化的发展情况。这些团组带回的信息，让国人认识到中国和世界发达国家在经济建设方面的差距，增强了加快改革、发展经济的紧迫感。国外媒体用“火力侦察”来形容中国政府接踵而至的考察团队。

出国考察前一个月，全国科学大会在北京召开。邓小平“四个现代化的关键是科学技术的现代化”“科学技术是生产力”“知识分子是工人阶级的组成部分”的论断掷地有声，蒋士成和广大科技工作者一样，受到了极大鼓舞。

考察团出发时配发了崭新的西装。团组中除了极少数人有过在国外留学、工作的背景外，绝大多数人都是第一次扎领带、穿西装，顿觉容光焕发。

这次考察是针对仪征化纤基地和上海石油化工总厂（以下简称上海石化）二期工程的建设规划和技术设备引进方案进行的调研。为了全面、深入了解世界化工化纤工业发展状况和装置技术水平，考察团做了详细的行程安排和人员分工。对引进项目有关联的重要装置和重点企业留足了时间。名义是对联邦德国、美国、英国、日本的四国考察，欧洲考察阶段，蒋士成和设计院的同行们却放弃了对英国考察的机会，增加了在联邦德国考察的内容。

1978 年 5 月，中国石油化纤技术考察团和美国友人合影
（前排右六为顾秀莲，右二为王瑞庭，右七为俞鲤庭；
2 排右七为江坚，右四为蒋士成）

从 4 月 20 日起，到 6 月 20 日止，短短两个月的时间内，蒋士成一行共参观了 38 个生产厂，2 个设计单位，4 个研究中心。按国家划分，联邦德国 7 个，美国 21 个，日本 16 个；按类型划分，炼油厂 13 个，化工厂 14 个，化纤厂 10 个，化纤机械厂 1 个。[1]

[1]《出国考察报告》. 1978. 仪征：仪征化纤公司藏档 .

学习国外大型化工化纤基地总体规划的先进经验是纺织部设计院的主要任务。他们从厂址特征、工厂组合、管理体制和生产定员、总图布置、系统管线、仓储运输、“三废”治理、设备维修、原辅材料及公用工程单耗、建设周期等10个方面考察分析各个不同企业的特点，探索其共同的设计规律。先进的规划设计理念给他们带来了许多有益的启发。

围绕充分利用原油、力争最大产出的原则，选择先进合理的工艺技术路线是考察团的另一个关键任务，也是分配给蒋士成牵头完成的主要职责。考察团着重参观了各个企业的加氢裂解、催化重整、对二甲苯、聚酯、尼龙66、腈纶、丙纶等装置。蒋士成知道，加氢裂化是关系到能不能把原油吃干榨尽、多得纤维原料的一项重要技术。加氢裂化装置的技术水平不仅决定石脑油的得油率，还决定芳烃装置的负荷能力。蒋士成在考察期间共参观了8个加氢裂化装置，这些装置分别采用美国环球联合油品公司和雪弗龙公司的技术。这两家公司的技术都成熟可靠，为当时国际先进水平。经过实地考察以及与这两家公司主要技术负责人交流讨论，蒋士成认为，环球联合油品公司的装置，由于工艺流程短，催化剂再生周期长，更适合我们的要求。

为了节省时间，尽可能地多参观、多交流，考察团白天工作，晚上整理资料和内部讨论，将赶路的行程安排在礼拜天。这样，考察结束时，仪征化纤基地的技术引进方案和规划思路已基本形成。

这次考察，蒋士成觉得眼界大开，见识大增。

考察团所到之处，都受到当地人的热烈欢迎。考察团在法兰克福参观访问时，受到正在那里视察的联邦德国总统谢尔的亲切会见；美国雪弗龙公司所在的杰克逊县的县长卡雅参加了厂方为考察团举办的宴会，当场宣布杰克逊县同中华人民共和国关系正常化，并向考察团提交了一份该县决议书；在日本参观工厂时，所到之处都悬挂大幅标语，人们列队迎送。

蒋士成发现，这些工厂的同行们没有他原先想象中的傲慢和警惕，除了个别专利外，对考察团的参观和询问，都表现出诚挚和开放的态度。对发展和我国的经济贸易关系，要求都很迫切，表示无论是卖产品、设备，还是卖技术、专利，都可以商谈。蒋士成心想，这种现象表明了世界经济正面临萧条，资本家厂商不得不为生产寻求出路，同时，与我国开放国门、声誉日益提升的国际形象也是分不开的。

另外，一些老厂的技术改造引起了蒋士成的关注。比如美国标准油品公司的雷奇蒙炼油厂，已有70多年的历史，经过改造，达到了技术领先水平。淘汰旧设备、改造老装置，尤其是设备自动化的提升、电子计算机技术的广泛应用，给蒋士成留下了极为深刻的印象。

两个月的考察获得圆满成功。参加这次活动并担任考察团顾问的顾秀莲说，这次考察工作紧张、高效、节俭，是改革开放初期对西方发达国家的全面侦察，为建设仪征化纤特大型基地奠定了基础。她还回忆起当前的一件往事：我们从日本回国时，由于当时国家很困难，出国津贴费用很少，分头消费几乎买不到什么东西。代表团的同志们看我是女同志，就商量将大家的津贴费用指标集中起来留给我买了个12英寸红色的日产黑白电视机。每当打开它，我就会想起仪征化纤。

项目分建的思考

1978年7月，纺织工业部党组的《考察四国化纤工业和我国建设两个化纤项目的报告》呈送到中央领导的案头上；同月，江苏省委成立了江苏石油化纤总厂筹建领导小组和筹建指挥部；10月，国家计划委员会下文正式批准了仪征项目。9月初，蒋士成参加了由中国技术进出口公司和纺织工业部牵头组织的仪征项目和上海石化二期项目的外商技术引进会谈，担任油头部分的主谈。

会谈在上海石化金山宾馆举行，为了节省时间，争取谈判主动权，两个项目合并谈判，内部以 A 项目、B 项目进行区分。纺织工业部副部长王瑞庭、化纤局副局长季国标、设计院院长俞鲤庭坐镇现场。李志方、徐炽、邱明汉、张振国等设计院工程技术专家分别参加其他装置的会谈。

几乎所有的世界石油化纤专利商、生产商、设备制造商都把目光聚焦到位于杭州湾畔、东海之滨的这座花园式酒店。

接待能力有限的宾馆住满了会谈代表，条件好一点的客房全部留给了来自欧美日各地区和国家的外商。部分没有收到中国政府邀请函的外商也闻讯赶来，了解谈判资讯的电话昼夜不断，酒店里的传真机不停运转。资本家们都热切期待着能在这场盛宴中分到一杯羹。

据当时内部编发的《谈判日报》记录，日本钟纺公司谈判团不仅携带了大量的技术资料，还带来了御冬的棉衣，摆下了打“持久战”的态势。

技术会谈紧张而顺利。在反复了解、比较各家特点专长后，仪征化纤基地的技术和设备引进基本敲定，为了充分利用原油，大胆地将通常以石脑油等轻质油为主的原料路线，首次改为以常压柴油、减压柴油、渣油等重质油为主的原料路线，采用加氢裂化、延迟焦化等二次加工工艺，从而加大了芳烃的产量，250 万吨原油可以生产合成纤维 60 万吨，大幅度提高了原油利用率。对国内无能力制造、确需引进的 15 套装置也经过设备选型和询报价，准备与外方签订技术引进意向书。

紧绷了近两个月的神经还没有来得及半点放松，北京传来的一个消息让参加谈判的所有人目瞪口呆。

11 月 4 日是星期六。下午，王瑞庭副部长正召集谈判人员开会，突然接到纺织工业部谢红胜副部长的一个电话。蒋士成发现王部长的神色突然凝重起来。挂下电话，王副部长只匆匆地说了声“所有工作暂停，听候通知”后就急赶回京了。大家一头雾水。

项目出问题了？蒋士成的心一下子提到了嗓子眼上。

傍晚的杭州湾，风平浪静，而蒋士成的心情却久久不能平静。

大家不约而同地在海边信步，从谈判开始，许多同志还没有跨出过宾馆的大门。又似乎是刻意，没有人提起白天的敏感话题，但所有人都不禁为项目的前途捏了一把汗。

两天后，谈判组接到王副部长的电话通知：中央决定调整仪征化纤基地的建设方案，油头部分改由南化公司建设，相关谈判资料准备移交，聚酯项目的谈判继续进行。

对刚刚孕育成型的新项目来说，这个调整可谓是伤筋动骨。而对纺织设计院来说，则意味着全院上下一年多的辛劳将付之东流。

南化公司全称为南京化学工业公司，始建于1934年，是中国最早的化工基地之一，相距仪征40余公里。

中央如此做出决定，有其客观的原因，也有深层次的体制因素。

就在国家计委批准仪征化纤基地项目不久，化工部向江苏省领导人提出，如果将仪征化纤基地项目的原料部分依托南京化学工业公司建设，可以节省200万吨油，节约11亿人民币基建投资。江苏省随即报告给正在江苏省视察工作的李先念副主席。10月30日上午，国务院余秋里和康世恩两位副总理召集国家计委、化工部、纺织工业部负责人开会，对化工、化纤工业基建项目重新做了分工。

体制是一道难以逾越的坎！蒋士成从参加维尼纶国产化攻关就有了深切的体会。十年前，通过技贸合作从日本引进的万吨维尼纶项目，原本是日本一个工厂的两个装置。但由于化工部和纺织工业部的分工，被分割成北京有机化工厂和北京维尼纶厂，两个厂相隔60公里，造成了物料运输的诸多不便。之后，全国9套仿造的维尼纶工厂虽然在一地规划，但都基本沿袭了两部分别管理的体制。

条块分割是中国计划经济时代明显的产业特色。企业是政府部门的附属物，不是市场的主体。这种“部门墙”的体制藩篱经过后来若干年的深化改革，才逐渐被打破。

化工部负责项目交接的是第七设计院（以下简称七院），即南化设计院。不少设计人员在专业调整前在一院或四院工作过，与蒋士成共过事，不免惺惺相惜：老蒋，你们送给我们的可是个“金娃娃”哩。

王瑞庭副部长长期从事纺织基建管理工作，十分理解此时部下们的复杂心情，也很擅于做思想工作。他说，我们两个单位各展所长，这个项目只会干得更快更好。

七院组织对蒋士成移交的技术方案和谈判资料做了认真审查，认为科学合理。化工部随即决定，不做任何更改，直接启动商务谈判程序。蒋士成由衷地感到一丝欣慰。

交接中，化工部提出“人跟业务走”的要求，被王副部长婉言谢绝。明确蒋士成为仪征化纤总体设计中工艺部分的牵头负责人。

项目分建既成事实，但由此引发的争议却屡屡不断。

一封人民来信引起李先念副主席的关注。来信反映了分建不仅违背了仪征项目选址的初衷，也不利于今后两个厂之间的生产协调。从李副主席批示的语气可以看出他当时复杂的心情❶：

> 这些同志来信所提问题，我看很好，化工部应当注意，不是一般的注意，而是要特别的注意，不是一年、两年注意，而是百年千年注意。建了化纤厂不供应单体，有什么意思，还不如不建，难怪这些同志有那么多担心，这是历史的经验。他们的担心是有道理的，应当同情。光同情不够，还要有具体措施，建议两部和两部的有关企业，都要签订合同，按质、按量、按时供应，否则就要负担经济责任。

1985 年 12 月，已任国家主席的李先念视察了两个企业，留下“大雾共长江一色，扬子与仪征齐飞”的题词，可谓是意味深远，语重心长。

❶全国百家大中型企业调查：仪征化纤[M]. 北京：当代中国出版社，1994：5-6.

分建的质疑声不仅来自“人民群众”，一些国家部委的同志也提出不同意见。

1980年6月，国家建委在南京召开南化公司乙烯项目和仪征化纤工程专家论证会，历时12天。国家计委咨询组副组长林华、国家科委副局长杨浚联名向会议提出书面建议，认为即便在现行部门分工负责的经济体制下，两项工程也应靠拢建设。他们还做了详细估算，认为这样可以节约投资4.5亿至5.2亿元，省地1000公顷。中国社会科学院研究员、工业经济研究所副所长薛保鼎则力挺两位专家的建议，希望将论证会开成一个“亡羊补牢”的会议。

蒋士成知道，三位专家都有过在化工部工作的经历，也是化工系统有名的技术管理权威。尤其是杨浚，作为我国维尼纶工业的开拓者，自己很熟悉的领导，能够反思体制，敢于直言，令他肃然起敬。

让蒋士成感到兴奋的是，原化工部有机化工设计院副院长、时任化工部科技局副局长兼总工程师的陈冠荣也应邀参加了论证会。

阔别多年，陈冠荣看到蒋士成的事业发展，非常高兴。他给蒋士成讲述了他亲历的一个故事：1958年他随团参观瑞士的一家涤纶抽丝厂，得知日本已经买了这家的技术。4年后有机会去日本时，他特意到当年从瑞士引进技术的那家工厂参观，而日本人告诉他，他们将引进的技术消化吸收后已出口到瑞士了。

接着，他又说：“都说南化抱了个‘金娃娃’，我并不这样看，充其量只是一个‘洋娃娃’而已。”

蒋士成领会到陈冠荣话中的含义：如果没有消化吸收，再先进的引进装置也无济于事。

这次专家论证会虽然未能做到亡羊补牢，但为大型项目的决策和行业体制的改革发出了先声。1981年上半年，一篇《组织联合可以大幅度提高经济效益》的调查报告，抨击了因体制分割、国家部门分属的石油化工企业各自为政、资源不能共享、原料不能互供的弊病。1983 年中央决定成立中国石化总公司，尚在建设中的南化乙烯工程更名为扬子乙烯，纳入总公司旗下。

历史常常富有戏剧性。到了 20 世纪 90 年代末，南化公司以其精湛的机械加工力量，在蒋士成牵头组织的聚酯国产化攻关团队里发挥了重要作用，聚酯国产化成功之后，南化公司聚酯机械制造订单不断，这才抱起真正的“金娃娃”。

“歌剧 2 号”上演仪征

蒋士成退出油头装置谈判后，聚酯装置的技术会谈也已接近尾声。应邀参加技术谈判的有联邦德国的吉玛、伍德和日本的东丽、东洋纺织四家公司，负责主谈的是蒋士成的老搭档徐炽。掌握各种设备的性能特点、保证不同装置之间的工艺衔接、落实技术的先进性和可靠性及其同现场条件的适应性是蒋士成新的职责。

围绕走精对苯二甲酸的原料路线，谈判组与四家外商进行了 15 轮技术交流。徐炽是一个很专业又很严谨的技术专家，曾担任辽化聚酯项目的主谈，积累了丰富的谈判经验。每次谈判他都要反复研判会谈中可能出现的问题，列出谈判提纲，着重确定谈判需要解决的问题。经过对几家外商的工艺技术装置的比较分析，最终，徐炽建议选择联邦德国的吉玛公司为承包商。

部分同志感到不解，主要是因为吉玛公司是一个单纯的工程设计公司，在世界各地大容量装置的成功案例少，其最大设计容量的装置是尚在建设中的燕山石化长征化工厂，日产仅 120 吨。而日本东洋纺织公司不仅有同样的技术，还有自己的生产线，所有的岩国化工厂日产140吨的装置已经建成。而且设备的安装调试、生产技术管理和质量保证上都明显强于吉玛公司。

还有人认为，吉玛公司的报价比同是联邦德国的伍德公司低了许多，伍德公司为价格问题多次叫嚷着退出谈判，吉玛公司不排除有恶意竞争的嫌疑。

在西欧考察时，蒋士成参观过吉玛公司的研发中心和实验装置，对其在燕山石化长征化工厂的聚酯项目又有详细的了解，从内心里对吉玛公司多年来专注聚酯技术的精神感到敬佩。同时，对徐炽开放性的技术思维、缜密的逻辑判断表示肯定和支持。

蒋士成认为，吉玛公司的优势在于对聚酯技术的孜孜追求，与既卖技术又卖产品的企业相比，不会因为考虑以后的产品价格竞争对中方刻意保留技术，可以给予我们最大的技术支持。吉玛公司的报价，固然与他们希望得到项目有关，但他们充分利用技术的先进性降低成本，在设计上抓住主要矛盾，尽力优化流程、简化设备结构，是有目共睹的。

至于缺乏大容量聚酯装置设计的成功案例问题，蒋士成则认为，仪征化纤基地设计聚酯年生产能力为53万吨，按拟建8条生产线计算，每条线的日产量要达到200吨。这个规模在全球堪称第一，任何一家工程设计公司目前都没有成功的先例。吉玛公司的直接酯化连续聚合的工艺路线是当前世界上最先进的技术，70年代在美国、巴西、民主德国都有成熟的应用，虽然都是不到100吨日产量的生产线，但从技术角度来看，是完全可以放大容量的。

中国技术进出口公司和纺织工业部采纳了设计院的建议，在最后的商务谈判中，吉玛公司以近半价差的压倒性优势一举获胜，成交价1.1亿美元。

1978年12月25日，江苏石油化纤总厂与联邦德国吉玛公司在北京饭店签订了聚酯成套设备和技术引进合同。中方用传统的京剧招待吉玛客人，酷爱音乐的吉玛公司董事长盖斯勒先生对京腔京调大为赞叹，认为京剧是“东方大地上神奇的歌剧”，欣然将吉玛公司在华的两个工程项目分别命名为“歌剧 1 号”和“歌剧 2 号”。

1979 年 3 月至 4 月，蒋士成在南京参加与吉玛公司项目执行经理玛萨等 9 名代表举行的聚酯装置设计条件会谈。

如果说项目前期调研、出国考察、技术谈判让蒋士成丰富了石油化纤生产链的知识、开拓了技术发展视野的话，那么，这次设计条件会谈和接下来的设计联络为蒋士成全面掌握聚酯生产工艺和设计原理奠定了坚实的基础。

中方成立了会谈领导小组，李志方、蒋士成为领导小组成员，设计院分为工艺、设备、自控、电气、结构、建筑、水道、公用工程等 8 个专业对口小组展开会谈。会谈历时 23 天。

事实证明了设计院的判断是正确的。吉玛公司没有因为低价中标而刻意保留技术，更没有忽视装置的质量。在双方的技术合同条款上，吉玛公司做了特别的承诺：

一是在合同工厂投产 10 年期限内，装置如发生技术问题，吉玛公司有责任派人协助解决，并有义务将专利的技术改进告知买方；二是对分解到国内制造的重要设备，吉玛公司提供相应的设计图纸、技术规范，并派人到现场指导和验收；三是吉玛公司帮助合同工厂培训技术人员，并提供相应的技术资料；四是在最终设计阶段，吉玛公司为合同工厂提供的文件资料，要包括设备主要计算书和大部分图纸。

由于对口组的准备工作充分又细致，设计条件会谈进行得非常顺利。各组分门别类地列出会谈提纲，吉玛公司人员也做到了有求必应，会谈始终充满坦诚、友好的气氛。通过条件会谈，蒋士成对聚酯工艺技术、设备构造、设计原理有了更为全面的认识，沟通过程中，德国专家的工程设计理念和技术诀窍给了他很多启发。

两个月后，蒋士成随聚酯合同设计联络组赴联邦德国进行设计联络。这次活动为期 50 天，联络组共听取了吉玛公司 45 次初步设计情况介绍，进行了 33 次关于设计文本和图纸的座谈和讨论，参观了 2 个技术中心、4 个化纤厂、17 个设备制造厂，还收集了大量的技术资料，为初步设计审查奠定了基础。[1]

蒋士成知道，设计联络工作是初步设计审查前的重要环节，如果把所有的问题都放到初步设计审查时去交涉争锋，就会陷入被动。只有尽可能地将问题解决在外方初步设计文本提交之前，才能掌握主动权。因此，在听取吉玛公司设计情况介绍后，蒋士成和设计院 6 名设计人员放弃了赴美国蒙丘聚酯工厂约三周的参观行程，留下来深入了解情况。

设计院在编制设计联络提纲时，共列出近 300 个问题，经过交流讨论，压缩到 108 条，最终蒋士成决定将其中 28 条作为必须弄清的重点问题，与外方展开座谈和讨论。其中包括：关键生产设备放大试验的情况和结果，设备放大的理论依据和试验结果的可靠性；酯化设备材质试验数据和实际使用情况报告；聚酯熔体在不同温度状况下的试验结果，以及已建生产装置熔体温度的实际测定数据及其对产品的影响；熔体配管的设计技术，静态混合器和分配阀的技术数据；生产工艺各个部位设计数据和实际运行数据、试验数据的对比分析，等等。

减少了走马观花式的参观和泛泛而谈的介绍，中外双方围绕重点要解决的问题，工作效率得到提高。蒋士成的学识和认真细致的工作态度让外方同行感到敬佩。部分关键装置和重要资料除了要求我方注意保密外，没有任何限制。两年前燕山石化长征化工厂参观

[1]《设计联络汇报》. 1979. 仪征：仪征化纤公司藏档 .

的装置当时只允许团长一人进入，这次中国同行们畅通无阻。吉玛项目经理玛莎对中方领队说：“我们已是一家人了。”

蒋士成感到此行的最大收获是对吉玛公司全面深入的了解。一个成立不到30年、仅有500名职员的工程设计公司竟然有如此领先国际的技术开发能力，有如此科学完备的组织管理体系。他深信：工程的灵魂在于设计，设计的生命在于技术。

1979年12月，仪征化纤引进聚酯装置初步设计顺利通过了审查。以现代化为主题，混合着东方和西洋旋律的“歌剧2号”在仪征这片古老的土地上拉开了帷幕。

把停缓建当成机遇

用“千军万马”来形容20世纪70年代末的仪征化纤(以下简称仪化)建设大军非常确切。从全国调集的施工队伍陆续进驻仪化工地，其中包括17家设计单位，13个施工队伍，100多家国内配套设备制造厂，工程高峰时参建人员达到二万五千人。

第二机械工业部27公司、纺织工业部安装公司作为建筑安装主力从祖国的中南、西南、西北地区汇集到仪化工地，安营扎寨；纺织工业部、江苏省调兵遣将，充实筹建指挥部班子人员；纺织工业部设计院成立第五设计室，专门负责仪化项目的统筹设计，蒋士成调任五室主任；仪征人民以当年支持大军渡江的姿态支持仪化基地建设，征地拆迁、三通一平，建设工地日新月异，热气腾腾。

在施工现场，大小型施工机械组成最活跃最雄健的方阵，昼夜不停地驰骋在方圆十公里的土地上，推开自古以来盘踞在这里的封闭和落后，推出光明和美好的未来。蒋士成随筹建指挥部从南京搬往仪征县招待所，旋即又搬至现场工地简陋的办公房。

1980 年 4 月，江苏省委正式组建了江苏石油化纤总厂筹建指挥部班子，任命季国标为副总指挥兼总工程师，蒋士成为副总工程师。由此，蒋士成不仅是设计院驻场代表，还作为季国标的副手，成为项目建设技术管理方面的负责人。

如果说在辽化工地最难挨的是冬月刺骨的寒风，那么在仪化工地最难耐的就是夏日的酷暑了。筹建指挥部是 1980 年 8 月迁到工地办公的，正是骄阳如火、暑气逼人的季节。说是办公房，其实是办公与生活为一体的，房间一般为十几平方米，单人床前加办公桌是标配。上至北京来的部长，下到机关的普通职工，都搬进二十多幢红砖为墙、黄瓦加油毡为顶的临建房内。房屋不保温，室内没有空调，没有电扇，高温季节屋内如同蒸笼。尤其可嫌的是蚊虫叮咬，不分日夜。一位老指挥不无幽默地打趣：胥浦的蚊虫比我们还敬业，二十四小时不下班哩。

指挥部里，不管级别高低，不管年长年少，大家在同一食堂吃饭，同一浴室洗澡。新来的行政处长为了解决老指挥去食堂打开水不便的问题，买了一个电水壶，却招来一顿严厉的批评。

大化纤，不能大花钱！大家知道，在百废待兴的年代，国家建设资金十分紧张，尤其是外汇储备严重不足，创汇能力有限，必须精打细算，厉行节约，用好每一分钱！

然而谁也不会想到，资金确实成了项目建设的大问题。这几年的各行各业的新项目发展引发了严重的“投资饥渴症”。国家基础建设战线拉长，财政赤字急剧加大，投资概算入不敷出。中央提出以调整为中心的“八字”方针，对 22 个成套引进项目踩下“急刹车”。

1980年11月27日，国家计委、国家建委、国务院清理在建项目办公室、财政部、中国人民银行联合发出通知，决定仪征化纤项目停缓建设。

这不啻是一声晴天霹雳，让仪化的建设者们手足无措。消息传来时，蒋士成刚主持完第一次设计会议。当时，单项初步设计均已完成，所有设计人员已全面投入施工设计中。三批国外设备检验工作亦已结束，第一批引进设备按原订的合同将于翌年三月到货。怎么办？停缓建影响了引进设备的质保期，又怎么办？

蒋士成还担心正在洽谈的涤纶短纤维项目。短纤维装置在项目立项时原计划为国内制造，在消化吉玛公司聚酯装置技术过程中，设计院技术人员认为国产装置不能满足大容量聚酯连续化生产的工艺要求，建议采用日本技术和设备，装置引进谈判正在进行，怎么办？

指挥部面临的情况更为复杂：征用土地已经完成“三通一平”，难以还耕于农，成千上万的施工队伍如何安置，怎么办？

上马难，下马也难，处理问题，下马比上马更难。项目是停是缓、缓长缓短都不明朗，但执行中央决定是大局！在指挥部研究停缓建善后的会上，蒋士成提出技术方面的建议：一是加强进口设备接保检工作，确保设备安全无损；二是协调和督促外方供货商切实履行合同质量保证以及在安装调试期间的服务承诺；三是着手培训各层次技术队伍，努力消化外来技术。他说，“停缓建也许是休养生息的好机会，我们要变被动为主动，将坏事变为好事，把停缓建的困难当成夯实技术基础的机遇，尽可能减少因停缓建造成的损失。”他还建议继续与日本进行短纤维装置的技术交流，从装置的先进性出发，对国产化进行充分论证。

仪化上报的停缓建方案积极稳妥，不仅减少了因停缓建设造成的重大经济损失，而且有利于现场队伍的稳定。比如，方案提出停掉生产主车间的建设，用建造临时设备堆场的费用先建成品仓库，用于进口设备的安全存放；开展全员培训，学习专业知识；将对外合同规定的工厂实习时间提前，分批安排技术骨干和计划分配的大中专毕业生赴外国合同工厂见习，避免了合同违约纠纷，也不增加额外支出。钱之光老部长看到方案后，非常高兴地说："这可是一个立足于缩短缓建期、死里求生的方案。"

国家计委、建委等部门认为方案务实可行，在权衡停建和缓建之间的利弊后，正式明确仪征化纤项目在缓建序列。

失去了往日喧闹的工地顿时显得安静、平和，而人们的紧张忙碌没有停止，各项工作依然在有条不紊地推进。

指挥部将原来的总工程师室，生产准备处，外联室的合同、翻译业务处合并成立技术处，分管技术资料整理、翻译管理、国外合同管理、设计管理、编写技术教材等工作。吉玛公司提供的、约有5吨多重的各种技术规范、操作手册以及各种设计文件正在组织编译；按照中等专业学校教材编写要求，符合仪化装置操作的技术培训教材正在抓紧编写；一批批技术骨干去国内外企业进行对口专业实习；多层次、多形式、多专业的培训丰富多彩。

进口设备的接运、保管、检验工作是工程缓建阶段的主要任务。缓建期间，吉玛公司提供给三个分厂的聚酯设备，净重22000吨，分9批运达仪化现场，新建的成品车间根据设备的不同要求，分别提供恒温、恒湿、通风、通电条件，确保设备存放完好。并与吉玛公司友好协商，适当推迟了设备开箱检验期。

另外，在与日本东洋纺织公司等的技术交流基础上，针对聚酯与抽丝两个装置的配套衔接和国产化要求，指挥部组织相关技术力量充分进行技术攻关和方案论证，对国内配套工程项目方案也进一步做了完善优化。

作为常驻现场的副总工程师，蒋士成穿梭于这几项工作之间，或牵头组织，或配合协调，或出谋划策。纺织部领导说，停缓建期间，有蒋士成现场坐镇，仪化的技术队伍得到稳定，不仅没有造成人才流失，反而为消化吸收外来技术积蓄了力量。

厉兵秣马，蓄势待发，蒋士成没有消极的等待。因为，他坚信法国科学家法布尔的一句名言：机遇永远都是只留给有准备的人们。

枯木逢春

经调整，国家22个引进项目共压缩投资226亿元，其中外汇40亿美元。有6个项目按原定计划建设，11个项目推迟建设进度或压缩投资规模，1个项目停建，4个项目缓建。也就是说，未来的几年，国家有限的基建投资对确定的缓建项目只能拨付极少的维持费用，仪化项目的复建将会遥遥无期！

缓建，只是死中存活，复建，才能活中求生。

仪化项目的停缓建让建设者焦急，也让决策者牵挂。引进的装置躺在仓库不能发挥效益，国家还不得不按合同进度支付设备款，同时，还不得不再拿出大量外汇进口化纤。纺织业历来是我国的创汇大户，但全系统挣来的外汇对仪征项目来说也不过是杯水车薪。

国务院副总理王震在一次听取仪化筹建负责人的汇报后，焦急得用拐杖不停敲打地面，随手在一张便签上写道：我赞成用一切办法将项目搞上去。

唯一的办法就是自筹资金。但庞大的建设资金如何筹集？尤其是天文数字的外国资金。

北京王府井繁华商业区里一个刚成立不久的公司引起纺织工业部领导的关注，这家名为“中国国际信托投资公司”(以下简称中信公司)的企业是国务院直属单位，承办海外融资业务，注册资本只有2亿元。公司成立之初，连一间自己的办公室也没有，三四十人挤在北京和平宾馆的12间客房里办公。尽管规模不大，但设立公司的意义非凡。这是在党的十一届三中全会之后，在中央领导的直接关心下设立的第一个对外改革开放的窗口。邓小平亲自点将请荣毅仁出山，组建中信公司，旨在利用荣毅仁的能力、威望以及荣氏家族在海内外的影响力，内引外联，为对外开放闯出一条新路来。荣毅仁担任首届董事长和总经理。公司章程明确提出要“按经济规律办事，从国外吸收资金，引进先进技术，为四个现代化服务”。

“文革”前，荣毅仁曾任纺织工业部副部长，对我国纺织原料的紧缺状况十分了解，当纺织工业部领导向他提出利用外资挽救摇晃不定的仪化项目时，他当即一口应允。

一方是等米下锅，一方是亟待发展，双方一拍即合。一个大胆的、充满探索创新的复建方案就此形成：一次规划，分期建设，借贷建厂，负债经营。双方共同组建联合公司，共同承担债务风险。

国务院很快就批准了这个方案，将国家先期3亿元投资划拨为中信公司和纺织工业部的资本金，注入新组建的仪征化纤工业联合公司。同时，确定仪化项目为“以产顶进”项目，给予税前还贷优惠政策。

1981年12月28日，仪征化纤工业联合公司在北京宣告成立，翌年2月，中信公司成功在日本发行了100亿日元的私募债券，八成以上投入仪化项目建设。

这是新中国破天荒第一次对外借贷，不仅让仪化这个切乎关系国计民生的大型项目起死回生，而且开辟了中国企业利用外资、举债建设的先河。这种崭新的投资方式，一时为经济理论界、金融界和新闻界津津乐道，被称之为“借鸡下蛋”的“仪征模式”。

国内的融资由纺织工业部协调，在江苏、浙江两个纺织大省各借1亿元，借工商银行2.9亿元。这样，仪化一期工程10亿元建设资金筹措到位。仪化公司成为22个成套设备引进项目中第一个走出缓建期的单位。

首届董事会期间，蒋士成和现场班子一起，受到荣毅仁的亲切接见。荣毅仁气宇轩昂的身姿、温和儒雅的谈吐、茹古涵今的学识让蒋士成肃然起敬。

荣毅仁的讲话缓慢而有力，带有浓郁的江南语音。这位饱经政治风浪的老人，在雍容儒雅的外表中透着坚定刚毅。他说，我们没有向国家伸手要东西，只要到政策，所以是吃“偏饭”来生存的。和资本主义国家做生意，就必须遵守国际惯例，我们仍会遇到困难，特别是体制障碍。我是“调和派”，碰到险滩，总是想办法绕着走。这句充满诙谐又带着自谦的话，给蒋士成很大启发。

呕心沥血绘蓝图

复建在即。但由于建设方案的变化，已经完成的单项设计面临调整，总体设计的编制时间紧，任务重。总体设计是工程建设的龙头大纲，需要对国内外18家设计单位的单项内容进行汇总修正，编制说明，形成完整、统一的规划文件。由纺织工业部设计院牵头，蒋士成、赵渊禄、王广鎏分别负责工艺、规划、总图的组织编制。

总体设计的主体是工艺技术，其核心技术是工艺包数据，属于吉玛公司的技术秘密。聚酯装置的工艺包设计和基础设计均由吉玛公司完成。蒋士成参加了全过程审查，对其工艺原理和关键技术有了直观理性认识。编制总体设计，必须统筹装置之间的工艺衔接，这为蒋士成深入与外商的交流、提高技术消化吸收能力提供了有利条件。

涤纶短纤维装置是引进还是国产化一直是有争论的话题。纺织工业部在上海石化引进日本技术设备后提出国产化仿造计划并组织实施，但运行不够稳定。吉玛公司聚酯工艺的熔体温度高、凝聚粒子多，对下道纺丝生产线的条件要求比较苛刻。经技术人员分析，国产化装置的技术水平与吉玛公司聚酯装置的配套衔接存在极大风险，为此，停缓建期间与日本几家企业进行了充分的技术交流，几经论证仍举棋不定。一部分人坚持要自力更生，以节省建设投资；一部分人主张引进，以保持装置的连续化和可靠性。蒋士成曾参加过聚乙烯醇和维尼纶纤维生产装置的翻版设计，对其中的经验和教训刻骨铭心，特别是对参与机械设备制造攻关的专家们始终充满敬意。但客观现实告诉他，按照目前的水平，如果选择国产化设备，不仅技术上不能保证，还会严重影响一期工程的建设周期。通过与外商的深入交流，大家认为日本东洋纺织公司纺丝生产线采用低压、低阻尼、开放式环吹、骤冷系统的先进技术工艺流程，能耗低，产品质量高，能够满足吉玛公司聚酯工艺的条件。

为了确保装置早日建成投产，同时推进装置技术国产化，蒋士成等人主张采取引进和国产化相结合的办法，得到了大家的认同。1982年4月，公司和日本东洋纺织公司、住友商事达成了纺丝设备与工艺技术的引进协议。16条纺丝生产线中，仅引进两条生产线的关键设备和技术软件，其余14条生产线和辅助机械设备均为国内制造配套。

自动化过程控制是吉玛公司聚酯生产工艺的又一个亮点。聚酯产品质量的关键是黏度控制，吉玛公司采用美国Honeywell公司开发的TDC—2000计算机系统进行集中分散控制，该系统具有集中操纵、显示报警、人机对话、自动反馈、自动适应控制的功能，提升了产品质量和管理自动化水平。蒋士成认识到这是我国工业化发展的方向。

此外，蒋士成充分考虑引进装置的安全环保规范要求，对公用工程的消防、绿化、工业卫生、“三废”治理进行配套设计。

总体设计倾注了蒋士成的心血，也展示了蒋士成一班人崭新的设计理念。他们汲取国外生产企业建设的经验，充分考虑中国国情，反复征求建设单位的意见，本着“配置先进科学、工序衔接通畅、布局集约合理”的设计原则，立足公司长期利益，积极采用先进合理的技术经济指标和成熟的新技术，把资金用在刀刃上，为我国现代化特大型企业的建设添上浓墨重彩的一笔。

难能可贵的是，仪化工程的总体规划体现了“人本主义”理念。蒋士成认为，现代化企业需要高素质人才，而企业要留住人才，就必须为人才创造安居乐业的生活环境。仪化基地地处偏僻，缺少大城市依托，没有梧桐树，哪来金凤凰？他一方面向纺织工业部领导提议，尽量多争取大中专院校毕业生分配指标，着力培养专业技术和管理人才；另一方面他和规划组的同事们一起大胆地提出仪化基地“生产设施与生活设施同步建设”的建议。这两项建议都得到上级部门的采纳。

1982 年至 1983 年，纺织工业部几乎将部里的大中专院校统配生指标全部分配到仪化公司，为仪化基地的建设发展注入了新鲜力量。

规划中的生产区和生活区沿长江北岸由西向东展开。一条长 5.5 公里东西走向的中心干道贯穿全厂生产区和生活区。生产区的干道北侧为涤纶主体生产厂，南侧为水、电、气、汽、运输等配套的公用工程厂。厂房、塔罐、管线桥架鳞次栉比，错落有致。生产区和生活区以胥浦河为界，河东规划了面积为 2 平方公里的住宅小区，综合服务设施齐全，相当于中小城市的规模。与我国特大型企业“先生产，后生活”的传统建厂模式相比，仪化基地的总体设计是具有前瞻性、开创性的一次突破。这项设计荣获 1989 年国家优秀设计金奖。1994 年仪征化纤工程获得全国最佳工程设计特等奖。

决战“八四八”

仪化项目的复建，给建设者带来了动力，也带来了压力。

复建伊始，公司就公布了一笔账：一期工程建设总投资概算10亿元人民币，国家先期投入3亿元，其余7亿元来自国内外资本市场，建设期间，每天仅债务利息高达32万元，建成后不仅能够还本付息，每天还可创利100万元。

“时间是金钱，速度是效益”一时成为全公司上下的共识。

这笔经济账给蒋士成带来震撼，他参加过国家大型项目的建设，为工程决策的迟缓、现场的扯皮、进度的拖拉等造成“胡子”工程的现象着急，但从没有这笔直观的经济账算得如此触目惊心。

蒋士成深知，早投产，早产出，早还贷，建设周期是影响企业成本的重要因素，而影响工期的因素是多方面的，施工队伍的协调、设备供货的衔接、恶劣气候的影响，任何一个主观或客观因素的变化都可能拉慢进度、延误工期。蒋士成最担心的是聚酯引进装置的安装调试，毕竟是未经实证的放大装置，一旦出现问题后果将是万劫不复的。

按照合同，1985年2月7日是聚酯装置机械保证的最后期限。为了赶在这个期限以前考验聚酯装置的机械性能，公司倒排工程进度计划，将1984年8月定为首条生产线投产试产时间，从而确保在合同保证期内完成一期工程建设。一场为期两年半的“八四八”会战打响了。

涤纶一厂组建小组在复建开工前成立，党委副书记龚伦兴任组长，季国标、蒋士成任副组长。成立组建小组意在对项目实施科学管理，将深入的思想动员和严格的技术把关在“八四八”会战中有机融合。

工程土建阶段是突击战。复建开工半个月后，国家建委才正式批准总体设计，各设计单位的施工图图纸来不及绘制，常常出现施工单位“等米下锅”的现象。纺织工业部设计院不仅是设计单位的总协调单位，还承担着施工图的审查工作。全院集中力量扑在现场，加班加点，夜以继日，千方百计地为施工创造条件。

涤纶短纤维生产线由于合同滞后，开工半年后才开始转换引进图纸，无法与聚酯装置同时开工。如果不采取超常规措施，两年半建成一分厂的目标难以实现。蒋士成会同吉玛、东洋纺织公司的技术代表到现场指导，施工设计图完成一批、审查一批、交付一批。通过科学组织，为纺丝车间土建跟上工程整体进度赢得了宝贵的时间。

工程安装阶段是攻坚战。从管线铺设到设备安装，从公用设施到主体工程，从国产设备到引进装置，安装工作关乎项目的百年大计，十分关键。既要保证安装的进度，更要保证安装的质量。纺织工业部设计院发挥穿针引线的作用，加强安装施工的协调，解决现场技术问题。蒋士成和组建小组成员一起，制定网络进度计划，穿梭于安装现场，检查施工质量，处理土建和安装交叉出现的矛盾。

进口设备聚酯热媒炉主要为聚酯生产提供热能，柱状的炉体带有螺旋盘管，长 13 米，直径 3.85 米，安装过程中不能有碰撞或擦伤。但安装现场没有大型的起重机械，如何吊装成了一道难题。纺织工业部安装工程公司的队长顾代兴提出用三台卷扬机和桅杆的土方法进行吊装，外方专家连连摇头。蒋士成组织技术人员在认真研究了顾代兴的方案并进行测试的基础上，说服了外方。

安装当日，顾代兴挥着小红旗，吹着口哨，指挥若定。这个庞然大物随着旗语哨音的节奏缓缓移动，安然就位，设备毫发无损。在场围观的外国专家们既惊奇，又赞叹。吉玛项目经理玛萨悄悄地问蒋士成：“这位先生用什么方法指挥的？毕业于什么学校？学的什么专业？”蒋士成微笑着回答：“他只是一名普通的工人队长，这个方法在你们的专业教科书上是找不到的。”

也许，只有经历过多项工程实战的蒋士成们，才能看到中国工人中蕴藏着的原始创新力。

此后，凡是重要引进设备的安装，外方专家都主动征询中方的意见，在缺少安装器械的情况下，采取了土洋结合的办法完成施工任务。比如，直径 3 米、釜长 7 米的聚酯核心设备圆盘反应器的吊装也采纳了中方工程技术人员的不少建议。

双方的紧密合作增进了中德技术人员的友谊。吉玛公司的现场代表普雷斯勒先生与蒋士成有着相似的经历和相近的性格，长时间交流接触后成为知心朋友。在双方合作出现矛盾后，他总是以公道、平等的态度提出技术方面的处理意见。比如，在设备开箱检验的过程中，发现部分设备缺货、型号错乱、运输贮藏受损以及存在质量瑕疵问题，普雷斯勒先生能够作出准确的技术判断，致使外方不仅紧急补充供应，还会遵守合同做出相应的赔偿。仪化工程建设过程中，吉玛公司先后支付赔偿款达到 3250 万德国马克，弥补了中方损失。

1988 年 8 月，为了表彰普雷斯勒先生为仪化工程建设作出的贡献，江苏省授予普雷斯勒先生“江苏省荣誉公民”称号，普雷斯勒先生成为江苏第一个获得在我国永久居留资格的外国专家。

投料调试阶段是歼灭战。1984 年 8 月，仪化涤纶一厂主体装置安装基本完成，各公用工程相继投产，具备了投料试车的条件。各设备制造商、施工单位、生产人员聚集现场，建设工地呈现出一片忙碌紧张的气氛。

先是单机调试，接着是联动试车，最后是分线投料。经过专业系统培训和实习的大学生成为第一批操作工，中外技术人员现场指导，诊断问题，排除故障。

如蒋士成所料，放大装置的调试不会一帆风顺，试车过程中暴露出了种种缺陷，大到主部件因摩擦受损变形，小到机电仪运转不畅。蒋士成和吉玛公司专家们一道，认真分析其中原委，分清是计算失误、设计欠缺还是操作不当所致，再有的放矢地加以纠正、排除。公司还组织开展了涤纶一厂投料试车一次成功的立功活动，鼓励仪化工程技术人员献计献策，激发广大职工的积极性和创造性。在此期间，集中力量横扫主体工程大小尾项 847 个。1984 年 12 月 30 日，终于全流程打通了第一条聚酯切片生产线。

“八四八”会战目标虽然没有如期实现，但在进口设备保质期内打通了生产全流程，避免了因项目停缓建造成的损失。会战期间，遭遇了连续阴雨、长江特大洪汛、长时间的高温酷暑、罕见的大雪等困难，经历了纺丝装置决策滞后和聚酯设备调试不顺利等曲折。这一千多个日日夜夜，蒋士成全身心扑在现场，感触良多。他看到改革开放给中国带来的崭新的精神面貌，看到各行各业无私支援仪化建设的动人场景，看到广大建设者的干劲、智慧和热情。更是在此期间，他对引进技术装置有了系统的学习、全面的消化和充分的吸收。

1985 年元旦，时任江苏省省长的顾秀莲接到仪化投产成功的喜讯后，专程来现场慰问。6 年多前她与蒋士成一同考察，畅谈中国化纤工业发展前景，而今梦想已化为现实。她欣然题词：化纤之光。

1985 年，蒋士成（左二）陪同江苏省省长顾秀莲（左四）视察仪征化纤现场

难舍仪化情

1984年12月，正是首条生产线投料的关键时刻，蒋士成被纺织工业部任命为仪征化纤公司总工程师。而这一纸任命，却让蒋士成心里五味杂陈。他从心底里感谢组织对他的信任和培养，同时对仪化这片火红的热土充满了深情。然而，夫妻两地分居、骨肉分离让蒋士成一筹莫展。

蒋士成有一双儿女。长女蒋丹敏1960年出生于武汉，满月后被送到无锡，一直跟随外婆生活。“文革”期间，蒋士成在外颠沛流离，竟有7年时间没有见到自己的女儿。儿子蒋雄文1973年出生于贵州，襁褓时随蒋士成调动去北京。同年蒋士成参加辽阳化纤总厂建设，1977年又转战仪化基地。前后10年间，除了春节，整年与儿女们难得相见，以至于女儿见到他躲，儿子见到他叫“叔叔”。每当看到儿女们怯生生的眼神时，蒋士成心里总是有一种说不出的酸楚。

同样，对妻子陈雅的亏欠之情也让蒋士成难以释怀。陈雅是纺织工业部设计院的业务骨干，先后担任辽化和仪化PTA项目的设计人员。她不仅在设计专业上能够独当一面，而且在对外谈判上也是一把好手，深得领导器重。中国石油化工总公司外事机构组建时，曾向纺织工业部商调陈雅从事国际合作工作，终因其家庭因素未能如愿。

虽然纺织工业部设计院给予陈雅以最大的照顾，尽量让她在北京做项目的设计工作，少出差，以便料理家庭，但繁忙的设计任务让陈雅感到心力交瘁。那段时间，蒋士成一心扑在工地，无法照顾妻儿，一年在家的时间屈指可数。家里的柴米油盐，孩子的吃喝拉撒睡，全靠陈雅打理。过冬储白菜，打煤饼，一筐筐要搬上5楼；晚上加班，不得不将小雄文锁在家里；去南京工地，只能将小雄文托付给同事。陈雅不仅对工作认真负责，对子女教育也十分严格，每天都要挤出时间辅导小雄文的功课。紧张的工作节奏和“既当爹又当娘”的生活让陈雅喘不过气来，也让蒋士成感到无比的愧疚。

在仪征化纤公司任职，就意味着将面临长期的夫妻分居，家庭生活的窘迫之境仍将延续。蒋士成陷入了两难境地：既不能违命组织，又难以向陈雅启齿。因而拖到春节休假，蒋士成才将升职的消息告诉了陈雅。面对默不作声的妻子，凝望她消瘦憔悴的面庞，他在自责和忐忑不安的心绪中度过了这个短暂的假期。

元宵节那天晚上，仪征化纤公司总经理任传俊在机关食堂请几位家在外地的同志吃团圆饭。饭后，任传俊特意到蒋士成宿舍，给蒋士成带来一个意想不到的消息。

任传俊合肥工业大学高分子专业毕业，参加辽化项目建设后转调仪化，40岁担任仪化公司总经理，是一位年轻有为的“四化”干部。任传俊转达了王瑞庭副部长的节日问候，并告诉蒋士成：鉴于他家庭的实际困难，党组已经答应重新考虑他的任职问题。希望他不要背思想包袱，完成好仪化繁重的装置开车任务。

任传俊还说：“目前仪征化纤公司进入了边基建、边生产阶段，公司的技术管理尚处于起步阶段，我非常希望您能够留下来。但我能够体会到家庭分居的苦衷。党组在研究公司人事时没有觉察到你家庭因素，不是陈大姐提出来，部领导还不知道呢！”

蒋士成方才知道陈雅带着10岁的小雄文“雪中上访”的故事：就在前几天，陈雅决定找纺织工业部领导陈情。从甘家口的纺织大院到中纺里的纺织工业部宿舍有十多公里之遥，母子俩顶着漫天大雪，乘公交车几经辗转来到王瑞庭副部长的家，王瑞庭惊讶之余也受到触动，随即把蒋士成的家庭情况报告了党组。

组织的宽容、领导的体谅让蒋士成避免了处于极度矛盾的两难选择境地。他的内心游动着一股暖意。也许是由于工作性质的原因，也许是出于家庭和事业间的平衡，蒋士成本没有一辈子都扎根在仪化的想法，但8年的风雨同舟，让他对这片热土充满了深深的眷念。他回应任传俊的挽留：渡过小家庭的难关，我一定再回到仪化大家庭来。

1985年仪征化纤公司的生产和基建任务十分艰巨。国家下达了全年6万5千吨产品指令性生产计划，1985年7月1日又是吉玛公司引进聚酯装置的工艺保证期限。分线投料和试生产过程中任何一个环节出现问题，不仅不能完成生产计划，还将造成逾期履行合同带来的经济损失。

聚酯2线投料试车是重中之重。年初，吉玛公司专家皮尔斯向中方交了一份代号为“MPM计划”的试车过程网络图。该计划指出：“2号线机械试车过程需48人干75天，这是最佳的理论数据。而实际所需时间，应按不同国家的不同情况乘上大于1的不同系数。本国(指联邦德国)为1.2，南斯拉夫为1.8，苏联为2.1，中国为3。”皮尔斯在3的后面，又画了一个大大的问号。

显然，吉玛公司专家怀疑中方工程技术人员的工作效率。按照他们的预测，2号线开车调试需要大半年时间!

一份署名为“涤纶一厂青年突击队”编制的“MPM”开车方案送到厂部领导案头。这支平均年龄只有21岁的队伍共由46人组成，其中大学毕业生13名，青年操作工33名。他们以吉玛公司“MPM计划”为蓝本，硬把工期压缩到60天!

蒋士成组织人员审查了这份计划报告，发现这群年轻人用“分段切萝卜”的办法，根据2号线的装置特性，以工艺牵头，将整个工程作了合理分段，然后几个工序齐头并进，吉玛公司计划周到缜密的内在逻辑被得到完美的体现。这个计划很快被批准实施。

《中国青年》杂志一篇报道记述了工程开工的场景❶：

> 一张新的工程进度图挂上了现场办公室的墙壁。图中标有红、黄、蓝三条竖线。蓝线代表 MPM 计划，绿线代表突击队计划，红线代表实际进度。2 月 26 日，2 号线开工的第一天，红线就开始了它的领先地位。不用说突击队员流了多少汗，出了多少力，仅这一天，他们就完成了 23 个工作组日(一个工作组干 8 小时的工作量为一个工作组日)！每天下班后，队员们都要涌进这间办公室，等着统计出当天的进度。每天上班前，队员们也要挤到那张图前，瞄瞄那条红线。谁都想有机会握住那支红笔，“嗤”地来上一下。

1985 年 4 月 18 日，2 号线顺利打通全流程，试车一举成功。最终红线比绿线进度提前 8 天，比蓝线进度提前 23 天。突击队的工作精神和开车水平不得不让吉玛公司专家刮目相看。蒋士成看到年轻技术人员们在工程实践中快速成长，对仪征化纤公司的建设和发展充满了信心。

这批在开车现场跌打滚爬的青年人后来都成为仪征化纤公司的生产技术管理精英。其中，青年突击队政委徐正宁、队长沈希军后来相继担任了仪征化纤公司的主要领导。

已投产装置的稳定生产同样至关重要。即便是通过了合同规定的 72 小时运行质量考核，也不能确保装置满负荷、连续化、长周期运行。同时，试生产阶段出现的问题通常容易产生合同纠纷。仪征化纤公司工程试生产过程中，出现了大大小小的设备故障和非计划停车事故。最为严重的是核心设备圆盘反应器连续发生三次故障，导致大量排废，装置瘫痪。

圆盘反应器是吉玛公司 20 世纪 60 年代开发的具有专利权技术

❶郑勇，陈晓轩．胥浦无故事[J]．中国青年，1987.

的装置设备，在吉玛5釜流程中，它排在最后，因而也被称为最终缩聚釜。最终缩聚是预缩聚段流出的低分子缩聚物继续进行熔融缩聚的阶段，具有高温、高压、高黏度、高真空的特性。同时，最终缩聚釜的构造十分复杂，容器内被分隔为若干舱位，焊有螺旋形加热夹套，整套设备还包括直流电机、减速机、万向节、搅拌轴、轴封等器件。这个庞大的容器，堪称聚酯生产的心脏。

素以精细严谨著称的吉玛公司的工程师很快就查明并向中方通报了故障原因：反应器内的搅拌轴存在制造质量缺陷，因满负荷生产超出搅拌轴的设计计算的挠度，致使反应器出料端密封失效，引发舱内失去真空，降低了熔体黏度，产生大量不合格产品。吉玛公司承诺委托原厂加急制造备件。这个方案虽然有技术保证，但海关申报手续繁杂，来回加工周期过长，全年生产计划因此会受到严重影响。吉玛公司的处理办法显然是不现实的。

蒋士成和仪征化纤公司项目代表方络骥受命处理事故善后会谈。蒋士成在察看现场、调阅设计图纸后分析，装置能够投入试运行，说明技术基础是可靠的，搅拌轴材质使用恰当不存在偷工减料的问题，设备制造质量出现瑕疵固然可信，但不能够排除设计源头上的缺陷。而在装置放大研发过程中因计算错误造成设计不当的现象在所难免。如果找不出故障的真实原因，一味将责任推给制造商，不仅不利于今后的装置检修维护和故障处理，势必还会增加赔偿谈判的难度。外方对赔偿的态度极其谨慎又极其敏感，是一个好的抓手。蒋士成和方络骥商量了积极应对的办法。

谈判桌上，蒋士成先声夺人：贵公司提出的处理意见是诚恳的，但仪征化纤公司承担着生产任务和还贷的双重压力，长时间停工将会造成巨大经济损失，势必会转化成贵公司的赔付。这些是我们都不愿看到的。

蒋士成随即抛出一个他已思考成熟的办法：将已经到货的二期工程圆盘反应器中搅拌轴上的圆盘拆卸下来就近进行改造性修复。

吉玛公司提供具体改造图，并提供设计原始数据(工艺包数据涉及吉玛公司的技术秘密，但合同技术附件明确外方有责任和义务向中方提供)，由仪征化纤公司审核确认。仪征化纤公司协助联系国内有资质的机械制造厂。二期工程相同设备由吉玛公司拾遗补阙，并延长相应的质量保证期。

这个力求减少双方损失、几乎无懈可击的方案，吉玛公司谈判代表根本找不到拒绝的理由。

当时任外国专家联络对口办公室技术员、后任仪征化纤公司物资装备部经理的尹剑平回忆说[1]：

> 事故发生后，我连续陪同蒋总工两次去现场。他看得很仔细，应该很快就有了初步判断。要到外方的基础数据后，他又亲自做计算，还请来南京大学专家协助分析有关数据，终于找到外方设计错误……吉玛驻仪化的专家们都对他很敬重，要我将修改的图纸送给蒋总工征求意见，前后反复过几次。后来修复件从南京大化机(南化机械厂)加工安装后，装置运转就正常了。随后的赔偿谈判也极为顺利，吉玛除了支付相应的加工费外，共赔偿仪化损失200万马克，还赔偿了不少的备件。

这次事故，加深了蒋士成对吉玛公司核心装置技术的设计理念、工艺机理的进一步认识，也给他一个深刻的警醒：引进装置的备件国产化刻不容缓！无论算经济账，还是算时效账，必须克服对“洋备件”的依赖！

在蒋士成等技术专家的建议下，仪征化纤公司备件国产化工作摆上了议事日程。数以万计的引进设备零部件被分门别类列表，明确质量标准和供应渠道，定点单位、科研院校联合开发单位遍布全国。

[1]尹剑平口述访谈 . 2019. 12. 上海 .

涤纶一厂进入全面试生产之后，以涤纶二厂和涤纶三厂为主体的仪征化纤二期工程也相继开工建设。随着开车经验的积累，工程建设进入了良性循环。更让蒋士成感到兴奋的是，二期工程的建设模式发生了变化：由仪征化纤公司负责工程总承包，吉玛公司仅提供工艺包，工程的基础设计和详细设计都将由纺织工业部设计院承担。这个决定，不仅降低了工程成本，对提高我国聚酯工业的工程能力也是一个有力的推进。

第七章

筑梦聚酯装置国产化

夙　愿

1985 年 1 月 25 日，农历正月初五。刚回到仪征化纤公司工地的蒋士成，接到来自北京的一个好消息，让他激动得久久不能平静。

来电话的是设计院同事罗文德，咨询开发室副主任兼党支部书记，也是蒋士成的入党介绍人。他告诉蒋士成，支部委员会全票通过了他的入党申请，大家认为蒋士成经受了国家重点工程建设的考验，一致推荐他“火线入党”。

“火线入党”通常是给有特别贡献者的一种荣誉。

这是蒋士成具有人生转折意义的一天。为了这一天，蒋士成经历了 22 年的努力，22 年的期待。

1951 年 9 月，高中阶段的蒋士成加入了中国新民主主义青年团，在这个被称之为“党的助手和后备军”的组织中得到锻炼成长。他满怀着对新中国的憧憬，跨进华东化工学院的校门，投身于化工事业的发展。

1963 年 10 月，维尼纶工业点燃了中国化纤的希望之火，蒋士成奔赴国产维尼纶攻关战线的前夕，向党组织递交了第一份入党申请书。

1971 年 10 月，在“文革”动乱中遭受关押审查、牛棚改造后的蒋士成被调至贵州三线，尽管伤痕累累，但丝毫没有动摇他的理想和信念，他再次向组织提出入党申请。

1973 年 12 月，辽化工地“冰火两重天”的景象让蒋士成热血沸腾，他又一次向党组织递交了入党申请书。

1985年1月，仪化首条聚酯生产线开车成功后，蒋士成第四次提出入党申请。他满怀深情地写道："我是在党的红旗下，在组织的关怀、教育和培养下读完了中学、大学并参加了革命工作，是党把我逐步锻炼成为社会主义现代建设的技术干部。"❶

蒋士成坦诚地向党组织吐露心迹：多年来，他将不能被组织吸收归结于工作单位变动频繁以及工作性质偏业务、"只专不红"等原因，对党的宗旨和使命的认识存在不足。有信仰，才会有力量，有目标，才会有信心。他说："'文化大革命'十年内乱，给党和国家带来了极其严重的创伤，也给我本人带来了很大的冲击，但对党，我没有怨言，始终充满信心。"❷

22年坚守初心，22年矢志不移，蒋士成将对党的感恩感激转为实际行动，化成不竭动力。他深刻地认识到自己成长的每一步都来自党的关怀和培养。从选拔他参加维尼纶国产化攻关、担任贵州、广西两个维尼纶项目的现场设计代表，到参加辽阳、仪化两个国家级石油化纤项目的建设、担任对外谈判主谈、联络组副组长、项目副总工程师，是党给予了信任，是组织给予了平台。同时，他亲眼看到：二十多年来，党和国家为解决人民穿衣问题，殚精竭虑发展化纤工业。这一切坚定了蒋士成对中国共产党理想目标的认同和建设社会主义现代化事业的信心。

第四份入党申请从上交报告到支部通过，再到党委会批准，前后不到半个月，充分反映了纺织工业部设计院党委的重视和蒋士成入党条件的成熟，也反映了党中央号召的"尊重知识，尊重人才"已在全社会蔚然成风。

由于受长期"左"倾思想的影响，知识分子入党难的问题曾是一个时代之痛。一些偏见和论调将许多优秀的知识分子排斥于党组织的大门之外，尤其是对那些家庭出身不好、社会关系比较复杂的知

❶蒋士成人事档案.《蒋士成入党申请书》. 中国石化集团公司人事档案室藏档.
❷蒋士成人事档案.《蒋士成入党申请书》. 中国石化集团公司人事档案室藏档.

识分子来说，入党更是遥不可及。

蒋士成虽然出生在金融资本家家庭，但因为幼年丧父，家道中落，全家仅依靠长兄蒋元成微薄的收入生活。将士成中小学、大学阶段履历表家庭出身一栏中填写均为“职工”。60 年代“血统论”盛行，经组织审查，改为“商业经营者”家庭出身，染上了剥削阶级的色彩。再因为伯公蒋维乔、伯父蒋君稼又是旧时代文化、教育和宗教领域的名人，社会关系变得更为复杂，蒋士成入党的难度便可想而知了。

十一届三中全会之后，党的知识分子政策日益深入人心。邓小平号召全党要尊重知识、尊重人才，明确提出我国的知识分子“已经是工人阶级自己的一部分”。我国社会主义革命和建设的实践证明，知识分子是社会主义事业不可缺少的参与者，是重要的依靠力量，是工人阶级优秀的一部分。蒋士成和全国许多优秀知识分子一样，在改革开放的新时期，成为党内推动现代化建设的新生力量。他深刻认识到：党是领导中国现代化建设的坚强核心，作为党的一员，不仅要有坚定的信仰，更要有从事现代化建设的技术和本领。只有在工程科技领域不断地学习探索，持久地创新，才能使我们党具有吸收当代最新科学成就，推动科技进步，创造新的生产力的强大能力。❶

1985 年 3 月蒋士成在英国技术考察时拜谒伦敦马克思墓

❶蒋士成人事档案.《蒋士成入党思想汇报》. 中国石化集团公司人事档案室藏档.

法国哲学家萨特曾说过："世界上有两样东西是亘古不变的，一是高悬在我们头顶上的日月星辰，一是深藏在每个人心底的高贵信仰。"多年以来，蒋士成始终与蕴藏在自己心中的信仰并肩而行，将信仰化作奋斗的动力，化作克难攻坚的能量。从交党费一个很小的细节中可以看到蒋士成内心对党的虔诚。据他的工作秘书吴剑南回忆：蒋总交党费很有特点，从不拖交，也从不要秘书代劳。他总是将党费放在一个信封里，在信封上写上自己的名字，按时亲自送给党小组长。有时找不到信封，他会亲手做一个。遇到出差，他会提前上交。充满仪式感的行动，显示了他真正做到了把党员的义务放在心上。❶

甩掉"洋拐杖"

1985 年 3 月，中共中央下发了《关于科技体制改革的决定》(以下简称《决定》)，明确了"经济建设必须依靠科学技术，科学技术工作必须面向经济建设"的战略方针。

如果说 1978 年的全国科学大会掀起了全社会"尊重知识，尊重人才"的热潮，那么，《决定》则为我国的经济建设和科技发展提供了制度保证和机制保证。

在长期的计划经济条件下，科技体制存在着种种弊端，诸如科技发展与流通、生产相互脱节，忽视推广应用；科技主管部门单纯依靠行政手段管理科技工作，对科研单位事务干预过多，科研单位内部也大都采用单纯的行政管理办法；条块分割，科技信息不畅

❶吴剑南口述访谈 . 2016. 8. 仪征 .

通，研究项目低水平重复，等等。《决定》提出了我国科技体制改革的目的、方向、任务和基本政策，勾画出科技体制改革的蓝图。

一位中央领导做了一个很形象的比喻：改革科技体制，就是要动员千军万马上山摘桃子。千军万马是指整个科技界和知识界；上山是指要深入到现代化建设的洪流中去；摘桃子是指把创造出来的科学技术成果应用于现代化建设，把又大又多又好的桃子一筐一筐地摘下来，为经济建设作贡献。

《决定》提出的一项重大改革措施是改革拨款制度，对从事开发性研究的科研院所改事业费开支为有偿合同制，以逐步打破“铁饭碗”和“大锅饭”，充分发挥广大科技工作者的积极性和创造力。

《决定》特别提出：“国内有关的研究和开发工作要同引进技术紧密结合，消化吸收引进先进技术，提高开发生产技术的起点，进而开发新的创造，提高自主开发能力。”

纺织工业部设计院闻风而动，即刻做出了安排，决定从吉玛公司拿下仪化二期工程的详细设计任务。

仪化二期工程包含涤纶二厂、涤纶三厂以及配套的公用工程，总投资概算为 17 亿元人民币，共有 5 套与一期工程同期引进的吉玛公司聚酯生产装置，衔接 8 条国产化纺丝生产线。

这个决定极富有挑战性，面临着诸多难题：详细设计直接涉及工艺包计算等聚酯核心技术，中方难以掌握其中的技术诀窍；对引进设备工艺机械原理的理解还比较肤浅；对现代工业设计流程还不完全熟悉；计算机控制系统的运用能力相对薄弱，特别是进口设备长时间存放留下的质量隐患有较大的不确定性。

同时，详细设计的工作量是基础设计的翻倍，大家日夜加班、疲于奔命，还可能要承担失败的风险。在缺乏技术薪酬激励的体制下，统一大家思想认识的难度是可想而知的。

王瑞庭副部长和俞鲤庭院长是这项决定的倡导者和推动者。为了保证技术上的可靠性，他们一起找蒋士成商量。

报业出身的俞鲤庭向来幽默："三年学徒，五年半足，七年出师。我们院接触化纤'洋设备'和'洋技术'已经有10多年了，从无知到有知，从生疏到熟悉，现在是该考虑丢掉'洋拐杖'的时候了。"俞鲤庭老院长已离休，但仍担任设计院顾问，他十分关心设计院的技术进步工作，多次强调：设计院是吃技术饭的，没有技术，将一事无成。

王瑞庭说："当初搞引进时，有人指责我们是'洋奴哲学''爬行主义'，10多年了，如果我们还是站不起来，不就成了彻头彻尾的'洋奴''爬行派'了？引进是为了学习先进技术，我国的化纤工业是最早，也是最集中引进国外装置技术的，也应该最迅速地站立起来，否则，我们无法向党和人民交待。'洋拐杖'迟早都要扔掉！"

他掏出一支香烟，放在鼻子下嗅了嗅。感慨地说："'洋拐杖'就像烟瘾，有诱惑性，就有依赖性。扔掉它，就要拿出戒烟的毅力。"说完，他慢慢将香烟捏碎，扔到废纸篓里。

蒋士成知道，王副部长烟瘾挺大，几次提议带头戒烟。而今天的一番话，分明是话中有话。眼前这两位受人尊敬的长者，前半生浴血革命，后半生投身中国纺织工业建设，现在已是含饴弄孙、安享晚年的年龄，还在为化纤技术的发展操劳，蒋士成对他们由衷感到敬佩。

其实，两位领导的担忧也是蒋士成一直思考的问题。没有探索，哪来进步？他渴望能有这样的机会，逐步摆脱对外来技术的依赖。虽然增加了工作量，也面临着技术风险，但可以更多地消化引进专利，掌握更多的技术诀窍，既能锻炼队伍，又能增加创收。

部院领导根据蒋士成等技术骨干们的积极态度和审慎建议，决定仪化二期工程详细设计由纺织工业部设计院承接，仪化公司为总承包人。蒋士成被任命为设计院副总工程师，负责仪化二期工程建设设计的技术领导工作。他与王瑞庭副部长相约，克服依赖，笃行明志，一下子戒掉了长达二十多年的烟瘾。

回到设计院的蒋士成给家庭带来了相聚的欢乐，但与家人依然是离多聚少。不说要经常来往仪征现场，在北京也是无休止地加班加点。在项目组，蒋士成夫妇经常晚饭后将儿子反锁在房间赶去设计院加班，有时熬到东方出现鱼肚白时才匆匆回到家里，早餐后送儿子上学后又匆匆赶到院里，开始又一天紧张的工作。

蒋雄文回忆说："'小升初'那年，父亲回到北京工作。想到今后能够天天见到父亲，心里有说不出的高兴。没想到的是，父亲还是没日没夜地加班，除了奶奶从江苏赶来陪了我一个暑假之外，平时的节假日和晚上，通常是被锁在家里，想让父亲带我去一趟北京动物园，竟是遥远的奢望。"❶

详细设计不是简单的模仿复制，而是对整个装置的工艺数据和反应机理进行全面、系统地梳理。蒋士成和他的同事们对每一个技术细节进行充分研究，结合一期工程装置运行暴露出来的问题进行优化调整完善，攻克了一个又一个技术难题。

经过蒋士成最终审核的详细设计图纸一批批发往仪征现场。

现场又是另一番热气腾腾的景象。仪化公司作为项目单位，组织由安装、工艺、仪表、设备技术人员组成的开车队伍，从一厂到二厂，再从二厂到三厂，交叉、滚动开车。并聘请了吉玛公司普雷斯勒和东洋纺织公司专家小泽担任现场安装调试顾问。经过 5 年又 3 个月的艰辛努力，完成了二期工程的全部建设任务。

国家计委牵头的仪化二期工程国家验收委员会出具的报告指出：仪化二期工程在一期工程的基础上，做到了建设"速度更快、质量更好、投资更省"。❷

具有特别意义的是，整个二期工程全部是由我国工程技术人员自己安装调试开车的，克服了"洋依赖"，甩掉了"洋拐杖"，在消化、吸收国外先进聚酯技术上跃上了新的台阶。南京大学商学院彭

❶蒋雄文口述访谈 . 2016. 3. 北京 .

❷《仪征化纤二期工程国家验收报告》. 1990. 仪征：仪征化纤公司藏档 .

纪生教授在合著的《基于技术引进的技术能力演化研究》一文中，以仪化工程为典型案例，认为仪征化纤通过一期工程的知识积累和能力提高，以二期工程的建成投产为标志，形成了复制能力。“公司对聚酯技术的掌握、工程设计能力、设备制造能力、工程建设能力都有了很大的提高，达到了突破的临界点。”❶

不能再办“世界化纤博览会”了

1986年8月，蒋士成被纺织工业部党组任命为纺织工业部设计院副院长兼总工程师。时值仪征化纤公司二期工程建设紧锣密鼓之时，也是我国第一波化纤装置引进大潮汹涌激荡之时。

仪征化纤公司借贷建厂、负债经营开创了中国利用外资内债的先河，同时也不可避免地带来了全国趋之若鹜的“化纤热”。

“化纤热”的产生有其肥沃的社会经济土壤：其一，随着改革开放的深入，国门打开得越来越大了；其二，中央对国有企业松绑放权，企业自主权不断加大；其三，化纤应用领域不断扩大，多品种需求旺盛；其四，短缺经济形态下化纤产品供不应求，有高额利润。

几年间设计院收到了很多邀约，有系统内的也有系统外的，有地方政府的也有企业的，有技术咨询的也有邀请参与对外谈判考察的，更多的是委托项目设计的。王瑞庭老部长揶揄道：“设计院真的成了一个‘香饽饽’了。”

蒋士成喜忧参半。喜的是，通过广泛的对外交流，可以跟踪国

❶彭纪生，孙文祥，鲁锦富，等．基于技术引进的技术能力演化研究——以仪征化纤公司聚酯技术自主化为案例[C]//中国企业管理案例论坛．中国人民大学，2007.

际化纤工业技术新的发展，更多地学习和消化优秀成果，达到“洋为中用”，为社会主义现代化建设服务；忧的是，引进一旦成风，必将耗费大量外汇，十年前“洋冒进”的场景将又一次重现。世界化纤巨头纷纷堂而皇之地进入中国，化纤工业的前沿技术被彻底垄断，我国的科技发展永远寄人篱下，我们情何以堪?!

王广鎏、徐炽、黄志恭、祖荣琪等经过辽化、仪化工程实战锻炼过的化纤工艺、设备、自控专家们也有同样的担忧。王广鎏此时已担任设计院院长，是蒋士成十多年的老搭档，组织大家一起务虚讨论设计院的发展规划，形成了一个共识：一定要通过艰苦努力，逐步突破外企聚酯技术封锁，不能让他们在中国开“世界化纤博览会”了!

大家分析了“七五”至“八五”期间化纤发展的趋势和特点。首先是以“四大化纤”和仪化公司为代表的骨干企业新建装置和增容技术改造的需求强烈，虽然“国家队”承担着消化吸收引进技术的责任，但仍对国外技术情有独钟。其次是一些经济发达的省市出于拉动地方经济的需要，大力引进外来技术，兴办化纤企业，其中以广东、江苏、浙江省尤甚。再次是境内外化纤合资企业悄然兴起，比如与台商合资的厦门翔鹭化纤、与美国阿莫科合资的仪化丙纶织物，等等。总之，由于缺乏成熟的国产化技术，短短几年间，德、法、美、日等世界化纤名企的技术和资本长驱直入，各个企业都赚得盆满钵满。

以技术精湛、服务良好著称的吉玛公司一口气拿下一批项目合同，以仪化单线6万吨/年生产能力为突破标志的聚酯生产线在全国被快速复制，“歌剧”系列唱响神州大地。

中国技术怎样才能在化纤产业中争到一席之地，是此时纺织工业部和纺织工业部设计院面临的一道沉重的课题。

大家都清醒地认识到，国外技术固然先进，但并不会将最好的设备装置引进给你，更不会将技术秘密毫无保留地转让给你。而且技术更新换代很快，一旦形成对外依赖，中国化纤工业必将陷入“引进—落后—再引进—再落后”的恶性循环。

蒋士成说：“从维尼纶到涤纶，我们接触国外先进化纤技术已经二十多年了，也积累了丰富的工程设计和管理经验。做了二十多年的学生，国家为之付出了高昂的学费，该是我们把学到的技术回馈于国家的时候了。”

当年在总师室任副总工程师的罗文德回忆说：“聚酯装置国产化的提出有一个过程，记得在蒋士成担任总工后，我们就经常一起讨论，当时概念也比较模糊，实施的途径也不明确，但提升设计院的工程技术能力、打破国外技术垄断，大家已经形成共识。”[1]

干法腈纶技术的探索

仪化二期工程结束后，设计院接到纺织工业部“五大腈纶”项目的设计任务，确定蒋士成为抚顺腈纶的项目负责人。

腈纶是聚丙烯腈(acrylic fiber)的简称，为化纤家族的重要成员，其产品轻盈、柔软、保暖、富有弹性。如果说涤纶是“人造棉花”，那么腈纶便是“人造羊毛”，20 世纪四五十年代由美国杜邦公司(Du Pont)开发和工业化生产，美国将之命名为“奥纶”。

我国腈纶工业起步晚于涤纶，70 年代以来，相继在兰州化纤厂、上海石油化工总厂、大庆石化厂和安庆石化厂兴建了腈纶装置，不仅产量小，而且是工艺相对落后的“一步法”“二步法”的湿法腈纶。纺织工业部借鉴仪化建设经验，决定在“七五”期间以技贸结

[1] 罗文德口述访谈 . 2016. 3. 北京 .

合的方式从杜邦公司引进五套干法腈纶装置。

干法腈纶的纤维结构、生产品种转换、市场应用均明显优于湿法腈纶，生产工艺也相对复杂，但能耗偏高，平均成本较湿法约高出近100元/吨，而且建设投资比较大，是同等规模湿法腈纶装置的近十倍。为了适应服装行业的需要，纺织工业部下决心发展腈纶工业，同时在抚顺、秦皇岛、淄博、宁波、茂名等地兴建了五个腈纶厂，单套生产能力为3万吨/年和4.5万吨/年不等。

1988年3月5日，蒋士成带队，赴美国进行抚顺腈纶项目设计联络。到达美国后，他不顾舟车劳顿，即刻转机到位于东海岸的特拉华州工业城市威名顿。威名顿有世界最大的“化工城”之称，著名的杜邦公司总部就坐落在这座城市。

十年前，蒋士成为仪化项目曾到杜邦公司有过一次浮光掠影式地考察，给他留下极为深刻的印象。这个以火药制造起家的老牌企业能够在“二战”结束后迅速转型为世界化工巨头，在化工多个领域均有卓越建树，完全得益于创新的产品、科研开发实力和强大的工程能力。

杜邦公司以腈纶开山鼻祖享誉世界，但在美国本土只有威尼斯波罗奥纶厂和普顿奥纶厂两个腈纶工厂，而且装置规模不大，单线生产能力仅2.2万吨/年，腈纶的贡献主要依靠设备和技术的输出。“卖产品”还是“卖技术”两种不同的模式引发了蒋士成的思考。

蒋士成回忆说：“当时我国仍处于计划经济向商品经济的过渡期，虽然对科技是第一生产力的概念有了一些认识，但普遍还停留在口号上。在企业层面，存在着盲目引进的倾向，误以为企业的科技投入就是引进“洋设备”，很少考虑“投资如何收回、贷款如何归还”的问题。在行业层面，普遍认为掌握了机械制造技术，就能实现国产化，忽略了工艺流程在其中的关键作用。在国家层面，可以为企业引进设备给予政策和资金支持，而之后很少再花钱做消化吸收的工作了。这是我在美国进行腈纶项目设计联络工作中最为深刻

的体会。”❶

的确，纺织工业部决定引进干法腈纶装置，来自中国纺织机械公司国产化联合攻关项目的驱动。中国纺织机械公司由纺织工业部下属的大型机械设备制造工厂重组而成，王瑞庭副部长一度兼任过该公司的总经理。为了填补国内干法腈纶装置的空白，他们决心将仪化年产 1.5 万吨涤纶短纤维装置仿造的经验在腈纶装置国产化攻关中成功复制。

从项目的提出到项目的实施，均以中国纺织机械公司为主。设计联络组中，机械设备人员占了一大半。几乎所有人的目光都聚焦到设备的型号、性能、制造工艺上，对化学反应的原理、工艺路线、技术参数以及工艺包技术的成熟度缺少应有的关注，对项目的投入产出、环保评估也缺少认真的分析。蒋士成不禁感到一丝担忧。

通过两个多月的现场交流和实地查看，蒋士成对装置的工艺特点、流程结构有了较为全面的认识。同时，对装置技术的成熟性和项目的经济可行性提出了不同的见解：

首先，引进的生产线属于杜邦公司按比例放大的装置，没有经过工业实验，工艺条件苛刻，造成整套装置的生产工艺与设备配套性能差，尤其是其关键设备干燥机存在先天不足，达不到生产能力要求。

其次，引进装置技术的成本高，投入产出比较低。特别是装置开发和产品开发技术被高度垄断。

再次，与涤纶产品相比，腈纶产品的应用面狭窄，干法腈纶的性能虽高于湿法腈纶，但应用范围更加受到限制。

另外，环境保护要求高、成本大，并存在着不确定性风险。

如蒋士成所料，抚顺腈纶项目建设不是一帆风顺的，仅试车就用了 4 年时间，花掉 1.3 亿元人民币。投产后，产能达不到设计值，

❶蒋士成口述访谈 . 2015. 8. 仪征 .

污水处理也达不到排放标准。

抚顺腈纶厂是“五大腈纶”第一个投产的项目。其余同步建设的几家企业的命运也同样逃不过“投产之日，即是亏损之时”的悲惨局面。受国外技术垄断以及进口产品倾销冲击的影响，“五家企业不仅花费巨大，而且还错过了极其难得的市场机遇”。❶

极为微妙的是，1991 年，杜邦公司关停了美国本土的两家腈纶工厂，研发人员全部就地解散。这样的设备和技术的输出让我国付出资金和环境的沉重代价。

纺织工业部设计院有 20 多名设计人员参加了抚顺腈纶厂项目设计，这段经历让他们认识到：没有自己的技术基础，依靠过去设备仿制的方式搞国产化是不够的！国产化的基础和核心永远是技术！

腈纶项目的实践让冷落了 4 年之久的聚酯国产化旧话重提。1991 年年底，在蒋士成的主持下，一个崭新的课题获得设计院和纺织工业部的批准。集中设计院专业优势，进一步消化吸收国外聚酯先进技术，走产学研结合的道路，攻克聚酯装置国产化难关。

难以落地的“产学研”

早在 20 世纪 80 年代中期，经济理论界就发声呼吁科研、教育、生产不同的社会分工在功能与资源优势上协同、集成和优化，以推动技术创新的上、中、下游的对接与耦合，简称“产学研”。这个建议在当时条块分割的行政体制下无疑是打破“行政墙”的一方良策，得到了党中央的高度重视。但是，铺天盖地的“引进热”让这个良好

❶周迎新．干法腈纶，请走好[J]．中国石化，1999(3)．

的愿望变得遥不可及。技术的需求来自生产方，作为提供方的科研院所、大专院校因体制原因，不仅与工厂企业严重脱节，而且缺乏自身动力，很难拿出先进实用的技术成果。生产单位为了保证技术先进和装置稳定，千方百计引进外国技术设备，不敢为国产技术设备冒风险。因此，“产学研”结合在口头上叫得响，行动上跟不上，处于“一头冷、一头热”的尴尬境地。

其实，设计院的角色更为尴尬。严格来说，设计院只是一个工程单位，按照“产学研”分工，设计院的任务是将理论研究、科学实验成果转化为工程能力、应用于工厂建设，只能充当一个配角。更何况纺织工业部设计院还不是完全意义上的工程建设单位，在工程项目建设过程中，只是诸多环节中一环。而吉玛公司之类的外国设计公司，内部有独立的研究机构，外部能够连结设备供应和工程专业公司，具有国际工程总承包能力，两种体制大相径庭。

面对几方要么条件不具备、要么缺乏积极性的现实，聚酯装置国产化的课题究竟从何下手？陈冠荣的“国产化三步曲”让蒋士成脑洞大开。

自 1980 年 6 月仪征南化项目论证会后，蒋士成只是在调回北京后不久看望过一次恩师陈冠荣。当时陈冠荣已经从科技局领导岗位退了下来，但作为中国科学院学部委员，仍为我国的化工科技事业日夜操劳。那次短暂的拜访，让蒋士成感触颇深。陈冠荣对眼前新一轮的引进热潮，深感忧虑。他认为单靠引进无法从根本上提高我国的技术水平，既耗费国家资财，而且会受制于人，必须通过对引进技术的消化吸收，加以自主创新，走“引进技术国产化”的新路子。并饶有兴致地向蒋士成介绍他这几年一再提倡的“国产化三步曲”：第一步，买先进技术的软件包，国内设计，尽可能采用国产设备；第二步，消化吸收引进技术，使全部设备由国内制造，局部改进工艺和流程；第三步，创新，即研究、设计、制造一体化，开发应用自己的新技术。

课题组会上，蒋士成提出从技术改进、工艺调整、流程优化入手，上游联合科研院校，下游引领机械设备制造，局部突破，最终实现聚酯装置国产化目标的思路，得到大家的一致赞同。

大家认为，国产化不能是简单的技术抄袭和设备仿造，而是在引进技术的基础上有所提升、有所创新。这是一条充满未知、充满探索的荆棘之路。尽管参加课题组的同志们分别参加过辽阳化纤、天津化纤、仪征化纤的设计实践，对不同国度、不同时期的聚酯技术有着深浅不同的接触和掌握，但仍是碎片化的。没有科研单位的加入，没有生产单位的配合，没有机械设备制造的支撑，国产化的目标是无法实现的。与科研院校相比，设计院直接接触外来技术，经历过设计、土建、安装、调试全过程，对企业基建和生产运行管理也相对熟悉，应该主动挑起重担，主动牵头，将“产学研”各方捏合到一起，达到优势互补的目的。大家感到，聚酯装置国产化攻关刻不容缓，对平抑化纤市场价格、节省国家外汇、改善人民衣着需求、振兴民族工业意义十分重大。同事们以我为主、不等不靠、不畏艰难、勇于创新的精神让蒋士成十分感动，信心倍增。

几经讨论，课题组“内联外合、上下拓展、先易后难、循序渐进”的攻关原则确定了。大体为，一方面集中内部力量，积极寻求外部合作，着重在聚酯技术基础研究、机械设备制造方面拓宽课题，连接完整的产业链体系；另一方面从局部的技术改进、改造入手，稳打稳扎，步步为营，最终攻克国产化难关。

与科研院校的合作，蒋士成选择了华东化工学院(现华东理工大学)。这不仅是因为华东化工学院是他的母校，更是由于高校对聚酯技术的跟踪研究，华东化工学院总是领先一步。同时，华东化工学院很早就与中国石油化工总公司(以下简称中国石化总公司)有过合作，早在80年代中期，就和中国石化总公司一起率先成立了全国第一家联合反应工程研究所，取得不少研究成果。而中国聚酯大型企业除仪征化纤公司之外，基本都聚集在中国石化总公司旗下，这样的选择对最终产学研项目落地有利。

阔别母校35年后，蒋士成又一次走进华东化工学院大门，主管学校科技研究工作的副院长戴干策热情地接待了他。戴干策与蒋士成同龄，也同是华东化工学院校友，高蒋士成一届，毕业留校后曾先后在清华大学力学研究班和美国威斯康星大学化工系流变学中心学习、做科研。华东化工学院联合反应工程研究所成立后，他任副所长。

对纺织工业部设计院的合作意愿，戴干策非常赞成。这位热衷于化学反应研究、在国内外学术刊物上发表过若干论文的学者对当时国内产学研状况深有感触。多年后，他回忆道❶：

> 当初，国家号召搞产学研结合，核心主体应是生产单位。而恰恰是生产单位不是很积极。其根源是在短缺经济的条件下，生产单位以完成生产任务为目标，要求最先进、最稳定的生产技术。在国内科研单位提供不出先进技术的前提下，基本建设也好，技术改进也好，当然是首选国外技术。这样，科研机构、大专院校的科技研究工作进入恶性循环。又由于行政体制的束缚，科研、教育、企业分属不同部门，靠行政预算吃饭，根本拿不出更多的经费做份外的研究工作。蒋士成说设计院要牵头做这件事，我既感到惊讶，又感到敬佩。总之，这件事在当年来说，方方面面协调的难度是很大的。

华东化工学院很快同意，联合反应工程研究所参加纺织工业部设计院的聚酯装置国产化攻关。学院在设计院消化吸收国外聚酯技术成功经验的基础上，着重做基础理论研究的延伸，并组成了精干的团队，其中有戴干策、化工系教授张素贞、学校实验室主任朱中南、在读的博士研究生赵玲，等等。

❶戴干策口述访谈 . 2016. 11. 上海 .

蒋士成的想法和戴干策完全一致：依托企业对完成攻关课题极为关键，也极具难度。两人几经比较，决定将工作目标定在我国最先投产的聚酯企业——辽阳化纤总厂(以下简称辽化)。

选择辽化作为产学研项目落地单位，只是一厢情愿。辽化聚酯在“四大化纤”中装置老化、技术相对落后，而且产量小，无论是新建项目还是技术改造都是需要的。1991 年 5 月，蒋士成还参加了辽化聚酯考察团，去日本和美国技术考察，说明辽化有扩大聚酯产量的需求。加上辽化原本是纺织工业部企业，设计院曾担任辽化项目的主体设计单位，有合作基础。辽化于 1983 年划归中国石化总公司管理后，华东化工学院与中国石化总公司在聚酯技术开发上又有合作。如果三家能够通力合作，聚酯国产化项目在辽化落地是有可能的。但辽化愿不愿、敢不敢接受尚未开发，而且毫无业绩的国产化技术的挑战？蒋士成并没有底气。

只要有 1%的希望，就要做 100%的努力，蒋士成下定了决心。

负责做项目开题报告的工艺工程师黄志恭回忆说[1]：

我院和华东化工学院达成合作意向后，就着手联系项目落地单位，当时全院都动员了起来。我们最早的工艺总师姜永恺，后担任过总工程师和副院长，已经退休了。中国石化总经理陈锦华对他很器重，聘任他为中国石化顾问。蒋士成就拉他牵线搭桥。很快我们就与中国石化科技发展部取得了联系，科技发展部主任袁晴棠十分支持开发聚酯国产化项目，指派科技发展部的总师汪维良参与项目立项前期工作。我们一起开了好几次会。汪维良原来是在上海石化搞腈纶的，也是一个资深的化纤专家。对推动聚酯国产化非常积极。但最终的结果很残忍，希望破灭了。1992 年 5 月的一天，袁晴棠请蒋士成、戴干策、罗文德到

[1] 黄志恭口述访谈 . 2017. 8. 北京 .

科技发展部，面带难色地说：辽化已决定引进了，虽然我们做了很多工作，但收效甚微。最近在中国石化内部了解，也找不到有一个依托工程的希望了。所以，这件事我们不能够再继续支持了。

这个结果在想象之外，又在预料之中。依托单位不落实，项目就不能立项，对此，蒋士成不但没有感到沮丧，反而更加坚定了聚酯国产化的决心。他勉励课题组同仁："功夫不负有心人。困难是暂时的，只要我们坚持不懈，打牢技术基础，就一定能够取得国人的信任。聚酯国产化一定会在我们这一代人手中落地开花！"

从积贫积弱的旧中国走来，又在新中国大项目中锻炼成长的蒋士成已变得愈发自信。

君子之约

在蒋士成为国产化项目落地日夜操劳的同时，儿子蒋雄文也进入了高考冲刺期。蒋雄文在北京市第四中学就读高中，四中是北京首屈一指的名校，历届毕业生都受到全国高等学府的青睐。1992 年 4 月，中国科技大学去四中提前招生，翻阅蒋雄文学籍档案后，立即确定将其列为免考保送生。而蒋雄文对保送名额并不怎么感兴趣，他的目标是冲刺清华大学。为慎重起见，蒋雄文特意赶回去和父亲商量。

蒋士成静静地听着雄文关于理想和人生的陈述，暗自为儿子心智臻于成熟感到高兴。对雄文的两难选择，他只淡淡地说了一句："无论你做何种决定，我都会同意。"这时，家里的电话铃声突然响了，电话那头传来一个熟悉的声音，来电者是仪化公司总经理任传俊。

“刚刚听说公子保送中国科技大学，子承父业，特意在第一时间表示祝贺。科技大学就在我们安徽，可是一所响当当的名校哩!”任传俊是安徽凤阳人，讲话风趣妥帖，总是让人感到十分亲切。

任传俊接着说：“那咱们7年前的一个约定，是不是可以兑现了?”其实，从接到电话开始，蒋士成马上就想到那个君子之约。聚酯国产化开题以来，他也曾经认真考虑过项目能在仪化落地。但仪化聚酯装置投产最早的还不到10年，最晚的才两年多，你给它开膛破肚，质疑反对之声肯定会不绝于耳。但现在任传俊的真诚相邀又让他燃起一线希望。他毫不犹豫的承诺任传俊：“君子一言，驷马难追。”

接着蒋士成话锋一转，说：“不过，我有一个条件，担任总工程师的同时，要挂个副总经理的头衔。这样可以更好地对您负责。”

任传俊十分了解蒋士成外柔内刚、不事张扬的个性，也明白总工程师虽然是企业最高技术职务，但在联动左右、协调上下方面不够顺畅。而仪化已进入高速发展期，三期工程正在实施，四期工程正在规划，生产技术管理任务很重。如果有蒋士成这样的专家统筹技术方面的管理，确实可以减轻总经理不少压力。他爽快地回应蒋士成：“我会作为我的提议，向党组汇报。”

一个电话改变了蒋士成的生活轨迹。一旁的蒋雄文对此深有感触[1]：

> 父亲向来遇事严谨稳重。而那次任总深夜的一个电话，父亲几乎是不假思索地答应了。那天我问父亲：对工作调动这样的大事，为什么不慎重考虑呢？父亲说：符合人生目标的选择，便是正确的选择。正如你现在纠结读哪所大学，说明你的人生目标还没有确定。所以，我尊重你的选择，你也要支持我。父亲的话给我启发很深。我果断

[1]蒋雄文口述访谈 . 2018. 7. 北京 .

地放弃了免考保送名额，投入到紧张的复习迎考之中，终于如愿以偿，考进了清华大学。

1992 年 5 月 18~22 日，第四届北京国际化纤会议在北京亚运村会议中心举行，蒋士成、罗文德参加了此次会议。得知戴干策也在京和清华大学进行学术交流，会议一结束，三人相约在和平里的一家小酒馆里相聚。

蒋士成讲述了他因履七年之约即将赴仪化任职的经过，并准备将聚酯国产化项目带到仪化的想法。他说，虽然尚不能知道这个项目最终能不能在仪化落地，但调令很快下达，只能义无反顾。仪化有技术进步的基因，1.5 万吨涤纶纺丝设备的国产化攻关就是在仪化实现的；仪化还有一批懂生产、懂技术、懂工程、敢打敢拼的年轻队伍，可以为这个项目助力。毕竟对吉玛聚酯技术的消化吸收，仪化做得最好。如果上下认识能够取得一致，成功的概率比任何企业都会大。因此，他想值得一试。

罗文德回忆这次小聚时说❶：

> 这次聚会让我们又一次看到课题的希望。大家都知道，没有企业的依托，课题可能永远是纸上谈兵，项目也永远不能落地。那时，仪化需要蒋士成，蒋士成更需要仪化。有了仪化的信任，他显得信心满满。我们三个平时都不胜酒力，那次却喝了不少红酒。对如何争取仪化的支持、三家单位的合作模式和任务分工进行了讨论。虽然蒋士成还没有正式到仪化任职，但这次聚会俨然就是一次三方会谈。用戴干策的说法，是“君子约定”。

❶罗文德口述访谈 . 2017. 8. 北京 .

再回仪化

1992年5月，纺织工业部党组下文任命蒋士成为仪征化纤工业联合公司副总经理兼总工程师，罗文德接任纺织工业部设计院副院长兼总工程师。

设计院上下不少人对蒋士成的调动感到不解：58岁快到退休安享天年的年龄，还折腾干啥？从大都市调到三四线小城，又是平调，这不是傻吗？更多的人认为他是为了侍奉老母，落叶归根。除了设计院几位领导外，谁也想不到蒋士成此行是承负着一代人实现聚酯国产化的梦想，以及加快中国工业化进程、彻底摆脱聚酯技术受制于人、振兴民族工业的鸿鹄大志！

妻子陈雅、儿子蒋雄文都支持蒋士成的选择。陈雅临近退休，为了照料好蒋士成的生活，仪化公司和设计院商量，在雄文大学入学后，以借调的方式安排陈雅在仪化设计院工作。蒋士成只身赴仪化上任履新。

邓小平南方谈话极大地推动了我国改革开放的进程，仪征化纤进入了快速发展阶段：一是建立现代企业制度，率先进行股份制改组，被国家列为全国首批9家股份制改组、股票境内外上市试点企业。二是三期工程建设方案得到国家批准，被列为"八五"国家重点建设项目。总投资36.7亿元，主体工程为年产25万吨PTA(精对苯二甲酸)、6万吨聚酯切片和2万吨差别化涤纶长丝。三是科研技术进步氛围浓厚，相继组建的科技发展部、技术质量监督部、研究院、信息中心、涤纶四厂(中间试验厂)成为公司科技进步、技术创新的主战场，群众性的技改技措、合理化建议活动蓬勃开展。

因为调动得突然，一下子分不到住房，公司安排蒋士成暂时住在位于生活区的东园饭店过渡。东园饭店原先是公司第二招待所，条件比建厂初期的老大院好出许多，二期工程建设阶段，蒋士成来仪化出差也曾下榻过。改名为东园饭店后，又经过一番装修，成为自主对外经营的场所。让蒋士成吃惊的是，这两栋小楼住满了宾客，最多的是全国各大纺织厂的客户，不少厂商定了长包房，还有的客户为了业务方便，干脆设立了办事处。饭店门前交叉两条宽阔的马路，平时都停满了货车。

那是一个市场繁荣的时代，也是一个短缺经济的时代！

蒋士成回忆说❶：

当年客户等米下锅、排长队拉货是常见的事。东园饭店变成一个交易所，一点计划内产品的市场交易价每吨立马飙升两三千块。就连一些等外次品，也十分抢手。市场公认仪化产品是唯一可与进口产品媲美的，这也从另外一个方面说明市场的认知度是建立在引进装置技术基础上的，而很少人去算算这笔账：这是中国上千万产业工人用无以计量的鞋袜服装赚来的外汇换来的。如果实现了国产化，打破了外国技术的垄断，工厂投资能降多少？产品成本能降多少？我当时想得最多的是，如果国产化在仪化搞成了，仪化产品的市场认知度会不会下降呢？我前后在东园饭店住了一年多，看到这些景象，想着这些问题，我这个生活作息很规律的人，经常会睡不着觉……

1992 年 9 月，蒋雄文在清华大学电子工程系入学注册后，陈雅到仪化公司报到。当时，正值仪化 25 万吨 PTA 项目进入和美国阿莫科公司技术谈判的关键阶段。纺织工业部设计院为支持蒋士成工作，给他配备了周华堂等几个年轻技术人员，在陈雅的带领下加入

❶蒋士成口述访谈 . 2015. 8. 仪征 .

了项目对外谈判。通过项目的锻炼，周华堂后来担任了纺织工业部设计院院长，成功地把聚酯国产化技术应用于国内并推向国际市场。另外，他在学习消化吸收国外 PTA 先进技术的基础上，带领团队攻克了 PTA 装置国产化难关，为完善聚酯产业链装置国产化作出了重大贡献。他说："当年我是蒋总'开后门'才接触到仪化项目的，我对蒋总和陈雅一直以"老师"相称。在他们身上，我学到了对党忠诚、对事业负责、对国产化目标矢志不渝的精神。"❶

❶周华堂口述访谈 . 2017. 8. 北京 .

第八章

夯实基础建高楼

绘就践梦蓝图

1992年5月，任传俊主持总经理办公会议，根据纺织工业部党组的文件精神，蒋士成被任命为仪征化纤联合公司(以下简称仪化公司)副总经理兼总工程师，一肩挑起两副重担。根据班子成员分工，蒋士成分管科研、技术、质量和科协及三期、四期工程的规划设计等工作，直接对任传俊总经理负责。

如果说1957年25岁的蒋士成大学毕业走向社会时将向何处去是一片茫然的话，那么1992年年近花甲的蒋士成对为何而来是十分清楚的。

整理了纷繁的思绪，善于规划设计的蒋士成对自己的后半程人生进行了认真的规划设计，将宏愿大志一步步细化，使前行步骤一步步明晰，使践梦人生蓝图不断清晰。

他深知，实现聚酯装置国产化是大势所趋，这个梦想一定要实现，希望尽力使这一天早日到来。然而，这又是一个复杂的系统工程，高楼万丈平地起，不能急于求成，欲速则不达。蒋士成拟根据先易后难、化解风险、步步为营、稳步推进的主基调奏响聚酯装置国产化的“四步畅想曲”：

第一步：厚植科技沃土，培育创新文化，营造创新氛围，健全创新机制，奠定创新基础。

第二步：持续改进脱瓶颈，全面推进聚酯装置增容10%计划，以此提高效益、锻炼队伍、完善流程、增强信心。

第三步：搭建生产、科研、设计、制造平台，借助科研、设计和制造外力，通过研究机理、建立模型、研制装备、改造设备、再造流程、联合攻关，通过脱胎换骨的聚酯装置30%增容改造，摸一摸“洋老虎”的屁股，深入掌握聚酯反应机理，摸清变化规律，设计新工艺、制造新设备、探索新技术为实现聚酯装置国产化奠定基础。

第四步：通过自主创新实现聚酯装置全流程国产化，彻底打破国外垄断。

蒋士成深知，后面的路程一步比一步艰难，但无限风光在险峰。这是一条充满着风险和变数的崎岖小路，需要奋力攀登，排难前行。

确定目标规划蓝图之后，蒋士成心无旁骛、呼朋唤友、攻坚克难朝着既定目标前进。

厚植科技沃土

仪化公司顺利实现了从边生产、边基建向创造效益、作出贡献的阶段过渡。到1990年，公司已形成年产50万吨聚酯的生产能力，占全国化纤总产量的1/3、涤纶总产量的1/2，成为名副其实的全国化纤生产基地的龙头企业，在全国纺织工业中处于举足轻重的地位。

随着国家深化国有企业改革步伐的加快，企业必须加快内涵式发展步伐，而科技无疑是第一生产力，是企业发展的先导。

蒋士成深知，实现聚酯装置国产化不仅需要学科带头人的运筹帷幄，而且需要广大职工技术素养的提升，需要在仪化公司厚植科技沃土、锤炼科技队伍、强化科技意识、健全激励机制。

1993年5月15日，仪化公司科技工作会议在小剧场召开，这是仪化公司科技发展史上一次具有重要意义的会议。蒋士成对仪化公司科技工作作了历史性的全面总结，并提出了今后科技工作的任务。

蒋士成在仪征化纤科技大会暨科协第四次代表大会作工作报告

这次会议最大的亮点是颁布出台了《仪征化纤公司科学技术成果奖励办法》。该《奖励办法》规定：科技成果奖按年创经济效益计奖，一等奖按年创效益的3%，二等奖按2.5%，三等奖按2%计奖。奖金分配按贡献大小合理分配，不搞平均主义。

仪化公司科技工作会议的召开和奖励政策的出台，极大地激发了仪化公司广大科技人员的积极性和创造性，营造了鼓励创新、激励攻关的浓厚氛围。

蒋士成十分重视技术制度建设，在他的主导下，建立健全了培训教育、课题申报、技术开发、成果转化、售后服务、对外合作等一系列规章制度，使科技工作做到有章可循，有规可依。在蒋士成的主导下，将技术进步与企业发展列入公司重大议事日程，并拟定了技术进步发展战略。他提出了技术进步考虑国内市场需求状况，技术进步要走国际化发展的道路，加强新产品开发，实现产品多样化的基本思路与对策。到1995年要实现以生产出口产品为突破口，进一步优化工艺、扩展计算机和仪表自动化在生产控制和管理中的应用，加速已引用技术的消化、吸收和创新；加强产品开发、工程开发和备件国产化，采用和推广新工艺、新材料，对已有设备进行更新或改造；完成引进软件、热媒炉等9项技术改造工程；增加25万吨PTA等6个大中型新建项目以及1000吨无纺布试验装置等5个小型新建项目；公司在这些重大技术改造和新建项目上的预算投资额为11.9亿元。

仪化公司在科技人员中持续开展“讲理想、比贡献”竞赛活动，1992年，全公司立项228项，取得成果139项，创经济效益达9800多万元。

1992年之后，仪化公司职工科技活动更加活跃，更有成效。蒋士成亲自登台开展科普讲座，普及科技知识。1992年9月，仪化公司举办了第三届科普宣传周活动，侧重宣传“科学技术是第一生产力”，宣传公司在推动科技进步方面所取得的新成就，着眼于促进公司安全稳定生产和节能降耗工作，对普及科学知识、增强科技意识、介绍高新技术成果、提高广大职工的科学文化素质等方面发挥了积极作用。

经过一系列的规划、运筹、活动与举措，在仪化公司形成了浓厚的科技氛围。春天的播种，将会在金秋收获硕果。

获得国家首批企业技术中心称号

为了提高我国自主创新和科技成果转化能力，1993年，根据国务院要求，由时任国务院副总理的朱镕基主抓，国家经贸委牵头在全国范围内开展企业技术中心认定工作。

蒋士成敏锐地认识到，这是仪化公司推进科技进步、加快科技创新的一个难得机遇，是一股强劲的东风，一定要借助这股强劲东风推动仪化科技上台阶，出成果，推动企业优质发展。

蒋士成在 1993 年的一次科技专题会议上说：以往我国科研工作最大的问题之一就是囿于体制，制约了科研成果向市场转化。科研院所普遍存在花了不少国家的钱，科研人员费了很大的劲研究出了科研成果，科研成果也评上了奖颁发了证书，最后大多数被锁在了抽屉里，转化率很低。一个国家如果科研成果不能应用于市场，不能尽快形成生产力，将会阻碍这个国家的科技进步。现在国家推进以企业为主体建设技术中心，是一项功在当代利在千秋的明智之举。我们一定要乘东风、抓机遇，推进仪化公司的企业技术中心建设，不仅要获得这块牌子，享有这个荣誉，而且要利用这个平台扎实做好工作，推进科技进步和科技创新。

在蒋士成的大力推动下，经总经理办公会议研究决定，仪化公司按照国家经贸委对企业技术中心组建的要求，本着高层次、高水平的原则，在原公司研究院的基础上组建企业技术中心。仪化公司组建后的技术中心由科技发展部、研究院、中试工厂、信息中心、技术质量监督部组成，将科技管理、科研开发、科研成果转化融为一体，将松开的手指握成了拳头，形成了合力。

蒋士成兼任仪化公司企业技术中心主任，牵头部署企业技术中心创建工作。

国家经贸委对创建企业技术中心设立了一些硬性指标，比如企业对科技的投入不得低于销售收入的 1.5%。当时仪化公司没有达到这个指标，蒋士成为此做了大量工作，积极争取科技经费投入。蒋士成的呼声引起了仪化公司总经理任传俊等班子成员的高度重视，得到了大力支持，对科技的投入不断增加，增添了不少处于国际领先水平的仪器设备，改善了科研、信息、管理手段。

仪化企业技术中心的主要任务是：开展有市场前景的，较长远的化纤工业基础性技术、关键技术，以及新一代化纤产品的研究与开发；开展有市场需要的新产品、新技术、新材料的开发和应用，以及工业规模生产技术的研究；开展将化纤工业重大技术成果转化为商品的中间试验；参与本企业技术进步发展规划和计划的制定和执行，参与引进技术的论证、消化、吸收和创新，以及执行企业赋予的技术管理和服务职能；进行国际国内的技术交流与合作。

提出了“九五”期间拟新建 PBT/PET 及化学改性聚酯中试装置、表面活性剂中试合成装置、超高速纺丝装置、非织造布中试装置等 8 个中试装置；作出了聚酯非纤应用技术研究、双组分复合纺丝及其系列产品的应用研究、超高速纺丝技术研究及推广等 5 项科研规划；聚酯差别化改性切片、双组分复合纤维、涤纶工业丝、复合型高性能非织造布等 9 项产品开发规划。❶

仪化公司抓住机遇、踏准节拍、积极向国家经贸委提出了认定企业技术中心的申报并扎实做好了预验收工作。1993 年 11 月，仪化公司企业中心经国家经贸委验收组实地考核验收合格，被认定为国家首批享受优惠政策的 40 家企业技术中心之一。

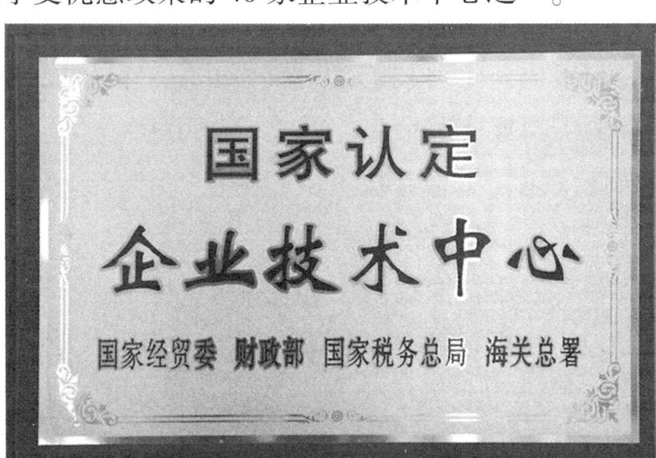

被首批认定为国家企业技术中心

❶任传俊．全国百家大中型企业调查：仪征化纤[M]．北京：当代中国出版社，1994.

蒋士成前往北京参加了授牌仪式，同海尔公司等企业领导同台接受了领导授牌。被评为国家企业技术中心的企业可享受税收、海关进口仪器设备免税、新产品开发免检等特殊优惠政策，为仪化公司快速发展营造了良好的社会和经济环境。

获得国家企业技术中心称号后，并非一劳永逸，而是要定期接受国家经贸委等有关部门组织的复查评审。蒋士成对上级复查评审非常重视，亲自主持召开专题会议对照标准做好自查工作，不断发现问题，弥补短板，练好内功，对迎检工作作出具体安排。

仪化公司不满足于国家企业技术中心授牌，而是以此为动力积极培育科技文化、增强科技意识、健全科技制度、强化科技硬件、提升科技水平、优化科技环境。为了提升研究和检测水平，1994年，仪化公司又投入1000多万元，从德国、瑞士进口了长丝、工业长丝中试生产装置和化工试验及仿真试验装置。

为了提高公司信息化水平，仪化公司投资3000多万元建设了计算机管理信息系统，并与路透社合作建立了信息联网。信息网络建成后，能及时了解国外同行业发展动态，为科研更好地结合生产和面向市场提供了有效手段和有力支持。

技术质量监督部具有完整的检测计量手段，拥有固定资产1200多万元，为科研与生产提供了可靠的检测保证，并逐步成为本地区的主要检测计量中心。

重组后的仪化企业技术中心集科研、开发、中试、检测、情报于一体，还在管理体制上进行了深化改革，引进了承包制，对科研、技改项目实行承包制。在技术开发、技术攻关和科研成果的转化上，公司技术中心开展了卓有成效的工作，取得了可喜的成果。

蒋士成以开放的理念、宽广的视野，推动了技术中心与科研院校的合作并且取得了可喜成果。如与南京大学共同开发了有机硅整理剂并实现了工业化生产，每年可为公司创利20多万美元；与合肥工业大学合作开发的废聚酯发泡隔热材料也实现了工业化生产；与中国纺

1992 年，蒋士成在仪征化纤信息中心开通
总经理查询系统了解系统运行情况

织大学合作开发的新一代保暖材料四孔中空纤维填补了国内空白。

1995 年 6 月 14 日，蒋士成参加了江苏省科学技术大会，在会上作了题为《推进技术进步，争创世界一流，仪征化纤企业技术中心成果丰硕》的发言交流。他在发言中介绍了创建企业技术中心的重要意义、仪化公司的主要做法、取得的主要成果及下一步的构想。会后，不少企业慕名前来仪化公司参观学习、交流取经。

蒋士成还代表仪化公司前往贵州参加国家经贸委主持召开的先进企业技术中心表彰大会。仪化公司创建企业技术中心的经验和做法受到了国家经贸委领导的表扬。

1997 年 6 月，仪化公司企业技术中心建设荣获国家经贸委颁布的“八五”技术创新优秀项目奖。

国家首批企业技术中心的认定，对于仪化公司来说，不仅建立健全了科技进步机制，获得了国家税收、外贸、立项等多种优惠政策，而且有效地扩大了企业的知名度和美誉度，提升了企业在市场竞争中的软实力。

国家经贸委的资金支持

“跑部钱进”是我国特定时期的一种特殊现象，为了得到国家资金对项目的支持，一些地方和企业想方设法与主管部门拉关系、套近乎。

由于创建企业技术中心工作，国家经贸委有关部门领导与蒋士成频繁接触，加深了他们对仪化公司和对蒋士成的了解，他们非常认可仪化公司的央企担当，非常敬佩蒋士成的人品学识，因此，把对仪化公司的政策支持放在了优先地位，主动在资金上给予大力支持。在未经仪化公司申请的情况下，国家经贸委主动为仪化公司安排了 1000 万元无息贷款支持企业技术中心建设，仪化公司便有了“踏破铁鞋无觅处，得来全不费工夫”的故事。

仪化公司原科技开发部科长周向进为此事与国家经贸委技术装备司技术中心处处长孙玉麟取得了联系，了解其中原委，并告诉孙玉麟处长，仪化公司并没有提出过申请资金支持。孙玉麟处长告诉他：国家经贸委一直积极推进企业自主创新，开展国产化项目。对仪化公司报效祖国、履行使命、担当责任、努力干好事做实事的精神给予了充分肯定，便特意安排了这笔资金给予支持。而对一些不干实事的企业，申请报告写得再多，辞藻写得再华丽，我们一分钱也不会给，仪化公司是干实事的企业，即使你们不申请国家资金支持，我们也要主动安排资金支持。因为，国家给出的钱要有意义、要出效果。我们相信支持你们仪化是在支持民族聚酯工业的发展，是一件有着重要意义的事业。

仪化公司得知国家经贸委安排了 1000 万元无息贷款的信息后，

领导们还就要不要这1000万元进行了研究，最后的结论是：这笔钱先要下来，等企业有了效益再还给国家。❶

加快推进聚酯装置10%增容项目

仪化涤纶一厂3套聚酯装置从1984年底打通流程投入生产后，二厂、三厂的聚酯和纺丝生产线陆续开车生产。

其实，工业装置的技改增容伴随着生产活动的全过程。工业装置在设计时都会留下产能余地，每套装置都会有制约瓶颈，只须通过工艺技术改进和小改设备之后就可提升产能。装置增容改造投入小，见效快，基本上没有风险，是企业乐意而为之事。

当时国家工业主管部门十分重视工业企业通过技术革新改造降低成本、提高产量、提升质量，并且出台政策给予鼓励奖励。仪化公司从第一套装置投产开始，就拉开了以增容为名的技改工作。

仪化公司涤纶一厂首先投产，在生产稳定之后，就陆续组织技术人员开启了聚酯装置小改小革、增容改造工作。经过广大技术人员的不懈努力，取得了良好的增容、提质效果。

继涤纶一厂之后，其他厂增容工作也陆续展开并且取得成效，为企业增收节支、锻炼队伍发挥了重要作用。

1992年，蒋士成到仪化公司分管科技、质量工作后，把聚酯装置增容工作放在了突出位置，对装置增容工作进行了统一规范，上升为公司行为。以前有的厂提增容10%，有的厂提增容15%，还有的厂提增容20%。后来统一称之为增容10%，并作为公司技改项目

❶周向进口述访谈.2016.3.北京.

向上级主管部门申报，被纳入中国纺织总会统一管理，而且被列入国家“八五”计划的重大项目。仪化公司加大组织协调力度，加强对技术人员培训，注重交流推广经验做法，同时，对增容经费统一管理。

1994 年 8 月 19 日，仪征化纤公司召开了聚酯、纺丝增容 10%可靠性研究报告及初步设计审查会。主持公司日常工作的陈锦芳常务副总经理对聚酯、纺丝增容 10%改造实施提出了“加强领导、加快节奏、项目承包、统一步调、分工协作”的 20 字要求，也成为仪征化纤公司增容工作的指导方针。❶

蒋士成出席了审查会议并提出了具体要求。蒋士成说：“聚酯、纺丝增容 10%改造项目是公司内涵改造的一个重要组成部分，是适应世界聚酯业的发展，提高公司在国内外市场竞争力的重要举措。聚酯、纺丝 10%增容改造投资省、见效快、效益好，改造完成后，能进一步提高公司生产装置的产能，为实现在本世纪末公司本部实现 100 万吨聚酯生产能力的目标奠定坚实的基础。各有关单位一定要充分认识增容改造的必要性和重要意义，组织技术力量，调动广大技术人员的积极性，瞄准改造目标组织攻关，挖掘装置的潜力，为仪征化纤新的创业作出更大贡献。”

聚酯装置 10%增容有序展开，生产车间和管理部门联动，并且任务明确、步伐稳健、计划周密、措施得力。有关 10%增容的专题会议每月定期召开，增容攻关领导小组组长蒋士成都会出席会议总结工作、布置任务，强调重点。

经过一段时间的实践，在蒋士成带领下，经过认真研究，形成了聚酯及纺丝装置增容的原则：

一是制定切实可行的效益最大化的增容目标，尽可能依靠原系统的流程，不增加主流程设备，既减少投资又减少扩容风险。

❶《会议纪要》. 1994. 8. 仪征：仪征化纤公司藏档 .

二是催化剂配制系统保持不变，以减少因流程、浓度、活性的变化对反应系统的影响，不改变聚酯熔体的内在质量，提高生产的平稳性和可靠性。

三是控制配料、酯化、预缩、终缩各阶段的反应过程和小分子脱除等传质过程环境不变，稳定酯化物的品质指标；熔体的表观指标及熔体内在指标不变，以保证熔体可纺性。

四是设备可靠性应进一步增强，减少非计划停车及生产扰动，此为增容及工艺优化的前提及基础。

五是试验时分阶段进行，找瓶颈先系统核定，增容试验按台阶进行，整个工作先有核算支撑，并有设备保证才能循序渐进向前推进。

六是在工艺优化时重点放在减缓蒸发以防止夹带；系统内部前后调平利用总反应容积，以提高分子成键均匀度；提高原料适应性达到粗粮细做的要求。

根据以上原则，科研、设计、设备制造各部门各负其责，分头实施。

蒋士成充分发挥各厂技术人员的作用，亲自作技术讲座，提高技术人员素质，对各厂出现的问题及时解决。全厂技术人员积极性高涨。在开展聚酯装置10%增容的同时，还安排了纺丝等装置的增容工作。大概用了3年左右时间基本完成了聚酯和纺丝装置10%增容任务，并且通过了中国纺织总会的考核验收，这些装置的实际增容均超过10%。通过实施10%增容项目，一年可为仪化公司增加经济效益一个多亿元，为企业快速发展奠定了经济基础。

中国纺织总会对仪化公司10%增容项目取得的成果给予了充分肯定。

1997年聚酯装置10%增容项目荣获中国纺织总会科技进步一等奖，纺丝装置增加生产能力10%的技术改造项目获得1997年国家科技进步三等奖。

完善布局开发新品

蒋士成作为仪化公司的创业者，见证了仪化公司的发展历程，参与设计和规划着仪化公司的发展方向。仪化公司的发展进步蓝图一直装在他的心中，一刻也不曾离开过。

仪化公司根据经济社会发展和人民对美好生活追求的变化，走过了一条由追求产量到不断调整产品结构的发展之路，负责技术、质量工作的蒋士成无疑担负着重要角色，发挥了重要作用。

聚酯的主要原料是精对苯二甲酸(PTA)，我国长期以来依赖进口，外商不仅垄断价格，获取高额利润，而且由于政治风云变幻，给原料供应、稳定生产带来风险。聚酯原料 PTA 一直是制约我国聚酯工业发展的一大瓶颈。

有鉴于此，仪化公司非常重视构思布局自主解决 PTA 的发展战略。从当时世界最先进的美国阿莫柯等公司引进技术，先后建成投产年产 25 万吨和年产 45 万吨的 PTA 装置，并通过对两大 PTA 装置的不断增容扩产，现在已达到年产 100 万吨的生产能力，增加了仪化公司市场竞争的筹码。

蒋士成规划仪化新品布局的思路除了主要原料外，本着人无我有、人有我优的思路，向着高端、功能、环保方向发展，围绕聚酯产品的上下游不断开发新产品，跳出低端、同质化竞争的恶性循环困局，使产品结构不断优化，质量不断提高，开发生产了荧光增白切片、阳离子可染切片、短纤油剂国产化、聚酯切片、涤纶短纤、涤纶中空纤维、涤纶长丝系列品种、超细复合长丝等。不仅取得了良好的经济效益，也引领了我国聚酯工业的发展方向，发挥了“国家队”的重要作用。

仪化公司每年都要研制和开发出一批差别化、高附加值产品品种，并迅速投放市场，诸如开发的1.33分特有光缝纫线型纤维、汽车装饰面料用丝、海岛丝等差异化产品，均打破境外公司对此产品的垄断，满足了客户的需求。差别化产品已形成“三级、四化、五型”的系列格局，即切片纤维级、瓶级、膜级，长丝细旦化、网络化、复合化、有色化，短纤棉型、中长型、无纺布型、缝纫型、中空型，产品品种已达300多个，产品差别化率不断提高。

此外，工艺流程的优化及软件开发，也为装置的高产、低耗、优质创造了条件。

推动质量与品牌建设

蒋士成重回仪化后，正是公司工作重点从建设投产转向装置达标升级，转换经营机制，致力做大做强的重要时期。聚酯化纤行业民营企业逐步发展起来，市场化竞争初露端倪。公司及时调整工作思路，制定了“向世界一流企业迈进”的工作目标，推动加强质量与品牌建设，为打造百年仪化奠定基础。

公司领导班子意识超前，开始认识到品牌在企业发展和市场竞争中的重要作用，在全公司职工中组织进行了聚酯涤纶产品品牌名称征集活动。经济研究中心的杨芝芳同志提出的“白斯特”在众多的应征作品中脱颖而出。入选的理由是这个名称不仅蕴涵了聚酯产品的特性，而且具有国际元素，其英文的含义是“好”的意思。公司宣传部门利用电视、报纸等多种媒体报道了此次活动。仪化公司人才济济，当时的公关部一个小伙子俞有凌设计了水滴型的品牌图案也得到大家的认可。这个活动成为仪化公司一个成功的品牌策划、宣传、普及案例。

印有白斯特商标的仪化公司聚酯切片产品

仪化公司倾力打造的"白斯特"品牌，先后荣获江苏省重点名牌产品称号和国家银质奖，成为在国内外享有盛誉的品牌。

1994年，仪化公司完成股份制改组，成功在上海和香港证券交易所上市。按照国际一流企业定位，开拓国际市场需要，公司决定进行ISO900质量体系贯标认证工作。任传俊总经理亲笔题写了公司质量方针和质量目标。质量方针为：科技先导，质量第一，"白斯特"全力满足用户需求。质量目标为：领先国际水平，创立世界名牌。7月4日，公司发文发布。蒋士成作为分管领导，负责贯标实施工作。❶

根据蒋士成等的建议，公司对组织机构进行了调整，推动形成质量和品牌建设的合力，加大了质量和品牌建设的投入。由蒋士成牵头，各分厂总工程师参与，编写了《仪化公司质量手册》，并通过公司电视台举行隆重的发布仪式。

❶《仪征化纤文件》. 仪征：仪征化纤公司藏档 .

仪化公司的贯标不仅采用国家标准，而且采用国际先进标准。法国 BVQI 公司组织的审核小组对仪化股份公司执行的 ISO9002：1994 年标准的质量体系进行了抽样审核。经审核，该小组成员一致认为，仪化股份公司相关受审部门都能认真贯彻质量体系的标准，而且质量管理和贯标意识有明显提升，质量管理体系相当成熟和完善。

通过贯标，公司上下质量和品牌意识有新的提升。对外加强用户沟通走访，对内狠抓现场管理和质量改进，不断完善设备，优化工艺。公司涤纶短纤维、聚酯切片、瓶级聚酯切片产品质量一直处在国内同行业领先水平，并成为制定行业标准，提供标准样品的生产企业。随着产品销售市场拓展，在国外市场声名鹊起。1995 年 6 月 23 日，第 20 届欧洲 J&BAN 公司形象和产品质量金星奖评选委员会向仪化股份公司颁发了欧洲 J&BAN 公司形象和产品质量金星奖，表彰仪化公司在与欧洲贸易活动中，产品质量及销售服务的良好表现。

仪化的瓶级切片产品率先获得可口可乐公司的第二方产品认证，成为当时唯一一家获得向可口可乐公司提供原料瓶片资格的企业。借此影响，公司申请美国仪器医药卫生检验局 FDA 和欧洲经济委员会 ECC 组织的卫生认证，并顺利通过，取得了进入国际市场的“入场券”。

继可口可乐公司之后，香港百事可乐公司也通过了仪化 BG85 瓶片质量认证，标志着仪化公司瓶片取得了全球第二大饮料企业的通行证，使仪化公司成为国内企业中第一家通过可口可乐及百事可乐产品双认证的企业。这是仪化公司在聚酯非纺非纤领域的一个重要突破。[1]

仪化公司通过质量和品牌建设，收获了市场的知名度和美誉度，为开拓国内外市场，扩大市场份额，提高经济效益发挥了重要作用。同时，质量和品牌，犹如坚固的大堤，抵御着市场的惊涛骇浪。

[1]《仪征化纤大事记》. 仪征：仪征化纤公司藏档 .

第九章

欲得虎子闯虎穴

聚酯装置增容30%的缘起

主持完成仪化聚酯30%增容项目是蒋士成人生的重彩华章，是实现聚酯装置国产化的奠基石，也是蒋士成获评中国工程院院士最重的那块砝码。

当时仪化公司先后建设了八条聚酯生产线，年产量可达到50万吨以上，产量、质量和消耗均已达到或好于吉玛公司原设计要求，在国内同行业中处于领先地位。在任何一个比较成熟的装置上进行改造，无疑要冒极大风险，但作为国内聚酯行业的龙头老大，无论从眼前应对激烈的市场竞争，还是打破国外垄断的长远发展战略考虑，这个风险必须要冒也值得去冒。

在这种背景下，仪化公司在1990年下半年编写了《聚酯生产线能力提高25%~30%技术改造可行性研究报告》上报纺织工业部，纺织工业部组织多领域专家对仪化上报的可行性报告进行了调查论证，1991年9月25日，纺织工业部第194号文下达了《关于对仪征化纤工业联合公司“聚酯生产能力提高25%~30%技术改造”可行性研究报告的批复》。

聚酯装置25%~30%增容项目正式立项后，仪化公司分别于1991年下半年和1992年上半年开始与德国吉玛公司和中国台湾大兴公司接触商洽，并进行了技术及报价比较。

据仪化公司编印的《聚酯通讯》记载：

吉玛公司拟通过增加PTA秤的能力；增大Q01及改为交流变频调速；采用新的催化剂配制系统；安装新的R01反应器；原R01改为第二酯化釜；采用新的低黏度圆盘反

应器；修改切粒机；实施污乙二醇全回用；淘汰预缩聚过滤器及过滤器清洗系统等举措，使改造后的流程为5釜流程，总停留时间约为10小时，原有设备利用率72.68%；原料消耗：PTA 860kg/t熔体，EG 335kg/t熔体，切片中DEG≤0.9%(质)。

改造项目报价为1362.5万德国马克。

中国台湾大兴公司拟通过增加一台Q01；新增第三酯化反应器和一套工艺塔系统；在R05前增设一台矗立式聚缩器；R05真空系统采用先经一级刮板冷凝器，再进行目前的EG三级喷射和喷淋；更换切粒机等措施，使改造后为7釜流程，总停留时间为10小时，原有设备利用率96.34%；原料消耗：PTA 860kg/t熔体；EG 337kg/t熔体，切片质量DEG<1.0%(质)。

改造项目报价为478.65万美元。

这两个报价仅包含工艺技术、外供设备，施工、材料、土建等都没有列入报价，这就意味着由外企主导实施聚酯装置30%增容改造，不仅费用高得离谱，建设周期长，而且存在较大的实施风险。蒋士成此时已正式调到仪化公司，由他牵头组织国内科研、设计、制造力量联合攻关的蓝图隐约可见。另外通过创新攻关可以培养自己的工程技术人员，为实现聚酯装置国产化奠定基础。这是决策者共有的梦想。

冲破阻力　统一思想

仪化公司的10%增容和30%增容从时间上来说并没有明确的界限。由于仪化公司的工厂分期建设，有先有后，因此，10%增容工作是从一厂开始，取得经验之后逐步推广的。在筹划和启动30%增容项目的同时，有些厂的聚酯和纺丝装置10%增容项目仍在交叉进行。

30%增容相对于10%增容来说，要复杂得多，不仅在工艺上要做改进，而且要通过改造和增加设备才能实现。因此，需要研究和掌握酯化反应机理。这些任务仅靠仪化公司的科研、设计、制造力量难以承担，必须借助国内一流的科研、设计和制造单位联合攻关才能完成。从工作步骤来说，选择一套装置先行试点，待试验取得成功之后再在其他装置上推广。第一脚踏稳之后再迈出第二步，有利于化解风险，稳步推进。

从德国吉玛公司引进的世界上最先进的聚酯装置，犹如一只“洋老虎”，中国有句成语叫作“不入虎穴，焉得虎子。”而要深入“虎穴”，无疑会存在一定的风险，敢不敢冒这个风险，值不值得冒这个风险，怎样得到“虎子”，一个个问号摆在了仪化人面前。面对一个个问号，难免会莫衷一是、众说纷纭。

1992年8月，蒋士成在仪化公司专题研讨会上正式提出了自主实施聚酯装置增容30%的攻关计划。这个议题一经抛出，领导班子成员的意见不像10%增容那样高度一致，有赞成之声，也有质疑之声。赞成有赞成的理由，质疑有质疑的原因。

赞成者认为：我国现在的聚酯成套装置技术完全垄断在外国人手中，中国已经成为一个世界聚酯装置“博物馆”，我们的脖子掐在老外手上，我国为此付出了沉重的代价。如果不能实现国产化，我们永远成不了化纤工业强国。仪化公司作为聚酯行业的“带头大哥”，应当担当责任，为我国聚酯装置国产化蹚出一条路子。要实现聚酯装置国产化，必须先行通过30%增容探索规律。人无远虑必有近忧，今天的这一步是必须要走的。赞成者、支持者理直气壮。

质疑者认为：30%增容需要改变反应机理和工艺流程，还需要增加复杂的关键设备，这些工作并非仪化公司力所能及，需要借助于外力联合攻关，风险不小。一旦对装置开膛剖肚、伤筋动骨，如果试验失败的话，那么开弓没有回头箭，六七个亿的引进装置将会报废，而且上级给我们下达的年度生产任务繁重，缺少一条生产线，将很难完成年度生产任务，这个责任谁来承担？另外，华东理工大学的技术是否靠得住？我们花了钱是否能把技术买回来？投了这么多钱是否能带来效益？质疑者也不无道理。

为了统一思想，达成共识，顺利实施聚酯装置30%增容项目，有关聚酯装置国产化的议题不仅在公司高管中讨论，还在相关部门的中层干部中征求意见、集思广益。有时不同意见相互碰撞、火花四溅。

蒋士成为人谦和，任何时候都是温文尔雅、气定神闲、镇定自若，不失学者风范。

有人好奇地问蒋士成："您的心态平和是怎样修炼的？"

蒋士成说："在与别人打交道的过程中，要与人为善、以诚相待，多换位思考，即使别人有时出言不逊，也应宽容理解，因为我没有时间也没有必要跟别人生闲气闹别扭。"

在蒋士成身边工作的许多同事都说，这么多年，极少见过蒋总生过气，发过脾气。但在主持公司有关部门讨论聚酯装置国产化时，蒋士成第一次动了怒。当时有一位部门负责人对国产化方案极力反对，并且谁发言支持他就与之发生争执，使会议无法正常进行。此时，主持会议的蒋士成已经到了容忍的极限，脸色由白转红，但他仍然心平气和地对那位部门主任说："今天的讨论会是各抒己见，要允许别人发言，您实在不愿意听可以请您离开今天的会场，哪天您方便时请您到我办公室，我单独听取您的意见如何？"

时间已经过去了10多年，许多与会者对那次会议的场景仍然记忆犹新，因为在他们的印象中这是蒋总10多年来表达气愤情感最严厉的一次。但即使是最严厉的情感表达，也是那么和风细雨、出言温柔，这就是蒋士成的风度。

由于分歧太大，一时难以形成决议，只能请各位班子成员继续思考，留待下次继续讨论。

仪化公司原党委书记朱恪礼谈起蒋士成当年搞聚酯装置30%增容和国产化往事仿佛还历历在目。朱恪礼说："当时蒋总主导自力更生搞聚酯30%增容时，班子里意见不统一，有支持的，也有反对的，各说各有理。不同观点激烈碰撞，一时难以形成决策，当时蒋总非常着急。我是坚定地支持蒋总搞聚酯装置国产化并先做30%增容探索经验，化解风险的。一次我与蒋总单独进行了交流，主要探了探蒋总的底。我问蒋总，30%增容项目要对洋设备开膛剖肚、伤筋动骨，您到底有多少胜算。蒋总告诉我，不敢说有100%的胜算，至少有90%成功的把握。我一听，心里的一块石头落了地，因为我了解蒋总，他这个人说话是靠谱的，既然有90%的把握，那还怕什么，做什么事没有风险？就是引进外国人的设备也存在风险！于是更坚定我支持蒋总自己搞国产化先搞30%增容的信心。后来，我分别找了有不同意见的班子成员单独进行了交流，逐步消除了他们的顾虑。"❶

时隔不久，仪化公司专题会议继续讨论聚酯装置30%增容改造议题。这次会上赞成的声音明显增大了，理由更加充分了，底气更足了。心存担忧的同志向蒋士成发问："请问蒋总，我们分歧的焦点是对能否成功没有把握，您是技术权威，您给我们交个底，成功的把握到底有多大？"

蒋士成坚定地回答："我还是那句话，不敢说有100%成功的把握，但至少有90%以上成功的把握。主要理由是：我们有了10%增容改造的成功经验，对洋设备的性能有了一定的了解，锻炼了队伍，增添了底气。如果启动30%增容工作，我们将联合国内一流的科研、设计和制造单位联合攻关，这些单位也早有实现聚酯装置国

---

❶朱恪礼口述访谈 . 2017. 4. 仪征 .

产化的愿望，因此可以弥补我们仪化公司自身力量不足的缺陷，可以增加胜算。另外，还有一个重要的原因是，有上级主管部门的大力支持。因此，我敢说过程中可能会遇到这样那样的问题，但一定会取得成功。”

蒋士成的一番入情入理的阐述，消除了一些同志的顾虑，扩大了赞成的阵营。这次会议仍然没有作出决定。由于事关重大，为了慎重起见，大家同意报请主管部门——中国纺织总会拍板决定。

蒋士成和有关领导专程赶赴北京，就仪征化纤聚酯装置30%增容试验项目，向中国纺织总会会长吴文英作了详细汇报。听完汇报后，吴文英当即表示支持。吴文英说：“我们大规模聚酯装置国产化喊了好多年，但一直没有实质性进展，现在需要有人来牵头，需要有企业提供平台来实施。仪化公司是我国聚酯行业的领头企业，应当承担起这份责任。由蒋士成同志来牵头实施，给我们增添了信心，中国纺织总会全力支持。”

吴文英部长还请来了中国纺织总会的生产、计划、科技等部门领导一起商议，将仪征化纤30%增容项目纳入中国纺织总会“八五”计划重点项目，努力争取国家资金支持。要求纺织总会有关部门全力支持仪化公司聚酯装置30%增容试验工作。

蒋士成的这次北京之行，收获满满。蒋士成在仪化公司总经理办公会上传达了中国纺织总会领导的指示精神，于是，仪化公司正式决定由蒋士成作为聚酯装置30%增容项目主要负责人、项目总体技术方案策划者和关键技术确定者，担纲聚酯装置30%增容试验项目。

仪化公司聚酯装置30%增容项目还被纳入国家“八五”重大技改技措项目。

1994年10月，酝酿已久的聚酯装置30%增容项目在仪化公司涤纶三厂举行了隆重的开工仪式。

蒋士成像一位指挥若定的将军，吹响了夺取聚酯装置增容30%高地的进军号角。

曾经参与该攻关项目的纺织工业设计院工艺组组长黄志恭说："我们今天说起聚酯装置国产化的话题很轻松，但在当时是非常困难的。如果没有蒋总走国产化路线，没有生产、设计、科研、制造联合攻关是不可能实现的。第一个吃螃蟹的人是有风险的，需要奉献甚至牺牲精神。"❶

不能忘却的三厂八单元

因为聚酯装置30%增容需要伤筋动骨，要对设备做较大改造，因此，仪化30%增容是先行试点，稳步推进的。选择哪个单元先行试点成为蒋士成前期思考的重要问题。

当时，仪化公司从德国吉玛公司引进了8套年产6万吨聚酯装置，分布在一、二、三厂。要选择其中的一套进行试点，该选择哪个单元呢？蒋士成设定的前提条件是厂领导和职工积极支持，具有良好的试验生态。

为此，蒋士成先后与几个涤纶厂的领导进行过交流，由于要忙于完成生产建设任务，他们积极性不是很高。但时任涤纶三厂厂长的李仁炎是一个乐于开拓创新的领导，尤其是生产副厂长沈希军表现出了极大的热情，希望试验放在他们厂进行，可以利用刚建成投产不久的八单元来做30%增容试验。年轻的沈希军给蒋士成留下了良好的印象，带来了振奋的感受。

沈希军1982年毕业于大连工学院化工系高分子化工专业，学生时代曾担任过团支部书记，显露出很强的组织才能，在学生中享有

❶黄志恭口述访谈．2017. 8. 北京．

较高的威望。仪化公司为他的人生提供了广阔舞台。当蒋士成提出要选择一套聚酯装置进行30%增容试验时，正好与他的想法一拍即合，因此，沈希军能成为积极支持者，并非心血来潮、感情冲动、爱出风头，而是理性的选择和智慧的结晶。

据蒋士成介绍，30%增容之所以最终选择在三厂的八单元，还有一个重要原因是八单元建成投产时间不长，是单独的聚酯装置，没有后接涤纶短纤维，而且三厂的技改力量强，有主动进取精神。经过几番比较衡量，蒋士成的建议得到公司批准，最终30%增容改造选择在了三厂八单元。

组织联合攻关

如果说30%增容项目选择在哪个单元先行试点不易，那么有效组织联合攻关的同盟军则更难。

30%增容在蒋士成的规划中，是国产化的前奏，不同于10%增容仅仅是释放装置设计中的余量，主要触及工艺改进，而30%增容将是伤筋动骨，还要对原装置在运行中暴露出的缺陷进行改革创新。从国外引进装置，厂商为了自身利益，都不会将核心技术外示于人。技术培训只是教给你怎样操作，而不告诉你为什么这样操作，让你知其然，而不让你知其所以然。这就是我们只能重复引进，成为世界聚酯装置“博物馆”的原因所在。

蒋士成要与国内最强的生产、研究、设计、制造单位强强联手。因为聚酯生产是一项复杂的专业技术和系统工程，涉及多个学科领域，是一项全新的挑战。生产、研究、设计、制造每一个方面都非常重要，而在追求知其所以然的过程中基础研究就显得更为重要。这是从必然王国走向自由王国的法宝。

仪化公司、华东理工大学、中国纺织工业设计院三方正式签订了《仪化公司聚酯八单元30%增容技术改造技术开发合同》和《仪化公司聚酯八单元30%增容技术改造工程设计合同》。

仪化公司八单元增容30%技术改造在蒋士成的指挥协调下排难前行。每月召开几次专题会议，及时解决攻关过程中存在的问题。经常与国内外供应商代表交流，前来交流的外商有德国MAAG公司、德国Temax公司、日本岛津公司、日本东工公司、日本飞鸟公司、美国PALL公司等世界知名的聚酯领域的设计、制造和供应商。

1993年4月12日~14日，蒋士成主持召开了“聚酯增容30%技术方案审查会议”，中国纺织工业设计院、华东理工大学、仪化公司三方有关人员40余人参加了会议，会上，中国纺织工业设计院提交了《仪化公司第八单元增容30%技术改造方案》，会议确定了八单元改造采用两段酯化、三段预缩、一段终缩的6釜流程。新制造第一酯化釜R01和第三预缩低黏圆盘反应器R04-2，新反应器布置在位于七、八单元中间的新建框架楼中。会上还确定了改造范围，核定了进口设备范围，并对下一阶段工作作了布置。

1993年10月8日~9日，由蒋士成主持召开了聚酯八单元增容30%技术改造项目酯化阶段工作交流会，三方代表30多人参加了会议。会上华东理工大学提交了《酯化反应过程研究工作总结》，会议肯定了前阶段华东理工大学所做的工作，并对下阶段工作作了部署。

1994年2月24日~25日，蒋士成在仪化公司会议中心主持召开涤纶三厂聚酯增容30%工作会议，这次会议是一次产、设、研三方联席会议，除仪化公司计划、财务、生产、科技、质量、设备和涤纶三厂等单位负责人外，承担设计和科研任务的中国纺织工业设计院的副院长孙今权和华东理工大学副校长戴干策等领导和团队成员参加了此次会议。

会上，华东理工大学从预缩聚反应数学模型化方法、反应规律研究、圆盘反应器的冷模研究、PET 后缩聚反应过程研究、PET 终缩聚反应过程研究等五个专题进行了汇报。中国纺织工业设计院从酯化、缩聚、工艺塔等十个方面汇报了有关基础设计方面的设想。

与会者进行了热烈讨论，并且在许多重要问题上取得了共识，同时对华东理工大学和中国纺织设计院的工作给予了充分肯定。

蒋士成在会上作了总结性讲话：

一、经过三方一年多的共同努力，特别是华东理工大学的研究，使我们对聚酯工艺过程、机理和参数选择有了更深入的了解。你们的研究工作基本上满足了初步设计条件的要求，也基本上完成了当初合同所规定的目标，有些地方还要结合中国纺织工业设计院的要求继续完善，等最终系统报告出来后再开鉴定会。

二、对中国纺织工业设计院基础设计原则的确定及主要问题统一认识如下：

一是为保证聚酯增容 30%改造设计软件国产化工作顺利进行，对改造中的第一酯化反应器及其搅拌器、第二预缩聚低黏度圆盘反应器、EG 蒸汽喷射泵、循环真空泵等关键设备，要选择有制造经验和成套试验装置的厂商。

二是原则上同意一个酯化反应器、一个工艺塔的设计方案。对新塔按泡罩塔进行设计。

三是在原最终圆盘反应器原则上不动或少动的条件下，考虑降低最终圆盘反应器的进口黏度。老系统的第一、第二预缩聚系统基本可用。但第二预缩聚真空系统在现有负荷条件下的能力已显紧张，请核定此部分负荷及负荷分配。

四是低黏度圆盘反应器盘型以及 PTA 秤重系统通过技术交流再决定设计。

五是最终熔体齿轮泵除新增四台外，其他的八台通过老设备改造来满足增容要求。

六是EG循环泵和热媒泵同意选用国产设备。切片干燥机的改造方案等进一步探讨后确定。

蒋士成说："经过三方共同努力，科研工作已按预定目标基本完成，这是很好的开端，增强了我们对30%增容改造的信心。今后的工作中心将从科研转移到设计、订货及部分土建。三方要继续共同努力，确保聚酯增容30%改造项目获得成功。另外，三方要严格遵守保密制度，注意技术保密。"❶

生产、科研、设计三方同心协力，运行有序，进展顺利，其中蒋士成的协调组织能力得到各方认可与称赞。

仪化公司聚酯装置30%增容改造联合攻关完全打破了各方的利益屏障，大家为了一个共同的目标，尽心竭力、各展其能、多作贡献。

虽然合同中规定了各自的任务，但在工作过程中又不唯合同论，而是同心协力、整合资源、形成合力、联合攻关。蒋士成作为联合攻关总协调人，推进整体进程，协调重大问题，定期或不定期召开专题会议。各方负责人都各负其责，在发挥主观能动性的同时，打破常规，建立了畅通的信息沟通渠道，及时化解工作中的问题。

1996年，蒋士成（前排右二）在聚酯装置30%增容投产现场

❶《会议纪要》. 1994. 8. 仪征：仪征化纤公司藏档 .

时任仪化公司领导的徐正宁说："当时中国纺织工业设计院没有三维设计电脑，就在我们仪化公司做，我们给予无私支援。设计人员和科研人员来仪化生产车间跟班作业，我们毫无保留对他们和盘托出。我们公司技术人员也派驻华东理工大学实验现场、中国纺织工业设计院设计现场和南化机设备制作现场，参与工作、提出建议、收集数据，反馈信息，改进生产工艺。总之，在聚酯装置增容改造过程中，各方配合紧密，是一次真正的联手联心工程。"

仪化项目声动上海滩

华东理工大学是蒋士成的母校。他对母校"勤奋求实，励志明德"的校训，"明天的希望"校歌，"知行合一、学以致用"的理念记忆犹新。校园文化穿越历史时空已经镌刻在了校园大地上，牢记于学子们的心中。"行知路""实践路"成为校园主干道的名字，时刻引导着千万学子的言行。

蒋士成多次说到华东理工大学还有一个重要的理念就是格物致知。化学是一门变化的科学，化学人的职责是研究物质变化掌握其所以然。导师们常常教育他们，在研究物质变化机理之时，不仅要知道其成功的途径和方法，还要掌握失败的原因，当穷尽了每一条错误的路径之后，留下来的才是正确的路径。这些理念和方法使华东理工大学的学生终身受益。蒋士成一再强调：自己就是其中的受益者。

蒋士成选择自己的母校作为聚酯基础理论研究的同盟军自然有他的理由。

华东理工大学关注世界化学前沿动态，加强与国际化工大学交流，在20个世纪70年代，就向西方发达国家派出了留学生和访问学者，关注和研究国际化学前沿课题。

1992年5月的“北京三人会谈”之后，华东理工大学副校长戴干策及时与陈敏恒校长就与仪化公司合作事宜进行了讨论。根据陈敏恒校长的安排，由戴干策作为项目负责人，代表学校负责与仪征化纤公司合作事宜。戴干策组织学校有关部门进行了专题研究。学校决定全力配合仪征化纤公司聚酯装置增容和国产化工作，配备得力教授、专家参与此项工作，为发展祖国化学工业，为人民丰衣添彩作出自己的贡献。华东理工大学为仪化项目配备了豪华阵容，派出了4名教授和10多名研究生。这在该校历史上属于空前。这4名教授擅长的领域涵盖了酯化原理、反应机理、自动化控制等多个领域。

不久，华东理工大学第一个百万元级合作项目与仪征化纤公司签署，仪化公司为甲方，华东理工大学为乙方。乙方承担的主要任务是研究聚酯反应机理，根据增容和大型国产化装置调整配方，掌握反应机理，建立数学模型等。

20世纪90年代初期，对于华东理工大学来说，百万元级项目可谓特大项目。因此该校上上下下非常重视。这个项目被列入校长办公会议题，项目负责人定期汇报工作进展情况，及时解决存在的问题。

从德国访问归来的张素贞教授还清晰地记得：戴干策副校长在学校大礼堂全校教职员工大会上介绍了仪化公司聚酯装置项目。学校办公会研究决定，为了鼓励学校研究成果转化为生产力，促进产业发展，对参与仪化公司项目的有功人员每月增加300元工资奖励。张素贞因参与项目控制软件开发作出了突出贡献得到学校充分肯定，将其列入奖励名单，令她备受鼓舞。

那时教授每月的工资也就1000多元，每月增加300元是一个不小的数目。学校重奖校企合作项目有功人员的决策，不仅在全校引起巨大反响，而且在整个上海高校界都成为一大新闻，迅速传播引起轰动。也为校企精诚合作、攻坚克难增加了强劲的动力。

运筹帷幄　攻坚克难

蒋士成对聚酯装置30%增容项目的成功成竹在胸，充满信心，但是他也预计到其间并非一帆风顺，肯定会遇到道路曲折、坎坷泥泞。

要想在已经建成的装置上多拿到30%的产能，需要在吃透原有设计的基础上，重新进行机械、容积、管道流速等设备能力和工艺条件的衡算，找出瓶颈，制定完善方案，做出新的设计。按照蒋士成在产、设、研三方会议的部署，经过反复研究确定，增容主要做了六个方面的工作：

一是重新设计装置改造后的工艺流程。针对原装置酯化反应器体积不满足生产要求的问题，在酯化段新设计一台体积80立方米的酯化反应器，把原第一酯化反应器改作第二酯化反应器使用。在缩聚段，增设一台带圆盘搅拌的卧式反应器作第3缩聚反应器，用它来分担原装置上3个缩聚反应器的负荷。在上述改动的基础上，重新设计装置的工艺流程，完成带物流量数据的工艺流程图(PFD)和带仪表控制点的管道仪表流程图(PID)。

二是全面调整装置的工艺参数。应用技术开发的科研成果，经过计算和优化，确定了装置改造后的工艺参数，它有以下特点：采用较低温度、压力、反应物质的量比和相应延长反应时间的酯化工艺，可提高产品质量的均匀性；仍保持原工艺中第一酯化反应器达到较高酯化率(大于90%)这一特点；在增设第三预缩聚反应器后，降低第一、第二预缩聚反应器的料位和操作真空度。同时，后聚合器进口黏度较之前提高，因此可减少蒸发夹带，改善反应器的操作工况。在对后缩聚反应器结构不做改动的条件下，通过对圆盘转子强度和刚度的核算，用提高进口物料黏度值来提高其生产能力。

三是完成反应器等新增设备的设计。其中一台是带大直径(直径4000毫米以上)的多层螺旋内盘管的搅拌槽反应器，另一台是带圆盘转子的卧式反应器，同时编制了设备制造、检验和验收的标准。经改造后可以完成不同生产能力的酯化反应器和预缩聚反应器的工艺和设备设计。

四是完成DCS系统应用软件的设计。在改造后的工艺流程中，将新增加的控制回路引入现有的DCS控制系统。如将新增第三缩聚反应器圆盘转子的电流值、出口物料黏度值与反应器的操作真空度引入数学模型，实现稳定控制反应器出口黏度值，便于对生产系统的调控。

五是纺织工业设计院独立完成包括工艺、设备、自控、电气、结构、建筑、暖通和给排水各个专业的工程设计工作。在国内聚酯装置的工程设计中还是第一次，可为今后进行大规模能力的聚酯生产线的设计积累宝贵经验。

六是在改造装置中使用国产设备。除新增加的反应器、工艺塔、刮板冷凝器等设备是由国内化工机械厂加工制造外，还选用国产的屏蔽泵输送热媒油，螺杆泵输送PTA浆料，离心泵输送不同温度的乙二醇以及通风用耐高温防爆风机等。[1]

1994年10月28日，聚酯八单元30%增容项目正式破土动工，在这种边生产、边改造的情况下，面对人员少、时间紧、头绪多、任务重等诸多困难，蒋士成深入一线，精心组织协调、合理部署安

[1]《会议纪要》. 1994. 8. 仪征：仪征化纤公司藏档 .

排，在土建和安装调试阶段，每周定期召开现场协调会，基建、安装和设备调试多管齐下，加快进度，新楼地下管线的搬迁、反应器的吊装、新楼调速系统安装、系统标定、冷检热检、DCS 系统的设计和调试等关键工程，都完成得非常出色。到 1995 年 3 月底，完成了新楼土建安装和大部分试车工作，保证了老楼 4 月 10 日的停车改造。针对老楼停车时间短、改造项目多、新老楼衔接量大的特点，涤纶三厂编制出详细施工作业衔接计划，积极协调，在老装置旁耸立了一座被人们称之为“小炮楼”的新装置，为该项目打赢了关键的一仗。

仪化公司三厂八单元增容后增建的“小炮楼”

通过市场竞争解决关键设备制造难题

设备订货是一项重要而棘手的工作，尤其是在国内聚酯设备制造工艺并不成熟的条件下进行国产化改造，无疑增加了难度。

蒋士成对此非常重视，组织协调涤纶三厂、设备动力部、科技发展部、进出口公司和中国纺织工业设计院等单位技术人员，进行了深入细致的调研和交流工作，严把合作厂家选择和制造质量检验关。在设备订货工作中，R04-2 反应器订货最为关键。经反复研究，1994 年 9 月，蒋士成决定对这两台反应器实行公开招标。蒋士成主持召开招标会。上海第一化机厂、南化集团化工机械厂(以下简称南化机)、南京第二化机厂三家制造厂参加了招标。由仪化公司、中国纺织工业设计院 17 位专家组成的评议团投票表决，南化集团化工机械厂在对项目重视程度、人员管理、技术水平等方面都较优，被选为两台主反应器的制造厂家加盟联合攻关团队。

说起南化机能够入选聚酯装置 30%增容攻关团队，充分阐释了什么叫偶然之中有必然。

南化机的历史不能不令人肃然起敬。它的前身是被毛主席誉为“工业先导，功在中华”的我国化学工业先驱范旭东先生 1934 年在南京卸甲甸创建永利铔厂时的铁工房。

这个铁工房，跟随历史脚步、经历时代沧桑、沐浴改革春风，在过往的 60 多个春秋中无论名称、规模及隶属关系如何变化，范旭东、侯德榜等老前辈制定的“我们在原则上，绝对的相信科学；我们在事业上，积极的发展实业；我们在行动上，宁愿牺牲个人顾全团体；我们在精神上，以能服务社会为最大光荣”的“四大训条”始终没有变，“自己能干的坚持自己干”的理念没有变，“实业报国，为国分忧”的责任担当没有变。

南化机从当初的几十人，曾发展到人数最多时的4000多名职工，他们以永利铔厂为自豪，以范旭东传人为光荣。

蒋士成希望通过招标的方式，选择国内一流的设备制造公司承担聚酯装置国产化设备制造任务。由蒋士成挂帅，组成了由科技处、设备处、法律事务部负责同志参与的设备招标工作组。

招标工作组通过多种渠道征集了国内多家知名设备制造企业参与投标。为了慎重起见，招标组还对重点企业进行了实地考察。

一天上午，仪化技术处沈有根、设备处宋志宽等一行前往南京第二化机厂进行了技术和硬件考察，与南京第二化机厂领导和有关人员就仪征化纤聚酯国产化设备生产周期、价格报价进行了初步洽谈。

当天下午，沈有根等一行顺道来到了南化集团化工机械厂，主管生产的张万山副厂长和技术人员接待了他们。张万山看了招标材料后，满怀信心地说：“要论制造高端化工设备，我们肯定在国内属于一流，可以保质保量按期完成任务，满足客户需求。可能我们的报价会比其他厂家要稍高一些。”听取了该厂技术队伍、加工机具、主要业绩等基本情况的介绍后，考察组留下了深刻印象。

第二天，沈有根等将南京第二化机厂、南化集团化工机械厂和此前考察的几个厂的情况向蒋士成作了汇报。蒋士成提出了选择制造商的指导原则：在选择制造商时，不能只看价格便宜，而要重点考察企业文化、管理体系、市场信用和技术实力。当他听到南化集团化工机械厂的前身是范旭东前辈永利铔厂的铁工房时，他对该厂多了几分信任和好感。

蒋士成在学生时代就崇拜范旭东、侯德榜等化工前辈，特别是他们的“四大信条”以及实业报国、开拓创新的精神早已成为蒋士成的文化信条。

几天后，蒋士成亲自前往南化机进行了实地考察。他通过初步接触，从南化机领导和职工身上看到了永利铔厂传人的精气神，凭着南化机人立志报国的精神，制造高压容器和尿素关键设备的显赫业绩，以及技术软件、机具硬件的实力，见多识广的蒋士成为对南化机了解得太迟而愧疚，南化机就是他理想中的合作伙伴。蒋士成对南化机给予了高度评价。

那次参与接待的南化机的同志至今仍然对蒋士成儒者风度、丰富学识、和蔼态度、平易近人留下了深刻印象。

项目招标组对国内几家化工制造厂进行了综合考核评标，尽管南化机的报价不是最低的，但总体评分高，最终南化机以第一名胜出，成为仪征化纤公司聚酯装置30%增容攻关团队的一员。

能够中标承担仪征化纤聚酯装备设备制造任务，对于南化机来说是一大喜讯。他们早已期待能在化工装置国产化中大显身手、再立新功。

南化机立即进行了全厂动员、作出组织安排，抽调精兵强将参与仪征化纤攻关项目。

对于南化机来说，能有机会参与攻关自然兴奋，但他们清醒地认识到，这将是一场硬仗，不知有多少意想不到的硬骨头要啃，不知道有多少难关要闯。

制造高端设备并非照图施工，依葫芦画瓢。有些设备构造图纸比较简单，制造起来却很复杂。

南化机集中了化学、化机方面的专业技术人员和能工巧匠合作攻关，一道道难题在南化机人手中得以化解。

为了密切协作关系，保证工作进度和产品质量，在反应器的制造过程中，仪化公司派出专业技术人员驻南化机现场办公，随时解决制造过程中出现的一个个难题，如积极协助反应器的真空插漏热试验和最终检验，为制造反应器赢得了宝贵的时间。根据合同进度，前期进展顺利。蒋士成在每周协调会上，总能听到南化机的好消息，不断给这位总指挥增添信心。

不负众望克难关

在攻关团队中，对于蒋士成来说，仪化公司、华东理工大学、中国纺织工业设计院他曾身在其中，非常熟悉，相对而言，对南化机却了解较少。伤筋动骨增容项目是一个系统工程，只有各个子系统优化才有可能母系统优化。一只水桶能盛多少水，取决于那块短板。因此，关键设备制造逐渐提上了蒋士成的重要工作议程，成为他关注的焦点。

也许是“好事多磨”，一路凯歌高奏之后，遇到了一道不小的难题。关键设备聚酯缩聚釜 L 形夹套像一只拦路虎挡住了众人前进的步伐。L 形夹套在酯化缩聚工序中发挥着传送热媒的功能，形状特别，制作难度大。水压车间按照常规思路试做了几个，安装之后就出现泄漏。刘金宝厂长带着水压车间主任孔令修等专程前往仪化公司现场观察缩聚釜，希望从中得到启迪。但几套设备都在运行之中，从外面根本看不出其中的奥秘。他们乘兴而来，扫兴而归。

孔令修领回任务后，在车间攻关小组会上说：“我们承担了聚酯装置 30%增容的制造重任，就一定要保质保量按期完成，遇难而退、半途而废不是咱们南化人的性格。一言既出，驷马难追。从现在开始，咱们几个就吃住在现场，攻不下难关不回家！”

“拼命三郎”的几句硬话，震撼了大伙，大家都从心底敬佩孔主任，他指到哪大家就打到哪。

三个臭皮匠，顶个诸葛亮。大家集思广益、智慧迸发。这个说圆，那个说方，这个说长，那个说短，一个个奇思喷发，一个个妙想涌流，说了就干，不同的样品试了一大堆。攻关组的几个同志在车间厂房里，困了睡，醒了干，饿了吃，饱了干，尝试过多少套方案，大家已记不清了。

一天，孔令修在烧水泡茶时，突然灵光一现，当年住南京专科学校常用烧水的煤油炉浮现在了眼前，他从中得到启迪。马上叫来大伙，说出了自己的奇思妙想："咱们要做的L形夹套就是煤油炉一样的形状，外面像蚊香盘管，内面走热媒。"经孔令修一点拨，大家茅塞顿开、豁然开朗。

大伙立即动手点燃炉子，烧旺炭火，将升温的不锈钢管放在卷板机上，隔一段垫根木块，卷板机缓慢转动带着不锈钢管慢慢成型，卷一段，再加一块木块，就这样，L形夹套终于在他们手中产生了，通过加压试验，超过了设计要求。

蒋士成一段时间以来为L形夹套久攻不下而忧心忡忡。他从提出聚酯装置30%增容开始，就预计了许多环节可能阻挡前进的脚步，但没有想到会来得这么快。那段时间他的忧虑逐渐加大。南化机传来的喜讯，使他舒展了愁眉。他说："感谢你们，感谢你们！我明天就去南化机看望你们。"

第二天，蒋士成和科技处的同志一道，来到了南化机，在刘金宝厂长、张万山副厂长的陪同下来到了水压车间，见到熬红了双眼的孔令修和攻关组的同志。蒋士成表示了深深的谢意！

孔令修向蒋士成介绍了攻关的灵感和加工过程。在反复观摩了L形夹套设备之后，蒋士成不苟言笑的脸上终于露出了满意的笑容，也更加坚定了对南化机的信心。❶ 蒋士成紧紧地握着孔令修的手深有感触地说："我们选择南化机承担聚酯增容设备制造任务，现在看来，这项选择是正确的。"

❶刘宝金口述访谈 . 2017. 11. 南京 .

启动应急方案排除热媒泵故障

1996 年 4 月 2 日，蒋士成在涤纶三厂三楼会议室主持召开了聚酯增容 30%紧急会议。会议专题讨论了聚酯八单元增容 30%设备单试中大连屏蔽泵厂生产的两台热媒泵的故障处理应急方案。两台热媒泵在试车过程中发生故障，初步分析系设计及结构上的问题，该情况紧急，事关聚酯增容 30%任务能否按期完成，事关开车后的稳定运行，且聚酯八单元现已停车衔接，具有不可逆转性，因此，紧急修复、寻找备台、从速订货，已是迫在眉睫，为此会议决定：

一、为确保 30%增容项目万无一失，请设备动力部立即抓紧两台备台的进口订货工作，同时在公司内部、附近厂家寻找备台，具体尺寸由涤纶三厂提供。

二、请欧树森副总工程师、涤纶三厂冯小林即赴大连，积极稳妥地处理好两台泵的修复事宜。

三、请沈有根副经理负责会同涤纶三厂，就现场南化机两台反应器升温后的整个工作进行协调，并就反应器的结构进行确认。

四、聚酯八单元已停车衔接，请设备动力部、科技发展部等派专人参加每日的现场例会，做好协调工作。

从这个会议纪要中可以看出：蒋士成领导的项目攻关组处理问题迅速，责任落实明确，尤其是提出每天召开现场例会，解决增容过程中出现的问题。由此不难理解为何艰巨复杂的 30%增容工作能够排难前进。

投料试车前夕，蒋士成领导的“技术决策委员会”的同志在现场连续召开了 15 次专题会议，确定设备的真空系统参数和如何提升负荷等重大技术问题。5 月 17 日深夜，蒋士成等领导和涤纶三厂及公司有关部门负责同志在现场连夜研究开车前准备工作，几乎一夜没有合眼，将试车工作做得精益求精。

正是在蒋士成的指挥下大家同心协力、真诚合作及时解决了试车过程中存在的困难和突发的问题，才能捷报频传。

项目成果振奋人心

30%增容项目试车前夕，蒋士成提出了“单机试车要早，气密性试验要严，联动试车要细、投料试车要稳”的要求。

严格做好各项生产准备工作，精心组织试车，缩短了试车周期。在各方的共同努力下，1996 年 5 月 18 日，八单元投料试车一次成功。

1996 年 5 月 17 日，蒋士成(右三)等领导以无比喜悦的心情在涤纶三厂观看刚刚生产出来的聚酯切片

聚酯装置投产后，不断优化装置工艺参数，使产品质量稳步提高，原材料消耗不断下降，并逐步将生产负荷由原260吨/天升至280吨/天，稳定生产，使装置达到增容40%的能力，在此生产负荷下，通过了仪化公司组织的72小时工艺考核。

为迎接、配合中国纺织总会对该项目进行考核验收，仪化公司成立了以蒋士成等领导和有关部门负责人组成的考核领导小组，下设办公室和工艺、设备、电仪、财务四个专业考核组。制定了详细的考核方案，分别对改造项目各子项和改造后的装置运行情况进行了考核，出具了考核报告。认为该装置在产量、质量、消耗水平等主要经济技术指标上全面达到或超过改造设计值，实现了预期目标，具备上级验收条件。

中国纺织总会于1996年10月11日对仪化公司聚酯八单元增加生产能力30%技改项目进行了验收。

专家们听取了该项目的工作报告、技术报告、运行报告、考核报告、测试报告和用户报告，参观了生产现场，并组成考核组，先期对该生产线的设备、运行工艺和产品质量进行了考核，也对工程验收考核资料及生产记录进行了复核。经认真讨论，一致认为：

一是该项目是一个跨行业、跨学科的系统工程，内容多、技术难度大，采用以企业为主体联合设计部门、高等院校共同攻关，发挥各自优势，在国内首次成功地对引进的200吨/天聚酯装置进行了增容40%的重大技术改造。

二是该项目在对引进的先进技术和装备进行消化吸收的基础上作了大量的应用基础理论研究和自主技术开发工作，对酯化缩聚反应特性及反应器作了模拟研究；建立了过程数学模型和计算机仿真系统；开发了“工艺软件包”；采用先进的工艺和技术为该装置进行了基础设计；设计制造了第一酯化反应器和低黏圆盘反应器等关键设备；解决了缩聚反应器真空系统堵塞的技术难题，从而使聚酯增容改造技术取得了重大突破，为国内自行设计和制造大型聚酯装置奠定了基础。

三是通过该项目技术的实施，增容改造后的聚酯装置运行性能和产品产量、质量、单耗等技术经济指标均达到90年代国际先进水平。

四是使用该增容改造技术，按增加产能40%计，吨产品投资仅为新建同类装置的三分之一。工程调整概算为8580万元，投资完成8465.28万元，整个基建支出占概算投资的98.65%，做到了概算不突破。每改造一条同样规模的生产线，按现行价格计算，每年可增加销售收入24444万元，为国家增加税收1710万元，为仪化公司增加税后利润2177.58万元，投资效益率为25.73%，是一个经济效益和社会效益十分显著的项目。

五是该项目提供的鉴定技术资料齐全、数据准确可靠，符合技术鉴定要求。

验收委员会认为，该项目工艺先进、技术含量和装备国产化程度高，建设速度快，改造克服了原装置的设计的薄弱环节，使原装置的生产能力和技术先进性有了较大的提高。改造后，装置生产能力已达到并超过了增容30%目标，产量、质量、消耗等技术指标和装备的运行稳定性均优于原装置。该项目是一个具有高科技含量的重大技改项目。项目在科研、设计、装备制造上取得的成绩，标志着我国聚酯工业在装备技术的国产化上取得了突破性进展，为大容量聚酯装置全面国产化创造了条件。项目的改造成功，充分显示了仪化公司作为联合攻关的组织者和决策者，敢为人先、勇担风险的胆识和魄力。❶

鉴定委员会一致同意通过本项目的技术鉴定，希望项目承担单位进一步总结经验，尽快推广该项目技术成果。

从这份专家鉴定意见可以看出，仪化公司三厂八单元聚酯30%

❶《仪征化纤涤纶三厂聚酯八单元增加生产能力30%技术改造项目验收报告》.1996.10.仪征：仪征化纤公司藏档.

增容打了一个漂亮仗，用事实和客观数据回应了当初的反对之声。

时任中国纺织总会会长的吴文英在1996年11月5日的一份《情况简报》上作出批示：仪化此项技术改造做得很好，花钱少，通过改造增容30%，总结坚持四条非常好，我们应抓住大做文章。

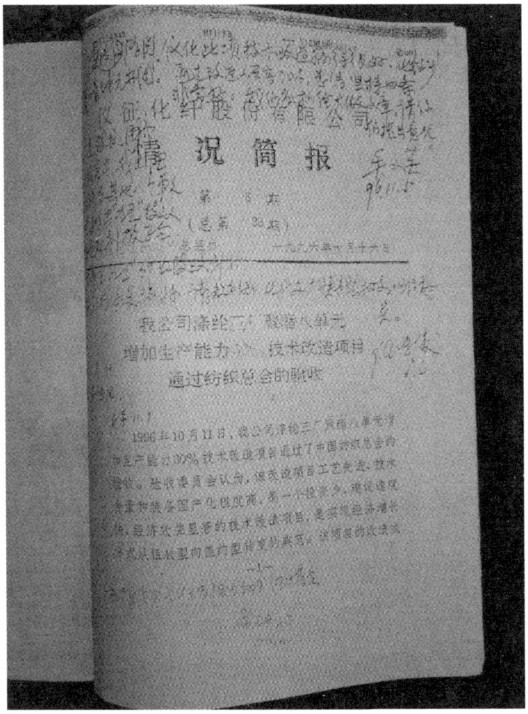
仪征化纤股份有限公司

情况简报

第 8 期

（总第 38期）

一九九六年十月十六日

我公司涤纶三厂聚酯八单元

增加生产能力30%技术改造项目

通过纺织总会的验收

1996年10月11日，我公司涤纶三厂聚酯八单元增加生产能力30%技术改造项目通过了中国纺织总会的验收。验收委员会认为，该改造项目工艺先进、技术……质量和装备国产化程度高，是一个投资少、建设速度快、经济效益显著的技术改造项目，是实现经济增长方式从粗放型向集约型转变的典范。该项目的改造……

—1—

原中国纺织总会会长吴文英在仪化公司涤纶三厂聚酯八单元增加生产能力30%技术改造项目通过纺织总会的验收《情况简报》上的批示

这个项目的成功，不仅使国人感觉到喜悦，而且在世界化纤界掀起了不小的波澜。当仪化公司在北京国际化纤会议上宣布这一喜讯时，外国同行也心情复杂地举起了庆功的酒杯向蒋士成表示祝贺。

仪化公司聚酯30%增容项目，分别在1997年荣获国家经贸委授予的国家“八五”技术改造优秀项目奖和1998年荣获中国纺织总会科技进步一等奖。

中国纺织总会科技进步一等奖项目主要负责人、总体技术方案的策划者和关键技术的确定者即第一研制人蒋士成，仪化公司、中国纺织工业设计院（不包括华东理工大学人员）主要完成人员沈有根、祖荣祺、欧树森、黄志恭、沈希军、张莼、洪升、张建仁、马海康、周秀姮、韩正民、李利军、朱大林、王保明、陆永发、祁建声、郇武才等18人。

此后，国内许多聚酯装置利用仪征化纤公司的增容技术进行了增容扩产，为企业创造了巨大的经济效益，更为重要的是为聚酯装置国产化奠定了坚实的基础。

仪征化纤公司三厂八单元30%增容改造项目获得成功，经济效益突出，该成果荣获多项奖励，也为蒋士成当选中国工程院院士奠定了坚实的业绩基础。

惠泽聚酯行业

仪征化纤公司三厂八单元增容30%项目获得成功后，得到中国纺织总会领导及国家经贸委有关领导的高度赞扬，建议不仅要在仪征化纤公司其他聚酯装置和纺丝装置上推广，而且要在全国聚酯行业大力推广，使仪征化纤公司的增容试验成果惠泽中国聚酯行业。

仪征化纤公司则近水楼台先得月，他们在三厂八单元增容改造成功之后，迅速在其他几个单元推广。1997年仪征化纤公司职代会报告提出：聚酯三、六、七、九单元30%增容改造立即启动。其中三单元年内完成，六、七、九单元分别于1998年一、二季度完成。一、二、四、五单元的聚酯增容部分先行改造，当年下半年全面开工，1998年下半年陆续形成生产能力。纺丝1-16K增容改造1997

年6月底前拿出实施方案，下半年逐条实施改造，于1998年底全部完成。17K和18K中空纤维生产线25%增容于3月份拿出方案，年底完成。涤纶四厂中空纤维于6月拿出增容改造方案，视方案确定实施计划。❶

一厂三单元和二厂六单元的30%增容改造分别于1997年10月和1998年12月完成。这些装置的增容改造既借鉴八单元的成功经验，又不是简单抄作业，而是不断创新改进，生产工艺得到优化，装置控制及技术水平得到提高，产值能耗等技术指标和装置运行的稳定性优于原装置。三单元仅用9个月时间就圆满完成改造任务，进一步展示了仪化速度与水平，六单元注意精打细算、节省成本，工程费用比概算节省2000多万元。

蒋士成是一位具有前瞻性眼光的专家型领导，凡事善于规划设计，凡事习惯打出提前量，因此，在人们的印象中，蒋士成温柔敦厚、从容淡定，而他所协调组织的工作却井然有序、运转高效。

还在三厂八单元30%增容尚在进行之时，由蒋士成领衔的仪征化纤公司增容攻关领导小组就开始着手部署在其他聚酯装置和纺丝装置推广经验，将增容效应迅速扩大，为公司快速发展作出贡献。

在三厂八单元30%增容项目接近尾声之时，蒋士成对增容成功更加坚定了信心，于是，加快了推广八单元增容做法和经验的步伐。那段时间科研条线进入了高速运转时期，多种研讨会、专题会、例会频繁召开。有时公司总经理会出席会议，作出指示，加大推进力度。

1996年8月，仪征化纤公司陈锦芳总经理主持四期工程及“九五”重大技措技改专题会议并作出指示：在聚酯增容30%成功的基础上，要加快纺丝增容30%的工作步伐，取得突破。1996年9月6日蒋士成主持召开了纺丝装置增容30%技术改造讨论会，对涤纶

❶《仪征化纤1997年度职代会报告》. 1997. 1. 仪征：仪征化纤公司藏档 .

一、二厂现有生产装置进一步挖潜改造的可行性和改造思路进行了讨论。会议结束前，蒋士成对会议讨论的情况作了归纳并提出了下一步工作思路和要求：

一是公司聚酯装置完成30%增容改造之后，纺丝的增容30%的改造显得尤为重要和迫切。公司已将纺丝增容30%的技术改造作为公司“九五”技术改造的重要任务，下决心要抓出实效，公司各有关部门和各生产厂一定要高度重视，安排好力量开展工作。

二是为加强纺丝增容30%技术改造工作的领导，加快工作进度，会议决定成立纺丝增容30%技术改造工作领导小组，并成立纺丝增容30%攻关小组，由欧树森副总工程师牵头，设备动力部、生产部、技质部、科技发展部、规划建设部、涤纶一厂、二厂、三厂等部门派员参加，下设工艺、设备、综合组，具体开展纺丝增容30%技术改造的可行性论证，确定技术方案等各项工作。

三是确定了下阶段纺丝增容30%技术改造的原则：

改造要首先突出投资效益，立足于现有装置挖潜改造。前纺首先从喷丝板的增容扩孔、提高纺速、调整纺丝工艺的改造着手，后纺从纺丝工艺调整和装备增容上着手，不搞大拆大换。

改造后的产品质量要保证，应不低于现有产品质量水平，保持公司优质产品特色。

改造后生产要安全稳定，设备运行状况要保证改造后仍保持两年一次大修的水平。

改造后原材料和能源消耗要低于现有水平。

改造的目标值是在装置设计产能基础上增容30%以上。

全公司一盘棋，同时要注意对外的技术保密工作。

技术改造讨论会体现了前瞻思想，确定了工作步骤，明确了具体任务，落实了责任人员，具有很强的操作性。

在推广30%增容成果时，继续发挥生产、科研、设计联盟的作用，借助外力推进工作。

在对涤纶三厂八单元增容改造工作成功总结的基础上，与中国纺织工业设计院进行了设计衔接，对增容推广项目的设计范围、设计内容、设计分工进行较详尽的探讨，为初步设计开展提供了条件；通过分专业的认真讨论和专业间的协调磋商，加快了设计进度；对一些周期较长、直接影响进度的有关工作，如主要设备的订货、进口配套件询价、土建开挖及施工等，都基本确定了实施的时间表。

蒋士成像一只高速旋转的陀螺，运筹帷幄，陆续推进着仪征化纤公司聚酯和纺丝装置全面增容，加大了持续改进脱瓶颈的力度、工艺流程的优化及软件开发，也为大装置的高产、低耗、优质创造了条件。他还主持实施了仪征化纤 PTA 增容 30%项目，在消化吸收引进技术的基础上，通过试验研究、技术开发，完全依靠公司的自有技术和国内协作实施，使产能从 25 万吨/年增容至 35 万吨/年。

1996 年，蒋士成(左一)陪同原中国纺织总会会长吴文英(右一)、副会长任传俊(右二)视察仪征化纤现场，左二为原仪征化纤项目负责人张耀华

公司同期组织进行了消化吸收引进 4000 吨/年切片纺三维卷曲中空纤维技术，会同中国纺织大学成功地开发了 12000 吨/年熔体直

纺三维卷曲中空纤维生产线。该成果通过纺织总会技术鉴定及国家经贸委技术装备司的技术经济评价，获得1999年度国家科学技术进步二等奖。

积极推进材料国产化

新型材料是一个国家工业发展水平的标志。因为我国是现代化工业的后来者，总体来说，我国在新型材料领域与发达国家存在较大的差距，这也成为制约我国工业发展的瓶颈。

我国之所以在许多行业需要对外重复引进生产装置，是因为有一些并非基础研究和工艺设计落后，而主要是缺少所需要的新型材料。一旦材料水平不能满足需要就难以改变受制于人的命运。令人欣喜的是，随着改革的深化和对外开放的扩大，我国的材料工业得到了快速发展，如钢材行业涌现出了一批快速成长的企业。

在蒋士成构想的聚酯装置国产化的规划中，早已规划了不仅在基础理论研究和工程设计上要拥有自主知识产权即实现国产化，而且在材料领域也要尽量实现国产化，从而减少受制于人的因素，将国之重器尽快掌握在自己手中。我国工业领域因材料受制于人的案例比比皆是。一些引进设备、装置一旦超过保质期出现故障后，如果维修材料需要进口的话，不仅要无条件接受高得离谱的垄断价格，为此支付高额成本，而且要到国外采购，报关、开验、长途运输等每一个环节都要浪费许多宝贵的时间，甚至还有可能遭到外方制约折腾，使企业蒙受巨大损失。因此，蒋士成希望在聚酯装置30%增容过程中尽量使用国产材料取代进口材料，并在实践中不断探索试验、总结经验，在聚酯装置国产化攻关项目中得到应用，从而使聚酯装置国产化道路更加坚实，步伐更加稳健。

为了在聚酯装置国产化中广泛应用国产化材料，蒋士成和他的团队想了很多办法，采取了许多措施，并且在聚酯装置30%增容项目上进行了有益实践。30%增容项目投产后，蒋士成没有停步，继续着手为国内自行制造反应器选择合适的材料。

1996年12月15日~22日，由仪化公司欧树森副总工程师牵头，组织仪化公司、中国纺织工业设计院、南化公司机械厂、南京化工设备检测中心等单位有关同志专程前往上海江南造船厂、上海金山石化机械厂、上海第一化工机械厂、四川宜宾金属复合板厂等复合板使用和制造单位考察调研。在四川宜宾金属复合板厂，他们被带到山沟里的一个空旷地带，看到工人在碳钢和不锈钢板之间均匀地铺上一层炸药，然后现场人员进入掩体引爆炸药，一声巨响之后，碳钢和不锈钢板有机融合，再通过多种工艺处理，9比1的碳钢和不锈钢复合板便制作成功。这种复合板既可满足聚酯主反应器的工艺要求，又可大幅降低设备制造成本。

1996年12月24日，蒋士成主持专题会议，听取了欧树森等调研人员的情况汇报，对采用复合钢板问题进行了研究并作出决定：

一是采用国产复合不锈钢板制造主反应器，对聚酯项目国产化建设节省投资、提高国产化比例有十分重要的意义，公司对此高度重视和支持，并要求积极、科学、慎重地开展有关工作。

二是调研组对复合不锈钢板在有关单位的使用情况进行了认真了解。特别是对全国压力容器标准化技术委员会推荐的复合钢板制造单位——四川宜宾金属复合板厂，调研人员从制造标准、原材料工艺、装备、质量检验控制等各方面进行了认真考察。考察后调研人员进行了总结，认为四川宜宾金属复合钢板厂生产的不锈钢板质量较好，能够满足我公司聚酯设备的制造要求。

三是公司决定原则同意选用四川宜宾金属复合板厂生产的不锈钢复合钢板，先在聚酯增容改造项目的反应器制造中使用。

四是对聚酯增容中采用国产复合钢板制造两台主反应器的有关工作，继续请欧树森副总工程师牵头，组织设备动力部、科技发展部、涤纶三厂做好相关工作。关于两台反应器封头旋压制造问题，要请中国纺织设计院尽快提出设计核算，并在近期安排赴宜兴北海封头厂考察。❶

鉴于一些军工企业有着先进的技术和装备，同时又急于开拓民品市场，仪化公司先后与航天部十四所、西安法华密封件厂等企业建立了良好的合作关系。蒋士成亲自到这些合作企业考察交流，通过合作探索、付诸实践，结果使复合钢板、屏蔽泵等许多国产材料和设备在聚酯装置上得到应用。

一个思维前瞻、注重实际的项目攻关指挥者，充分体现了他的科学素养和缜密思维。

实践证明，由于国产材料和设备的广泛应用，为仪化公司持续开展的30%聚酯增容项目和聚酯装置国产化项目大幅度降低了建设成本，增强了企业的市场竞争能力，注入了健康基因。同时为国内有关企业开辟了市场，增添了活力，促进了国产化材料的发展，为聚酯行业快速发展提供了有力的支撑。

深思精研发新声

蒋士成从1957年参加工作以来，几乎一直奔波在建设和生产一线，他像一颗种子深深扎根在泥土里。

他常常谦虚地说，自己没有系统研究学术理论，没有写出像样

❶《会议纪要》. 1996. 12. 仪征：仪征化纤公司藏档 .

的高水平学术专著。但蒋士成却是一个勤于学习、善于总结、脚踏实地的研究者和实践者。他坚持订阅国内外纺织、化纤等专业及管理杂志并养成了每天阅读的习惯，及时掌握世界科技、市场、管理前沿动态。每当完成一个重大工程项目的时代节点，蒋士成都会将所思所想形成论文交流发表。自信、实践、创新、报国、奉献构成他论文和演讲的关键词。凡读过蒋士成论文和听过蒋士成演讲的读者和听众都觉得特别过瘾、解渴、管用。

蒋士成单独和与他人合作发表了《中国聚酯及涤纶纤维工业的现状和展望》(《石油化工动态》1998 年第 1 期)；《大型聚酯装置工程技术研究与开发新进展》(《华东理工大学学报》2002 年第 28 期)；《中国纺织工业科技创新思考》(《纺织服装周刊》2014 年第 44 期)；《挖掘出“中国纤维”品牌影响力》(《纺织服装周刊》2015 年第 9 期)；《依靠科技创新实现化纤产业升级》(《中国工业报》2013 年第 10 期)等几十篇有价值的论文。

他的论文何止这些，他更多的是把论文书写在了华夏大地的一套套化纤装置上。

华东理工大学副校长戴干策先生在总结归纳仪征化纤聚酯装置国产化攻关成功的主要原因时对蒋士成敬佩有加。他深有感触地说：“仪征化纤公司聚酯装置国产化成功给我们带来很多有益的启迪。理论一定要与实践相结合，一个教授可以在办公室里写出许多有分量的理论文章，但一个教授无法将理论成果转化到实践中去。一项理论成果的转化成功需要多方面的同心协力。学校培养的大学生一定要与生产实践相结合，才能成为有用之才。”❶

戴干策先生这番感言道出了人才培养的真谛。

❶戴干策口述访谈 . 2016. 11. 上海 .

第十章

攻城拔寨终圆梦

老骥伏枥　志在千里

根据国家发展大型企业集团和加快经济结构调整的要求，经国务院批准，1997 年 8 月，仪征化纤公司与金陵石化公司、扬子石化公司、南京化学工业集团组建中国东联石化集团公司。

根据政策规定，1997 年 9 月，中国东联石化集团公司为蒋士成办理了退休手续。

按照常理，六十五岁的老人应当是过着含饴弄孙、颐养天年的生活。然而蒋士成的梦想不仅在于聚酯装置 30%增容成功，而是实现聚酯装置国产化，报效国家，造福行业。

对于仪化公司来说，要圆聚酯装置国产化的梦，需要蒋士成来领衔实施，因为最合适的人选非蒋士成莫属。

仪化公司在征得蒋士成同意后，继续聘请他担任公司顾问，并委以年产 10 万吨聚酯装置国产化第一责任人之责，担当实施年产 10 万吨聚酯装置国产化项目攻关重任。

蒋士成在退休之后，又奏响了践梦畅想曲，以稳健的步伐踏上了聚酯装置国产化的新征程。

1997 年 8 月聚酯装置国产化项目被正式列为国家“九五”重点科研攻关项目，因为项目被赋予了国家的使命，所以项目责任人责任重大且十分光荣。

蒋士成牵头的生产、科研、设计、设备制造联盟花了几年时间成功地实施了仪征化纤聚酯装置 30%增容，不仅实现了聚酯装置国产化的梦想，而且增添了自主创新的自信与底气。

然而，要自主创新建设全流程年产10万吨聚酯装置，仍然存在着风险。这是一次更艰难的征程，从研究反应机理、建立数学模型、开发应用软件、改进工艺技术、搭建仿真系统到攻关5个主反应器的核心技术，可以说每一步都会有“拦路虎”。年产6万吨到年产10万吨不是简单的数量放大，其传热面积、流态分布，包括物料停留时间等工艺控制，都需要全新设计、模拟试验，反应器需要多大？如何制作？都会带来新的挑战。

纵观世界工业发展史，从试验室冷模热模到试验装置，从工业性试验到工业化装置的开车投产，达到经济和技术设计要求有很长的路要走，甚至有可能遇到难以跨越的障碍，需要支付巨额学费。国内外一套工业化装置试车十年八载无功而果而拖垮企业的案例比比皆是。

蒋士成是一个自我加压的人，是第一个吃螃蟹的人，为了中国人丰衣添彩，又要向着崎岖的山路出发，为实现心中酝酿已久的聚酯装置国产化梦想而勠力前行。

消除藩篱　坚定前行

虽然聚酯装置国产化已经仪化公司研究上报为国家“九五”重点科研攻关项目，在具体实施时还是难免有质疑甚至反对之声。有的认为花钱引进国外设备，不用承担任何风险，甚至也有人惦记着引进装置可以出国考察、培训，开开眼界。按照西方“经济人”的理论来思考，当然不希望中国人自己搞国产化。

缺乏民族情结和报国情怀的人是不会冒险搞什么国产化的，而蒋士成则是一个从小立志报国，一直做着聚酯装置国产化梦的人。因此，面对国产化的反对之声，蒋士成则不急不躁，善于听取不同意见。他认为不同意见有其合理成分，吸纳不同意见可以完善方案、增加警示。

经过在仪化公司总经理办公会上多次讨论，最后统一了思想，决定进一步优化四期工程方案，拟将原一、二、四、五聚酯单元分步技术改造的方案优化调整为依托涤纶一厂现有公用工程余量和空地，以技术改造方式新建一套10万吨/年国产化聚酯装置，项目优化调整后，建设规模不变，除可生产常规聚酯切片外，还留有生产瓶级基础切片和膜级切片的条件，使产品的品种和质量更加优化，同时投资由原需要3.3亿元调整为1.96亿元，可以节省1.34亿元，方案更为合理，技术更加先进，更具有市场竞争能力，经济效益会更加明显。

由蒋士成作为第一研制人组织协调的聚酯装置国产化项目在经历了重重波折之后终于正式吹响了进军号角。

遭遇缓建困局

正如常言所说：好事多磨。

仪化公司原计划在1998年上半年正式启动聚酯装置国产化项目。不料那时国内聚酯市场风云突变。由于我国聚酯原料PTA产量不足，对国外依存度较大，外商看到中国市场需求量激增便借机大幅上调价格。加之大批民企聚酯装置建成投产，同质化竞争激烈。更为严重的是一批国外聚酯企业低价倾销，企图冲垮中国聚酯市场之后进一步垄断中国市场，在多重打击下，原本春光明媚的中国聚酯市场遭遇了“倒春寒”。市场需求大幅萎缩，产品价格大幅下降，大批企业出现产品积压，许多企业出现严重亏损。

这一波市场风浪摧毁了一些竞争力不强的企业，仪化公司这个化纤领航企业也受到了巨大冲击。仪化公司的产品也出现了滞销，库存压力不断增大，迫使生产降低负荷。

1998 年仪化公司的工作重点由增加产量转向了努力开拓市场加大产品销售，主要领导分片带领销售人员开拓新市场，巩固老客户。因此，10 万吨/年国产化聚酯项目不得不暂且搁置、被迫缓建。

项目缓建，蒋士成和联盟各方尽管很不情愿，但只能服从企业大局。

蒋士成主持的协调会仍然定期举行，除了技术上精益求精之外，他反复强调，大家一定要增强信心，因为化纤工业是朝阳产业，目前我国聚酯的功能尚未得到很好的开发利用，聚酯市场一定会迎来快速发展的春天，大家要时刻准备着，人心不能乱，队伍不能散，准备工作不能放松，要利用这段缓冲期把基础理论研究得更加深入，把设计图纸画得更加精准，把设备制造研究得更加透彻，把试车预案做得更加周密，把所有工作做得更加扎实。就这样，命运多舛的聚酯装置国产化项目在缓建中熬过了春夏秋冬。

这一年，蒋士成承担的压力有多少人懂得？就像一支拉满了弓的利箭，正准备发射之时突然被叫停，并且还要保持着待发的姿势。这种姿势需要力量，需要耐心，更需要意志。蒋士成为此增添了不少白发。

1997 年国家计委、国家经贸委以重点项目之名给仪化公司拨付了 1000 万元资金支持。每季度要例行上报进度表，每半年要接受上级部门例行检查。按规定，如果在一定期限内项目不能开工，资金就要被收回。一旦出现这种情况，对于仪化公司来说，收回的不仅是资金，而是对仪化公司的信任，而且会浇灭中国人聚酯装置国产化的信心。这个消息很快会传遍国内外，外商会立即采取行动，对中国聚酯工业的发展也许就是一场灾难！

蒋士成率领攻关团队向国家经贸委作年产 10 万吨
聚酯装置国产化攻关课题汇报

蒋士成怎能不着急。

他一方面尽力向上级部门汇报做好解释工作，获得理解与支持，继续做细做好开工前的各项准备工作。另一方面，针对聚酯行业的困难局面，不等不靠主动出击，与中国化纤协会和国内聚酯企业联手利用国际市场法规，祭起反倾销大旗，打击外商扰乱我国聚酯市场的不法行为。

中国纺织工业联合会副会长、中国化纤协会会长端小平谈起当年蒋士成参与聚酯反倾销仍然感慨良多。他说：“反倾销在许多理工专家学者眼中也许是一件瞧不上的不屑一顾的事情，而蒋士成却与众不同。他在纺织行业是一名旗手，万众瞩目。他却主动放下身姿，投身新领域，参与反倾销工作，并担任了领导小组副组长。因为他知道，聚酯装置国产化不仅可能因为技术难题受阻，而且可能因为市场混乱难以推进，只有在一个有序的市场环境下才有利于实现聚酯装置国产化。中国聚酯市场能够较快恢复正常，与反倾销、打击走私密切相关，而其中蒋院士发挥了主导作用，功不可没。”❶

蒋士成积极参与的反倾销和打击走私等工作取得了积极成果，为我国聚酯工业稳健发展培育了良好的外部环境。

蒋士成和仪化人相信春华秋实，他们在山重水复的冬季，等待着柳暗花明的春天。

迎来柳暗花明

深谙化学变化之道的蒋士成习惯于压力，他常与同事们说：“压力并不可怕，各种分子只有在一定的压力下才能聚合成新的物质，产生质的飞跃。”

我国聚酯市场在经历了一年左右时间的低迷之后，又重新转入了繁荣。缓建的聚酯装置国产化项目终于拔锚起航、战鼓擂响。

1998 年仪征化纤公司已经随东联石化并入中国石油化工集团公司。转年的 4 月 21 日，时任中国石油化工集团公司总经理的李毅中率领有关部门负责人来仪化公司现场办公，期间视察了 10 万吨/年国产化聚酯装置的建设场地，详细听取了该优化调整方案的汇报，并充分肯定调整优化方案，认为其符合集团公司提出的项目建设原则，要求仪化公司尽快上报方案，抓紧做好前期准备工作。

仪化公司以雷厉风行的作风，1999 年 4 月 23 日，向中国石油化工集团公司报送了《仪化四期工程第一步聚酯增容改造项目优化

❶端小平口述访谈 . 2020. 4. 腾讯视频会议 .

调整方案可行性研究报告》的请示，正式向上级单位提出10万吨/年国产化聚酯项目立项。

1999年5月11日，蒋士成在北京主持了30多人参加的10万吨/年国产化聚酯装置攻关专题会议，对5个主反应器的设计条件、设计进度和制造的原则及时间安排等方面进行了讨论，拟定了时间进度表。随即仪化公司以仪化股技字[1999]85号文，向中国石油化工集团公司上报了《关于10万吨/年聚酯国产化成套技术攻关项目"入龙"的请示》。

据原中国石油化工集团公司总工程师、中国工程院院士袁晴棠介绍：中国石油化工集团公司十分重视科技兴企，并出台了一系列举措。"十条龙"科技攻关制度是其中之一。"十条龙"攻关制度从1991年开始实施。这种攻关制度是中国石油化工集团公司发挥集中力量办大事的制度优势、推动重大科技创新突破的重要举措。该模式能够打破条块分割、重复分散的壁垒，在更大范围内整合配置创新资源，深化产学研用协同，加快突破关键技术瓶颈。对带有共性、关键性和对公司发展具有战略意义的重大科技开发项目，坚持实行"十条龙"攻关，即把公司内部的科研、设计、设备制造、工程建设、生产和销售等各方面的力量组织起来进行联合攻关。多年来，在上中下游各领域完成了一系列重大成套技术的开发与转化，最大程度地提高创新效能和效益，对提升公司技术水平和核心竞争力起到了重要作用。这里的"十条龙"是泛指，并非是准确的数量，根据每年审核的实际情况，有多于十个的，也有少于十个的。一旦审核"入龙"，即进入"十条龙"计划，就可以得到集团公司政策、资金等多方支持。

仪化公司的年产10万吨聚酯装置国产化项目，1997年被列入国家"九五"重点科技攻关项目。经过几年来的增容改造、联合攻关，掌握了聚酯反应机理，具备了全流程国产化的技术、工程和设备能力。仪化公司的10万吨/年聚酯国产化成套技术已基本成熟，具备了“入龙”条件。[1]

中国石油化工集团公司对10万吨聚酯装置国产化项目非常重视，李毅中总经理在仪化公司听取了蒋士成等关于年产10万吨聚酯装置国产化工作情况的汇报时，充分肯定这是一件功在当代，利在千秋的大事好事，表态集团公司会全力支持聚酯装置国产化。接到仪化公司的请示后，集团公司组织专家进行了多次专题讨论，专家们一致认为仪化公司具备启动聚酯装置国产化的条件与能力。中国石油化工集团公司随即下发了《关于将10万吨/年聚酯国产化成套技术攻关列为“十条龙”攻关项目的批复》。

《批复》指出：同意你公司与华东理工大学、中国纺织工业设计院、南化机共同承担10万吨/年国产化聚酯成套技术攻关项目，并由你单位担任组长单位。中国石油化工集团公司下拨第一批课题经费150万元，专款专用。

在中国石油化工集团公司的有力推动下，仪化公司聚酯装置国产化项目建设逐步驶入快车道。集团公司不仅安排了资金支持，而且各有关部门大开绿灯、特事特办、大大提高了工作效率：

1999年7月14日，中石化[1999]计字365号，批复10万吨/年国产化聚酯项目的可研报告。

1999年9月28日，批复初步设计。

1999年10月，中石化批复10万吨/年国产化聚酯项目的开工报告。

聚酯装置国产化项目建设的进军号角再一次吹响。蒋士成这位前线指挥官终于舒展了眉宇，他抖擞精神，高举战旗，率领仪化公司、华东理工大学、中国纺织工业设计院、南化机等联盟的战士向着聚酯工业高地发起了冲锋。他们用智慧与汗水、忠诚与奉献在江苏大地上书写着中国化纤工业的崭新篇章。

---

[1] 袁晴棠口述访谈. 2020. 9. 北京.

同心协力克难关

蒋士成是怎样有效地组织协调仪化公司、华东理工大学、中国纺织工业设计院、南化机四方同心协力攻克难关的？

华东理工大学张素贞教授说，蒋士成具有人格魅力，像一支强力胶，把大家牢牢地粘在了一起。在协调聚酯装置增容工作过程中，无论是哪方出现问题，蒋士成总是主动揽责，而不是指责别人，与大家一起协商解决问题。大家与他共事尽管压力大，任务重，但大家心情愉快。那段联合攻关的岁月，令一些当年的参与者至今仍然十分怀念。❶

当年还是一位刚刚毕业的研究生，后来担任华东理工大学化工学院院长的赵玲说到蒋士成便由衷产生敬意。她说，当年在仪化公司与蒋士成院士有过一些接触，印象中蒋总永远是谦虚低调、平易近人，给人的感觉就是一位普通的长者。他对年轻人爱护有加，蒋士成院士的决策和协调能力特别强，再难的事，从来没有见到过他生气发火的时候，工作中出现问题，他总是主动承揽责任，鼓励大家放手一搏，我们与他共事心无旁骛、心情舒畅。可以说，聚酯装置国产化如果没有蒋士成就可能会夭折。❷

较早参与仪化公司聚酯装置国产化研究的沈赢坪老师说，与仪征化纤的合作虽然压力很大，但大家合作愉快。蒋士成先生为人非常好，只要我们提出问题，他都会及时解决。为我们在仪征化纤工

❶张素贞口述访谈 . 2016. 11. 上海 .
❷赵玲口述访谈 . 2016. 11. 上海 .

作创造了良好的条件，我本人也受益良多。[1]

尽管遭遇了缓建困局，但仪征化纤聚酯装置国产化联盟各方在蒋士成的协调下信心不减、劲头不松，对各自的工作精益求精。

华东理工大学在科研工作中，运用正确的研究方法，合理分解、简化研究对象，规划、安排了一系列实验。为确定操作参数和控制指标间的定量关系，在与生产过程类似的温度、压力条件下开展了热模实验。为确定反应器的设计条件，使用黏度与聚酯熔体相近的模拟物料，开展了圆盘转子的冷模实验。通过对实验数据的处理，建立了实用的计算模型，并用不同工业装置上的生产数据对模型作检验和校正。

华东理工大学实验楼的大型圆盘冷模实验装置

这些自主研发的成果，是仪征化纤聚酯装置国产化的奠基石、指南针。中国纺织工业设计院根据这些研究成果进行工程设计，南化机根据设计图纸制造设备。蒋士成也是根据这些研究成果化解了吉玛公

[1] 沈嬴坪口述访谈 . 2016. 11. 上海 .

司知识产权诉讼案。可见，自主创新、机理研究是何等重要。

中国纺织工业设计院是蒋士成的老根据地，蒋士成长期担任设计院部门和院里设计业务主管领导，大家都彼此熟悉、相互了解、交流顺畅。在聚酯装置国产化攻关过程中，中国纺织工业设计院派出了精兵强将参与项目攻关。

现任中国昆仑工程有限公司副总经理、大学一毕业就参与仪化公司聚酯装置增容和国产化项目的李利军，对20多年前火热的生活记忆犹新，谈起蒋士成的人格、学识油然而生敬意。他说："我能够进中国纺织工业设计院工作，得益于蒋士成牵头的聚酯增容和国产化项目。此前，中国纺织工业设计院好多年没有从华东理工大学招收毕业生，正是因为要与华东理工大学合作搞聚酯装置增容和国产化项目，中国纺织工业设计院指定要从华东理工大学招两名应届毕业生，我有幸成为其中一名。

我到中国纺织工业设计院报到后，直接留在华东理工大学参加聚酯基础理论研究实习，参与见证了戴干策副校长、朱中南老师和张伟、赵玲等师兄师姐的酯化、热模、冷模试验，使我得到了一次难得的实践锻炼，加速了我的进步成长。半年后回到中国纺织工业设计院，分配在黄志恭老师领导的工艺组，派驻仪化公司参与工程设计。在这个过程中有幸参加过蒋士成主持的现场协调会议。聚酯装置牵涉面广，理论高深，工艺先进，设备复杂，协调难度很大。面对重重困难，蒋士成运筹帷幄、态度和蔼、指挥若定颇有大将风度，蒋士成对方向把握得很到位。"

李利军动情地说，自己非常幸运，一个工程技术人员一生能够遇到一个大型工程项目就很不错，而我却遇到了世界瞩目的特大型工程项目。在蒋总的领导下，得到了锻炼。这段工作经历非常珍贵，对我们年轻人不仅有利于提高专业知识水平，而且有利于提高管理、组织、协调能力，尤其是能够修炼自己的品德。因此，我非常珍惜在仪化参与聚酯项目建设的那段岁月，它在我的人生中留下了美好的记忆。[1]

李利军因为在仪化公司聚酯攻关项目中成绩突出，荣获中国纺织总会科技进步奖。此后，又牵头工作，在聚酯技术工程化和PTA技术国产化开放方面作出了重要贡献，取得了优异的成绩，逐步晋升为设计部门主任，教授级高级工程师，并成长为目前的公司领导。

李利军说出了当年中国纺织工业设计院参与仪化聚酯项目攻关联盟团队成员的心声。大家深入生产、科研一线，及时了解信息，完善设计图纸，提出创新主张。设计人员不是单纯等待开发成果的“接力棒”传到自己手中才“起跑”，而是打破常规，既参加华东理工大学的实验工作，还深入仪化公司生产一线掌握生产运行情况，发挥承上启下的桥梁作用，他们通过辛勤劳动，付出智慧与汗水，根据自己的工程设计经验，运用科研开发工作的成果，完成了改造装置的工程设计。

联盟各方都希望在聚酯国产化舞台上大显身手。仪征化纤公司更是发挥了主导作用。领导班子及时决策重大问题，专门成立了项目组，全力投入项目建设，抓进度，盯质量，摸工艺。参建人员没有周六周日概念，紧要关头没日没夜工作。通过定期和不定期召开工作会议的形式，共同研究各专题的技术关键和技术难点，解决攻关过程中出现的各种问题。由于反应器制造质量对正常生产至关重要，有一段时间设备处处长杜秋杰和一厂厂长曹勇每天都要在仪化和南化机之间来回奔波，现场监督检查质量和进度。

十万吨聚酯装置的主设备采用的是五釜流程配置，但国内外大多数的五釜流程工艺中，最终反应釜采用两个釜并联的配置。蒋士成和团队不甘于简单的模仿，而是要形成自己专有的技术，所以大胆地选择最后一个终缩聚反应釜采用单釜工艺配置，这个终缩聚反应釜直径大主轴长，反应器的总体构造怎么设计，内部的盘片需要

[1] 李利军口述访谈 . 2020. 1. 北京 .

多少，怎样布局更为合理，而且主轴只能锻造，不能焊接，国内尚没有如此容量的锻造炉，这一道道难题，检验着蒋士成等技术人员的创造智慧。蒋士成组织技术人员反复讨论，创造性地提出将反应釜的主轴分成两段处理。这个连接的支撑点怎么确定？搅拌的功率是多少？新的难题又呈现在了蒋士成的面前。困难难不倒攻关人员。他们去北京，跑上海，足迹遍布祖国大江南北，涓涓细流终于汇聚出了智慧的长河，在经历了设计、研究、仿真数据的分析之后，关键性的问题终于得到圆满解决。❶

仪化公司使命特殊，各方关注，留下了许多美谈。许多仪化人都记得解放军南京舟桥旅抢架浮桥解决国产化主反应器运输难题的故事。

年产十万吨聚酯的国产化装置其中一台核心设备 R05 圆盘反应器几经波折终于在南化机制造完成，这台设备体积庞大，重量超过 120 吨，如何才能从南京运到仪征化纤公司成了一个难题。经过考察，由于设备超高，公路运输方案无法实施。蒋士成便和设备部门的同志商量实施水运方案。而由长江运抵仪化码头后，运往仪化公司一厂安装现场必须经过的中桥最大载重量为 60 吨，造成运输无法通过。这个大难题又摆在了蒋士成和仪化公司领导的案头。离设备安装和试车的日期一天天临近，宝贵的时间耽误不起，大家都焦急万分。蒋士成召集大家进行了商讨，在自己无法解决的情况下，公司决定委派专人通过关系找到了南京军区舟桥旅领导，当部队首长得知是仪化公司聚酯国产化所急需，在征得上级首长同意后，立即派出先头分队 45 名官兵带着 100 多吨架桥器械，于 7 月 24 日下午赶到仪化现场并冒着高温投入了战斗。为了抢进度，争时间，他们于 25 日下午又调集 30 名官兵赶到现场驰援，昼夜不停地进行施工。承建水上浮体部分的是马鞍山铁道战备舟桥处 13 名干部职工，他们

❶仪征化纤报[N]. 2000. 仪征：仪征化纤公司藏档.

连夜冒雨以最快的速度，于25日凌晨3点多赶到仪化现场，并立即投入了施工，仅用5个小时时间，将15个总重约100吨的大浮箱安稳地放置在水中。

经过40多个小时昼夜紧张施工，26日下午14点30分，架桥工作圆满完成。经过舟桥旅官兵的现场仔细检查确认后，一声警笛响过，现场鸦雀无声，大家屏声目送载着圆盘反应器的大平板卡车缓缓地向浮桥驶来。突然一个险情，把大家的心都提到了嗓子眼，只见在地面与浮桥连接处车头几乎吻到了地面，这时技术人员迅速调整了车身液压装置，车头随之也慢慢地昂起了头。驾驶员迅速踩动油门，胜利到达了彼岸，顿时现场响起了雷鸣般的掌声，现场的舟桥旅官兵和仪化干部职工忘却了高温酷暑，大家握手、欢呼、跳跃着，庆祝圆盘反应器过河成功。❶

R05 圆盘反应器通过浮桥时的情景

❶仪征化纤报［N］. 2000. 仪征：仪征化纤公司藏档 .

7月26日15点58分，80多个轮子着地的大型拖车终于安全平稳地将圆盘反应器这个庞然大物运到了十一单元，仪化安装检修公司的职工挥动巧手将它安置在虚位以待的地方。

蒋士成有着水一样的品质，意志坚定向东奔流，遇到阻挡，或摧枯拉朽，或绕道而行。聚酯装置国产化一路走来，数不清攻克了多少难关，闯过了多少险阻。南化机攻克L形夹套难关和子弟兵架浮桥的故事仅是冰山一角而已。

一滴水可折射太阳的光辉。

中国人认为，天时、地利、人和是成事尤其是成大事不可或缺的因素。聚酯装置国产化的现代案例再一次对这个古老的命题作出了诠释。

扬帆起航争朝夕

在克服化解了一个个困难，攻克了一个个险阻之后，联盟各方参战人员在蒋士成的带领下群情振奋、同心协力、干劲倍增。一厂和安检公司充分发挥党组织的战斗堡垒和党员的先锋模范作用，他们为了抢时间、保质量涌现出了许多感人的人物和动人的故事。

在十万吨聚酯工程安装现场，活跃着一批降服庞然大物的铁汉，180多台设备中，很多都是庞然大物，最大的达120多吨，安装起来极其费劲，30出头的机械队焊工班班长洪家明论技术那是没得说，此次安装工作，他挑起了大梁。7月27日R05圆盘反应器的安装拉开了序幕。现场16名安装人员在洪家明的指挥下，圆盘反应器架在四根大“工”字钢搭成的井字底盘上，靠下方预放的坦克链慢慢地向前挪动。为了保证运输一次到位，安装人员必须要把工字钢拉开移距，这样工作必须快速准确，不能有丝毫的差错。为了安全起见，他们在下方放置了200块20毫米厚的小垫子，设备每下落一公分，大伙儿便协同抽调一块垫板。当庞然大物安全就位时，20多米的距离，足足用了近6个小时。

焊接队魏乃民等焊工在安装焊接加套管过程中，手把灼热的焊把，面朝"炮烙"的焊口持续作战，与高温抗争，焊完一遍，接着第二遍，内径219毫米、壁厚22.2毫米的套管一个焊口要焊18遍，焊丝要用1.6千克，完成一个焊口工作焊工们足足需要一天时间，如果是直径1016毫米的管道，则需要连续干20个小时，一天下来，焊工们身体相当疲劳，电焊释放出的一股股热浪，使身上的温度骤增，流下的汗水也越来越多，焊口连接处不断被他们的汗水打湿，在每一个焊口处都留下了一层薄薄的白色盐霜，也留下了这群职工们的一片艰辛与深情。尽管如此，他们一丝不苟、精心操作、精益求精、确保质量，所有焊口经探伤X光检验合格率达100%。

仪化安装公司把安装质量放在首位，加强工程质量的监督力度，以质量保证施工全过程，他们严格执行"三检一评"制度，即进地自检、互检、交接检的同时，定期组织专业质检员进行评比，同时认真协同工程监理和厂方做好质量验收工作，以确保整体工程的质量。[1]

每当说起当年参战聚酯装置国产化的仪化职工，蒋士成总是心存感激，他说，仪化有一支忠于事业、勤奋敬业、技术精湛、乐于奉献的职工队伍，如果没有一支这样的好队伍，聚酯装置国产化也不可能这么顺利实现。

[1]仪征化纤报[N]. 2000. 仪征：仪征化纤公司藏档.

在联盟各方的共同努力下，聚酯装置国产化攻关项目按照既定的目标分工合作，顺利推进。以下重要的时间节点值得记录：

2000 年 4 月 12 日，第一个主反应器到货并就位。

2000 年 4 月 16 日，第二、第三个主反应器到货并就位。

2000 年 4 月 25 日，完成土建进入设备安装期。

2000 年 6 月 12 日，第四个主反应器到货就位。

2000 年 7 月 26 日，第五个主反应器到货就位。

现场施工进度比计划提前，2000 年 9 月 20 日，PTA 输送系统投入运行。

仪化公司 10 万吨/年国产化聚酯项目是一个全球瞩目的项目。中国石油化工集团公司对此项目高度关注、积极支持，对该项目建设过程尤其是投料试车非常重视。

2000 年 9 月 12 日，中国石油化工集团公司派出专家前来仪化公司现场进行项目质量检查，排查隐患，指导整改。2000 年 11 月 20 日，在项目进入联动试车前夕，以曹湘洪院士为首的专家验收组对项目进行了为期 3 天的开车前检查验收。

蒋士成就试车准备工作向验收组专家作了详细汇报，并陪同专家们深入现场、爬上釜罐、审阅资料，对专家组提出的整改建议立即组织力量一一进行了整改。2000 年 11 月 22 日专家组签署验收合格报告，同意该项目 2000 年 12 月 8 日投入试车。[1]

中国石油化工集团公司原高级副总裁曹湘洪院士说：“我在燕山石化公司曾有过管理国外引进的聚酯装置生产运行的经历，对生产过程中的酯化、预缩聚、终缩聚机理及运行有所研究，曾在国产化聚酯装置开车前夕前往仪征化纤参与开车前检查和验收。我们看到蒋士成团队做了许多创新工作，克服了许多艰难险阻，工作做得

[1] 仪征化纤报[N]. 2000. 仪征：仪征化纤公司藏档.

非常好。”❶

饱含着千万人心血的崭新的聚酯生产装置巍然屹立在了涤纶一厂的大地上。它像一个伟岸的小伙子，浑身散发着青春的气息，胸中充满着无限激情。

建设中的十一单元

2000年7月24日，一厂10万吨/年国产化聚酯装置设备启吊安装

2000 年，10 万吨/年国产化聚酯装置项目建设如火如荼

此后陆续进行了单体试车，由于各自负责，工作细致，各单体试车进展顺利。

施工现场，常常灯火通明，大家经常挑灯夜战。蒋士成坐镇指挥，科研、设计、制造人员同台作业、出谋划策、排难前行。为了方便指挥，虽离家只有不到十分钟的路程，但他经常与项目组的同志一起住在招待所。一旦出现问题，就立即召集项目组同志商讨对

❶曹湘洪口述访谈 . 2020. 6. 北京 .

策，迅速处置；一旦有了灵感就立即召集项目组同志碰撞思想、开拓思路、擦出火花。大家感觉在蒋总手下工作，虽然很辛苦，但心情很舒畅。❶

有理由相信：天道应当酬勤！

2000 年 9 月 30 日，设备管道安装就位，具备试车条件。

2000 年 12 月 7 日，通过了公司内部装置开车前的最终确认，正式确定联动试车时间预定在 2000 年 12 月 8 日。

郑重按下试车按钮

2000 年 12 月 8 日，注定是一个要载入中国化纤工业史册的日子。这天早上，蒋士成依然着装整齐、风度儒雅地出现在一厂十万吨聚酯装置现场。

蒋士成和技术人员用了一天时间对现场的工艺、设备、原料、安全设施做了最后一次认真巡检，对试车方案的每一个细节进行了仔细梳理审核，直到他认为万无一失为止。

进入冬季的仪征大地，北风席卷大地，使人有几分寒意。然而一厂十一单元的控制室里却灯火通明、热情高涨。公司领导、联盟团队的成员、一厂职工等都聚集到了现场，等待着激动人心的时刻。

2000 年 12 月 8 日晚上 8 时整，那一刻，一批记者的摄像机、照相机对准了主操室的启动按钮。只见蒋士成健步走进控制室，在众多目光的注视下，稳稳地按下了开车按钮。

❶徐正宁口述访谈 . 2017. 8. 北京 .

熔体随即在密闭的管道内流动，陆续在五台反应釜中悄然变身，随着温度的上升、冷却，由液体变成浆料熔体。

室外的气温越来越低，夜越来越深沉，蒋士成和现场参加试车的人员却精神抖擞，睁大了双眼注视着DCS屏幕，监视着各项指标的不断变化。大伙的心伴随着熔体的节奏一起涌动跳跃。

12月9日6点08分，在送走黎明前的黑暗，迎来新的一天曙光的时刻，熔体终于打通了全流程。6点50分出料口挤出的细条送入切粒机，一批批晶莹剔透的切片源源流出。在场人群手捧洁白的切片欢腾着、跳跃着。此时，人们如释重负、兴高采烈，胜利的喜悦之情洋溢在每个人的脸上。

直到这一刻，一向沉稳的蒋士成也激动不已，庄严的脸上终于露出了笑容，并且笑得很灿烂。

他在众人一致推举下走上前去，发出了心底的声音："现在我正式宣布仪化公司10万吨/年国产化聚酯项目投料试车成功！我们终于没有把遗憾带到21世纪！"

随即现场爆发出一阵阵热烈的欢呼声和雷鸣般的掌声……

2000年12月8日，蒋士成为国内首套年产10万吨国产化聚酯装置郑重按下开车按钮

仪化公司10万吨/年国产化聚酯项目一次投料试车成功了！这一消息通过现代媒体不胫而走，迅速传遍了大江南北、长城内外、五洲四海。

尽管长期垄断中国聚酯市场的西方企业十分不愿意听到这个消息，但他们却无法改变这一事实。他们只能迅速刷新陈旧过时的思维，调整他们的跨国经营策略。从此，世界聚酯工业进入了一个崭新的时代，世界东方的一轮红日将喷薄而出、冉冉升起！

成果鉴定令人振奋

仪化公司10万吨/年国产化聚酯项目试车成功后，蒋士成仍然压力不减、干劲不松，带领团队不断解决运行过程中暴露出来的问题，对工艺、设备进行不断调整优化，使装置产量、质量、消耗、环保等经济技术指标不断优化。

仪化公司根据设计要求在做好自行验收整改之后，2001年12月22日，迎来了中国石油化工集团公司竣工验收委员会的正式验收。蒋士成向验收委员会专家们汇报了十万吨国产化装置一年来的运行情况，陪同专家们到实地进行了考核验收，查看了相关档案资料。验收委员会按照重大项目验收规程进行了认真的考核验收，最终签署了如下验收意见：

10万吨/年国产化聚酯项目为仪化公司四期工程优化调整方案中的关键项目之一，是“九五”国家重点科技攻关项目及中国石油化工集团公司“十条龙”科技攻关项目，在中国石油化工集团公司及各有关方面的关心支持下，经过各参建单位的共同努力按设计要求全面建成投产，实现了“投资省、工期短、质量优、效益好”的目标。

装置一次开车成功，考核合格。

试生产期间装置运行稳定，超过设计生产能力，产品质量、原辅材料消耗和能耗等各项经济技术指标优于设计值。并通过了中国石化组织的“十条龙”攻关技术鉴定，工艺技术达到了国际先进水平，项目经济效益显著，为公司的产品结构调整，提高产品市场占有率，扩大盈利空间发挥了重要作用。经审计，竣工决算未突破批准的初步设计概算，并有较大幅度的节余。经竣工验收委员会审议，同意验收，正式交付生产。

考核组专家认为这套全流程国产化聚酯装置具有以下八个特点：

一是第一酯化反应器采取低温、长停留时间达到较高的酯化率（91%），接近于操作条件（温度、压力、反应物质的量比）下的平衡酯化率，并设计较大的汽相空间减少气相物蒸发夹带，有利于装置稳定运行。

二是两个酯化反应器共用一个分离塔。采用国内新型专利导向浮阀塔盘，替代国外采用的传统的笨重的泡罩塔。不仅分离效率高，生产易于控制且设备造价较低。

三是采用乙二醇蒸气喷射产生真空，较有些引进装置的水蒸气喷射真空系统生产能耗低且废水量大大减少，有利环保节能。

四是乙二醇在装置中全回用，降低了乙二醇的单耗。改进的乙二醇加入方式改善了后缩聚真空系统操作工况，提高了装置运转稳定性。有效地解决引进装置乙二醇无法在系统内回收的工艺问题，国产化装置合理调整了真空系统，采用刮板冷凝器技术，使污乙二醇在系统内部进行自我消化，不仅有利于装置生产的稳定，而且有利于资源回收和环境保护。

五是设置尾气淋洗塔，使排放达环保要求。

六是对五个关键的反应器采用碳钢、不锈钢复合钢板制造筒体；加热保温夹套采用碳钢代替不锈钢制造，从而大大降低了设备造价。

七是产品质量和原料单耗与国外最新引进装置相比，国产的聚酯装置达到90年代后期国际先进技术水平，个别指标甚至优于国际先进技术水平。

八是10万吨/年聚酯装置投资约1.8亿元，与成套引进装置相比可节约成本50%以上，将大大增强产品竞争力。

这套国产化聚酯装置2001年产量达到13.26万吨，产品质量优良，其中部分产品出口欧洲。通过装置的优化，这套装置的产能达到450吨/天，即可年产14万吨以上。[1]

当时我国聚酯市场非常红火，许多地方和企业都有投资聚酯装置的冲动，在仪化聚酯装置增容30%取得成功，政府有关部门推广国产化成果的情况下，一些企业仍然选择了引进国外聚酯装置。正当蒋士成带领技术团队开始在仪化国产化聚酯装置建设的时候，河南洛阳和天津引进国外技术的10万吨聚酯装置几乎同期开工建设。这是一场中国技术与国外技术的比拼竞争，是对蒋士成联盟团队水平的检验。比拼和竞争的结果是国外引进的技术投资比国产化技术贵出两三倍，建设时间国产化技术最快，仪化公司十一单元10万吨聚酯装置建成投产比河南洛阳和天津的引进技术装置快出一年多。更为重要的是较低的成本和快速的建设周期为装置的运行种下了健康基因，增强了市场竞争能力，挤占了引进装置的市场空间。

俗话说“不怕不识货，就怕货比货”。没有比较就没有鉴别，这个案例不仅在中国盛传，而且在国际上为蒋士成领衔的联盟团队作了一次免费广告。从此带来了中国聚酯工业巨变，带来了中国民营聚酯企业的迅猛发展。

据戴干策、沈希军、罗文德、黄志恭、周华堂等业内专家介绍，蒋士成领衔组织攻关的聚酯国产化装置之所以称为聚酯工业的

[1]《10万吨/年国产化聚酯项目验收报告》. 2001. 仪征：仪征化纤公司藏档.

丰碑，是因为创造了“三个之最”：

一是最大的核心设备。10 万吨/年国产化聚酯项目的最终缩聚反应器，采用单釜工艺流程，质量达 120 多吨，是当时国内最大的聚酯反应器。这台设备操作物料黏度，使用温度和真空度都是最高的。为把这台最大的设备制造好，该厂在设备制造过程中多次派人到制造现场进行驻厂监制，蒋士成和仪化公司领导也先后多次到厂家进行察看。在设备建造后期，该厂专门派出技术人员到厂家边制造、边检验，以确保工期和质量。

二是最省的建设投入。10 万吨/年国产化聚酯项目的前期设计批复总费用为 19714.47 万元，这与以往国内建一条同等规模装置相比费用是最低的。为把有限的资金用好，该厂坚持低费用、高质量、优服务的原则进行招标选择。在装置具备条件、能力的前提下，他们充分利用闲置和废旧设备，而装置仪表 DCS 的设计、组态都是由该厂项目仪表组的技术人员自主独立完成的，节约了大量的建设费用。

三是最快的建设速度。10 万吨/年国产化聚酯项目在建设过程中再次创下了中国速度，从项目 1999 年 10 月土建正式破土动工，到 2000 年 12 月 8 日投料开车一次成功，产出第一批优等产品，仅仅 15 个月就完成了一个 10 万吨/年国产化聚酯工程，是世界聚酯工业建设史上的奇迹。

何谓丰碑？即不朽的杰作或伟大的功绩！

这是一项载入中国工业发展史册的大事，该项目荣获 2001 年度中国石化科技进步一等奖，2002 年度国家科技进步二等奖。主要完成单位包括中国石化仪征化纤股份有限公司、中国纺织工业设计院、华东理工大学、中国石化集团南京化学工业有限公司化工机械厂。主要完成人蒋士成、孙今权、戴干策、张万山、沈有根、黄志恭、朱中南、程继后、欧树森、祖荣祺。

2001年，蒋士成(右六)在10万吨/年国产化聚酯成套技术开发鉴定会上

聚酯领域的这一重大创新突破，引起了国家领导人的关注。2004年4月15日，时任国务院总理的温家宝在中国国际工程咨询公司《投资决策咨询》第一期《聚酯技术自主化和装置国产化的成功启示及建议》上作了如下批示：聚酯技术自主化和装备国产化的成功启示是宝贵的。要认真总结经验，寻找差距，继续跟踪国外技术设备的发展趋势，从政策、机制、科技等方面采取综合措施，提高我国聚酯工业的核心竞争能力。

温家宝总理一气呵成写下的80多字的批示用"宝贵"进行了赞扬，用"继续跟踪"提出了要求，用"综合措施"明确了举措，用"提高核心能力"指明了目标。

温家宝总理的批示立即在业内引起巨大反响，各有关部门立即学习讨论、落实批示精神，形成加速我国聚酯工业创新发展的强劲东风。

我国著名的化工专家，时任华东理工大学副校长的戴干策先生，对聚酯装置国产化最终获得成功有很多感悟。他认为，这个项目之所以能够成功，至少有以下几个重要因素：

一是蒋士成院士发挥了关键作用。蒋士成是国产化攻关项目的关键人物，他有着强烈的报国之志，有魄力、有智慧、懂技术、协调能力强。聚酯装置国产化是一个涉及面广，难度大，非常复杂的系统工程。蒋院士牵头担纲此项任务具有很多优势。首先表现在他的强烈的报国意志。国产化是一项具有很大风险的事情，成功了对个人没有多少奖励，失败了会毁掉一生的名誉。其次表现在他的魄力。面对复杂的情况敢于拍板承担责任，如果他腿一软，这件事就没有办法做。第三是他的智慧。他虽然不是每个专业的专家，但他学贯中西，对化学原理、化学工程、工程设计、化工机械、生产管理都有所研究，懂其规律，运筹帷幄。第四是表现在他的协调能力强。他有着华东理工大学就学、纺织设计院和仪征化纤公司工作的丰富经历。第五是表现在谦虚低调，与人为善，具有人格魅力和凝聚力，大家愿意与他一起共事，讨论问题时可以畅所欲言、迸发智慧。戴干策先生深有感触地说："我国许多成果之所以得不到转化，不是缺少能人，而是与缺少像蒋士成这样集多种优秀品质于一身的领军人物有很大的关系。"

二是合作各方都有为国争光为民族争气的志气。我国每年都要花大量的外汇进口国外成套装置。就我国的聚酯产业来说，中国被称为世界聚酯装置"博物馆"，这对我们每一个中国人特别是化工人来说是一种耻辱。制约我们国产化的瓶颈主要不在研究、设计和制造，而在于优势资源的整合。我们都盼望有一个有能力的单位和领军人物来牵头领衔，好不容易有了仪化公司搭建平台和蒋士成来牵头组织，我们理所当然同心同德、尽心竭力。仪化公司聚酯装置国产化联合攻关，唤醒了大家的民族自信，激发了各方的潜能。有了志气、自信、潜能，就形成了逢山开路、遇水架桥的巨大力量。这一条也是获得成功的重要因素。

三是各方同心同德配合默契。当时的合作，尽管是甲、乙、丙、丁多方，分属不同的主管部门。但大家以国产化项目为纽带，以蒋士成院士为黏合剂将大家紧密地黏合在一起，团结配合得像一家人一样。那时联盟内部也不太讲究保密、知识产权，消除了许多人为障碍。产、学、研、设计和制造相互派驻人员，我们实验室数据一出来立即交给设计和生产企业，学校派出教授和学生驻扎生产现场观察生产和控制情况。相互之间拆除防线、真诚合作、配合默契，因此，减少了制度障碍和利益樊篱，提高了工作效率。这种配合状况一般很难做到。如果各方都打着小九九，你防着我，我防着你，就很难形成合力、干成大事。❶

的确，聚酯技术自主化和装备国产化成功的经验有许多，但其中很重要的一条是生产、研究、设计和制造有机结合。

曹湘洪院士说："我国聚酯装置国产化的成功意义重大，我们的技术比国外先进，成本比国外低很多，一下子降低了进入门槛，民营聚酯企业如雨后春笋般地发展。现在我们不仅是化纤生产大国，而且在许多技术领域达到世界先进水平，让世界人民从中受益。蒋士成院士居功至伟。"❷

❶戴干策口述访谈 . 2016. 11. 上海 .
❷曹湘洪口述访谈 . 2020. 6. 北京 .

第十一章

风卷红旗扬五洲

深谙于化学之道，了解国际知识产权“游戏规则”的蒋士成，不仅了解国产化的技术路径，而且注重防范政治、经济、法律、技术风险。在他布局组建仪化公司聚酯装置国产化生产、研究、设计及设备制造联盟之时，选择了国内一流的产、学、研及设备制造机构与单位，并强调加强全过程档案资料与实验装置管理。每次协调会议都印发会议纪要，要求研发人员做好实验记录并定期归档。届时不仅要建成一套完整的硬件装置，而且要留存一份完整的软件资料。

果然，仪征化纤聚酯装置增容和国产化获得成功后，德国吉玛公司不相信中国人能自主开发出大容量聚酯成套技术，聘请国际著名的律师事务所代理诉讼，起诉中国纺织工业设计院国产化聚酯成套技术侵犯其知识产权。仪征化纤公司也被列为被告。

作为 10 万吨/年聚酯装置国产化攻关项目第一责任人，蒋士成细读了其中起诉书的条款，他觉得吉玛公司的诉讼可谓是滑天下之大稽：你们没有给我们一张设计图纸，没有提供一项技术，我们是自己进行研究、开发和改造的，凭什么说侵犯你们的知识产权？随即回函告知：中国聚酯装置国产化无论从技术路线、装置规模、酯化机理都属于自己研发，不存在侵权问题。

但在吉玛公司的观念中，中国的企业不具备这种研发能力。于是，吉玛公司派出的技术专家来到了位于上海的在聚酯国产化攻关合作联盟中负责聚酯反应机理研究的华东理工大学，希望从中找到一些有利他们的证据，从而打开缺口，挽回败局。

吉玛公司派出专家，在华东理工大学原副校长戴干策等陪同下，在现场察看了圆盘冷模器等实验装置，听取了研发人员的项目攻关介绍，翻阅了保存完整的实验记录资料。事实使吉玛公司人员无话可说。

犹如开启长江闸门

西方人对中国不可能实现聚酯装置国产化的预言终于被蒋士成率领的团队打破。经历千难万险取得的成果弥足珍贵。

蒋士成牵头开发成功的聚酯国产化技术大大降低了建设成本，当时引进国外聚酯装置 10 万吨/年产能费用大概一个亿，应用国产化技术建设的聚酯装置不仅建设费用大幅降低 40%，而且产品质量有所提升，物料消耗有所降低，环保效果得到优化。聚酯装置国产化成果无疑给我国聚酯行业带来了天大的喜讯和快速发展的机遇。

国家经贸委、中国纺织总会、中国化纤协会登高疾呼，迅速在全国推广聚酯装置国产化成果。

仪化公司近水楼台先得月，在十一单元国产化成功之后，与中国纺织工业设计院、华东理工大学和南化机继续合作，在 10 万吨/年国产化聚酯装置的基础上，经过改造创新，不断扩大规模，增加容量。陆续开发建设产能为500 吨/天十二单元和600 吨/天(瓶片的CP)系列化大型聚酯装置，这些装置都如期建成投产，获得了良好的经济效益。增容改造聚酯生产线以及国产化聚酯生产线正式运行第二年即新增效益 2 亿多元。

此后，国内聚酯企业纷纷通过多种渠道和手段获取聚酯装置国产化技术，多种所有制尤其是民营聚酯企业如雨后春笋般地成长。因为当时地方政府都有着追求 GDP 的冲动，大力支持民营企业发展聚酯产业，因为有了蒋士成牵头研发的国产化技术后，大大降低了投资门槛，经济富庶、民企发达的江苏、浙江等省在发展聚酯、化纤的竞争中获得先机、捷足先登。

2019 年，我国聚酯总产量 5100 多万吨，民营聚酯企业占全国总产量的90%以上，聚酯产量前 10 名企业中有 9 名是民营企业。如今，浙江桐昆集团股份有限公司年产聚酯达到 600 万吨，即超过印度一个国家聚酯产品的总产量。民营聚酯企业成为我国乃至世界的一道亮丽风景。正是聚酯国产化项目的成功，带动了中国大化纤的跨越式发展。

在聚酯技术国产化成功开发的基础上，中国纺织工业设计院加大了国产化聚酯技术再开发和推广的力度，实现了聚酯技术的系列化、大型化和柔性化，技术的市场占有率快速提升，到 2019 年底，在国内有 170 多套装置建成投产，合计形成生产能力 4200 多万吨/年，占全国聚酯总产能的约 80%。中国纺织工业设计院还积极走出去，采取工程总承包形式，在国外建成聚酯装置 20 余套，年产能达到 450 万吨。中国纺织工业设计院为推广、建设中国聚酯技术、装置作出了突出贡献。

世界聚酯工业的“蝴蝶效应”

“亚马逊雨林一只蝴蝶偶尔振动翅膀，可能在两周后在美国得克萨斯州引起一场龙卷风。”2000 年底，中国聚酯装置国产化成功后，世界聚酯市场出现了“蝴蝶效应”，彻底改写了世界聚酯工业版图。

世界聚酯行业龙头老大吉玛公司，面对中国聚酯国产化带来的先进技术和低廉的建设成本，不仅产品市场份额被不断蚕食，而且垄断利润大幅下降。为此吉玛公司董事会不断调整战略，更换高层，裁减员工，但仍然无法回到过去时光，甚至险些被后起之秀的中国纺织工业设计院兼并收购，最后被德国鲁奇公司收购重组，被挤出了世界聚酯工业的强企阵容。

2019年，一位从德国吉玛公司跳槽的当年派驻仪化公司的技术人员来到仪化公司故地重游，他找到当年仪化公司的朋友和同事在装置下、楼房前合影留念，难舍难分。看到如今仪化公司规模扩大、技术先进、产品畅销、欣欣向荣的景象，感慨万千，深情点赞。

除了吉玛公司之外，当年占据中国聚酯市场的美国杜邦公司、瑞士伊文达公司、美国康泰斯公司等世界聚酯巨头的市场份额锐减、利润下滑，有的退出了中国市场，有的只剩下很小的空间。韩国、日本的聚酯企业在世界市场的占比也在下降。

我国聚酯企业的规模不断扩大，20万吨/年、30万吨/年、40万吨/年、50万吨/年的大型装置相继问世，浙江桐昆60万吨/年装置已闪亮登场，还有更大规模的装置正在筹建之中。

在2000年以前，我国一直是聚酯净进口国，从2001年开始成为净出口国，中国聚酯产品畅销世界市场，纺织工业是国家创汇的重要行业。2019年中国的聚酯产量已达到5100多万吨，占世界聚酯总产量的70%以上，中国已经成为名副其实的聚酯大国并且在不少领域成为世界强国。

中国纺织工业联合会副会长、中国化纤协会会长端小平对我国聚酯涤纶产业有一个形象的比喻：我国聚酯涤纶产业在国际上相当于中国乒乓球队，已打遍天下无敌手。

聚酯的主要原料PTA一直是制约中国聚酯工业发展的瓶颈，这种状况正在得到逐步改善。

在蒋士成的指导下，中国纺织工业设计院从20世纪末开始进行PTA技术跟踪和研发，并从2002年起联合浙江大学、天津大学等高校开展基础研究，并依托济南正昊新材料公司开展年产60万吨PTA装置工艺包开发。该项目获得了国家发改委和财政部的专项支持，在发改委和中国机械联合会的支持和指导下，联合沈阳鼓风机集团股份有限公司、杭州汽轮机股份有限公司和锦西化工机械厂进行了“三合一”大型空压机组和大型转鼓干燥机的国产化开发。2005年，国产化PTA技术工艺包开发完成。2007年国产化PTA技术和装备在示范化装置——重庆市蓬威石化有限公司年产90万吨PTA装置上得到应用。2009年11月装置一次开车成功，打破了国外对PTA技术的垄断。从2010年起，中国纺织工业设计院的PTA技术又成功应用于国内5家企业6套百万吨级以上装置，已开车产能接近700万吨/年。国产化技术和装备的使用，为国家节约了大量投资，带动了装备制造业的发展，创造了良好的经济和社会效益。我国现在聚酯原料的对外依存度逐步降低，主动权逐步掌握在了中国人自己手中。

中国创造扬名海外

纺织服装出口是我国创汇的传统产业，化纤行业是我国的创汇大户。当年的上亿件衬衫换一架飞机受到一些人的诟病。对此，中国纺织工业联合会副会长、中国化纤协会会长端小平表示，当时纺织服装创汇为我国国民经济建设提供了大量的外汇资金，特别是对于我国制造业进口一些关键先进技术、装备功不可没。

任何离开时代背景的评价都是苍白无力的。

放眼当今的中国化纤工业，已不再是仅仅中国制造的输出，而且有大量的中国创造的输出。

经过聚酯装置国产化锻炼的仪化公司、华东理工大学、中国纺织工业设计院、南化机都已走出国门传播中国元素。仪化公司的高新聚酯产品畅销国际市场；华东理工大学的教授在国际聚酯理论论坛上赢得了充分的话语权；中国纺织工业设计院把业务做到了世界多个国家，国际经营收入的比重不断提高；南化机以蒋士成聚酯国产化技术为基础，不断创新发展，扩大优势，设备质量和技术性能已达到国际先进水平。南化机制造的聚酯成套设备出口到印度等多个国家。中国的聚酯理论研究、工艺设计、设备制造大步走向世界舞台的中央。

在蒋士成领衔取得大容量聚酯装置国产化技术成功之后，不断地进行技术迭代，实现了纤维产品的高品质、低能耗和差异化及功能化生产，凭着装备的先进技术和高品质的优势，中国创造乘着“一带一路”的强劲东风，积极走出国门，已在多个国家建设了一大批聚酯生产装置，实现了纤维产品和设备的双出口。

化纤已成为中国一张亮丽的名片，世界人民也因中国而受益。

与时俱进发新声

思想是行动的先导。

蒋士成在深情回顾时说：“我一生始终贯彻‘创新’二字，不停留，不断提升。如果停留就会落后，你不进步，人家在进步，那我们就落后了。中国的化纤工业由跟跑到并跑，最后到领跑，很多领域都走在了世界前列，我们自己开发了很多新产品，说到底是得益于‘创新’。”

蒋士成在20世纪60年代开始接触从日本引进的维尼纶装置，从此，与引进技术结缘。经过这个阶段的学习实践之后，使他体会到：国外的装置买回来是先进的，但不是十全十美的。技术在进步，不断地有新技术出来，否定之否定思维很重要。“否定之否定”是哲学的三大规律之一，也是创新发展的思想基础。因此，创新构成了蒋士成思想与实践的一条主线。

在我国即将加入WTO的2001年元旦，蒋士成在《仪化集团报》寄语说：我国目前已稳居世界最大的化纤生产国的地位，展望新世纪化纤业将继续保持高速增长，随着全球经济一体化进程的加速，化纤结构调整以及所面临的机遇和挑战并存。仪化十万吨年产聚酯国产化项目的建成投产和今后的推广应用为我国发展大型聚酯装置创造了良好的条件，但目前国内聚酯及涤纶行业的发展过热，应从竞争力的角度，谨慎选择，我国过去主要是发展常规化纤，产业用以及高性能纤维的发展滞后，望在新世纪中能得到长足的发展。中国是一个化纤工业大国，但绝非是一个化纤生产强国。站在新世纪的起跑线上，我们应坚持技术创新，实现化纤生产大国向化纤生产强国的转变。❶

这篇寄语的关键词同样是创新。

蒋士成不时会有新的理念和观点与业界分享。比如，他认为中国纺织产业不是一个落后的产业，不仅是国民经济的支柱产业、国计民生的重要产业、国际竞争优势明显的产业，而且是战略新兴产业、文化创意产业。他的评价为社会普遍认可，极大地提升了纺

❶仪征化纤报[N]. 2001. 仪征：仪征化纤公司藏档.

织、化纤业的地位和形象。

他在2019年中国化纤科技大会上指出，纤维材料已成为全球发展最快和最活跃的科学技术领域之一，先进纤维材料领域的科技革新正推动纤维产业的颠覆性发展，催生了新一代纤维产业体系的建立。2018年，我国化纤产量达5000万吨，占世界化纤总量的70%以上，化纤工业的强国地位初步显现。其中纤维新材料，特别是高新技术纤维的研究技术水平取得了很大进展，与发达国家先进水平的差距大幅缩小。

近几年，通过系列产业发展规划，我国进一步明确了关键基础材料产业发展的目标和任务，为持续推动化纤行业产品结构升级、产业结构升级、技术结构升级，以实现化纤行业科学发展和高质量发展提供方向。其中在高性能纤维材料方面，重点发展高性能碳纤维、对位芳纶、超高分子量聚乙烯纤维、聚酰亚胺纤维、碳化硅纤维等产品。同时，要整合新材料产业优势资源，鼓励上下游企业和产学研联合攻关，集中力量重点突破核心技术的产业化应用。

蒋士成在中国纤维流行趋势2015/2016发布会上对“创新与融合”作了如下阐述：创新体现在观念与理念的创新、技术与产品的创新、生产运作模式的创新；融合则是指化纤产品与自然的融合、与人体的融合、与技术的融合及产业的融合，这也符合中国化纤行业的生态、时尚、功能、环保和科技五大方面的开发和发展的方向。他在中国纤维流行趋势2020/2021专家评审会上指出，要根据设计的篇章，主动纳入各个领域最新开发的技术和产品，要体现不同领域各自的亮点。在宣传方面，要找到发布纤维的亮点，进行重点宣传推广。他寄望每一届流行趋势发布都能有引人瞩目的新亮点。

业界普遍认为，几十年来，蒋士成为我国化纤领域不仅贡献了先进科研成果，而且贡献着创新理念，影响着中国和世界。

2020 年 2 月 26 日，蒋士成在央视《纪录东方》栏目畅谈纤维改变生活

盛誉之下的忧思

聚酯装置国产化取得成功，中国成为聚酯大国之后，蒋士成受到了多方的盛赞，但蒋士成是一位理性的学者，他在接受媒体采访时多次谈到教训与忧思：

一是对知识产权保护不够。蒋士成说："当时我们在协作攻关的时候，对搞成之后如何保护知识产权和成果推广转化曾经有过一些考虑，比如，仪征化纤公司、华东理工大学、中国纺织工业设计院三方曾经过专题讨论，1999 年 8 月起草了一份《10 万吨/年聚酯成套设备技术保密协议》和转让费的分享比例与分享办法，最后因为有的单位担心风险过大而没有签字，使这份技术保密协议胎死腹中未能生效，后来因此产生过一些纠纷。"

二是同质化竞争埋下了产能过剩隐患。聚酯装置国产化攻关成功后，一方面加速了国内聚酯工业的快速发展，尤其是民企的大量涌入，全国各地聚酯装置如雨后春笋般快速生长。另一方面造成了同质化规模产能迅速增长，为产能过剩埋下了隐患。实践证明，一些不注重技术进步和自主创新的企业，不久就陷入了亏损困境，甚至有些缺乏竞争力的企业破产倒闭，“十一五”期间，化纤行业就有300多万吨落后产能被淘汰，造成了社会资源浪费。

三是新产品开发和产品结构调整力度不够。由于我国聚酯企业集中度不高，企业规模过小，技术力量普遍薄弱，加上部分企业存在重生产轻科研的倾向，许多企业研发投入严重不足，技术创新体系仍未形成，研发力量分散，跨学科融合不足，特别是产、学、研、用脱节较为严重。大部分高性能纤维的核心技术和关键技术还有待突破。加之还存在机制上的问题，即使有了科研成果，也很难转化为工业生产应用。我国虽然在聚酯的常规技术领域已经处于世界领先地位，在高新技术领域有一些走在了世界前列，但在功能化纤维、生物基纤维、工业纤维等高端产品和节能环保等领域与世界先进水平仍然有一定差距。我们要常怀谦卑之心，在高新技术领域的研发创新要有紧迫感，切忌夜郎自大、固步自封。

四是产品应用领域还基本以服装用、家纺用为主，产业用纤维比例偏低。大多数化纤企业还是以生产型为主，品牌意识不强，对终端消费引导和服务能力较弱，市场营销手段相对单一，尚未建立起国际化、现代化的营销体系。

五是资源和环境约束带来更大挑战。随着资源节约型、环境友好型社会建设的加快推进，华东地区化纤工业的进一步发展受土地、生态环境的制约加剧，化纤行业节能减排形势依然严峻，特别是粘胶纤维行业中的二硫化碳、硫化氢等废气治理的压力尤其突出。

只有认识到了不足，才能改进不足。只有常怀居安思危之心，才能保持稳健发展。

但愿蒋士成的忧思能够引起有志有识之士的理解与重视，化作前进的鞭策和动力。

重振雄风　扬帆远航

仪化公司当时更多的是考虑把装置建成，把车开起来。对技术资料的管理、跨工种的隔离、违规行为的追究等存在力度不足的问题，结果导致民营企业从仪化公司挖走了上千名技术和生产骨干，坊间戏称仪化公司为聚酯工业的“黄埔军校”。

一些参与项目建设的技术骨干一个人掌握了全套技术资料，拉上几个人就可以支撑一家聚酯生产企业的技术和生产。一时间，仪化公司生产岗位不少的生产、技术骨干跳槽下海，进入民企、外企工作。一方面导致了仪化公司人才流失，另一方面迅速培育了仪化的市场竞争对手，在多重不利因素的挤压之下，仪化公司这个为聚酯装置国产化发挥了关键作用，提供了创新平台，投入了大量人力、物力、财力，作出了突出贡献的企业，一段时期内受到负面影响，给仪化公司发展带来了不良影响。

意想不到的问题虽非本意，也不是聚酯领域独有现象，但蒋士成还是常常感到愧疚和忧虑，因此，他希望能为仪征化纤公司的发展继续贡献力量。他在外出参加会议时，获得国内外的相关信息，都会及时提供给仪化公司领导，为他们的决策提供参考。蒋士成还邀请化纤领域的院士、专家来仪化公司调研考察，为仪化公司的发展献计献策。他认为，仪化公司的转型发展，需要得到上级单位的支持和院士、专家的智慧。他还将继续不断为仪化公司的快速发展献计献策，奔走呼号。

至于仪化公司在无序的市场竞争中暂时遇到了一些困难，仪征化纤公司党委书记、执行董事万涛表示：我们正在总结经验、吸取教训、深化改革、发挥优势，调整产品结构，加大开发研究高新化纤产品的力度，拓展化纤产品的应用领域。仪化公司一直得到上级主管部门和国家有关部门的重视与支持，经过全体职工的共同努力已经走出困境。我们相信仪化公司一定会重振雄风，扬帆远航！

仪征化纤公司党委书记、执行董事万涛对公司的未来充满着信心

第十二章

双重职务亮剑反倾销

带头学法用法

倾销与反倾销是国际经济发展的产物，至今已有200多年的历史。1904年加拿大颁行了世界第一部反倾销法，标志着反倾销开始成为世界各国保护自身产业的重要武器。❶

改革开放以来，中国在世界经济和贸易中的地位不断上升。作为一个新兴的工业和贸易大国，中国已经取代日本成为世界反倾销运动中最大的目标。1979~1997年，我国已有300多起被反倾销起诉案件，涉案金额达数百亿美元。

这里有许多经验教训应该吸取，其中一个重要启示是：中国改革开放，建立社会主义市场经济体制，推动企业参与国际竞争，也必须建立中国的反倾销法律制度，使中国企业能够运用这种法律手段，调整与世界各国贸易伙伴的关系，维护自身的正当权益，保护国内产业安全。

为了维护对外贸易秩序和公平竞争，保护国内相关产业正当权益，1997年3月25日，中华人民共和国国务院令第214号发布《中华人民共和国反倾销和反补贴条例》。

1997年下半年爆发的亚洲金融危机，使亚洲乃至全球聚酯产业步入了极其艰难的境地，国内不少聚酯生产企业处于停产和半停产状态。在中国化学纤维工业协会聚酯切片和涤纶短纤维专业委员会年度会议上，中国化学纤维工业协会聚酯切片和涤纶短纤维专业委员会秘书长蒋士成，介绍了中国聚酯及涤纶工业目前的发展现状，

❶尤宏兵，刘卓林．中国应对倾销与反倾销[M]．北京：人民出版社，2004：1-2.

深入分析了行业存在的一系列问题，与大家深入学习了《中华人民共和国反倾销和反补贴条例》，并提出了解决问题的相关建议。

会上，与会人员对聚酯及涤纶工业的现状和未来表示担忧。大家表示，随着加入WTO步伐的加快，我国外贸体制改革的深化，聚酯及涤纶产品进口关税不断降低，以及非关税措施的减少，企业运用反倾销法律手段维护自身的权益，免受国外倾销损害愈来愈显得重要。

蒋士成边听边记录边思考，在会议总结发言时，他对大家反倾销意识觉醒和提出的意见建议给予肯定，明确表示中国化学纤维工业协会聚酯切片和涤纶短纤维专业委员会、仪征化纤将进一步发挥行业协会和龙头企业作用，下一步将通过全面深入调研，形成专题调研报告，积极向国家部委反映情况，并运用法律武器维护市场公平秩序。

为聚酯产业告急疾呼

1998年2月，春寒料峭。一份题为"抵制境外公司倾销扭转聚酯业目前的困难局面"的调研报告上报中国东联石化集团有限责任公司，由中国东联石化集团有限责任公司上报国务院办公厅、国家计委、国家经贸委、对外贸易经济合作部等多个部门。

蒋士成组织中国化学纤维工业协会聚酯切片和涤纶短纤维专业委员会和仪征化纤相关人员通过深入全面调研后起草了这份调研报告。

调研报告通过行业和企业详实的数据反映了聚酯产业的突出问题。自1996年以来，我国聚酯市场产品价格一路下滑，据对仪征化纤等11家特大型和大中型企业（产能占全国的70%）的调查表明，继1996年的销售收入、上缴税收和税后利润三项指标分别比1995年下降21.3%、40.7%和120%，1997年预计又比1996年下降7.4%、133%和25%，中小型聚酯企业已全面亏损，仪征化纤也已接近亏损边缘，1998年形势更加严峻。❶

聚酯产业当时面临的困难，除产业结构、产品结构和经营机制上的问题外，与进口过多有直接关系。据海关统计，1995年进口聚酯102万吨，1996年和1997年分别增加到122.4万吨和147.5万吨，年递增20%，加上走私量，实际进口量更大。同时进口PTA也由40万吨增加到近50万吨。

由于对来进料加工监管困难，大量产品低价进入国内市场，使国产聚酯产品受到较大的价格压力。据海关统计，1997年1~11月以加工贸易方式进口聚酯纤维76.6万吨，占73.8%。来进料加工减免关税和增值税，大量产品采用假核销、虚开增值税发票等手段，逃避监管，变相走私低价进入中国市场，国产聚酯产品无法与之竞争。

报告提出，为使国内聚酯纤维行业走出困境，除国内企业尽快调整结构、转换机制外，建议国家在政策层面采取措施控制进口，尤其要抵制韩国等境外公司的倾销。报告还提出了临时调高聚酯切片和涤纶短纤维等化纤原料产品的进口关税，对使用国产聚酯原料、加工后出口实行"出口退税"政策，加强监管、规范来进料加工，继续打击聚酯产品走私等建议。

1998年7月13~15日，全国打击走私工作会议在北京召开。会议的主要任务是，深入分析当时反走私斗争形势，统一思想认识，部署下一阶段的反走私工作，严厉打击走私活动，促进国民经济持续快速健康发展，推动改革开放和现代化建设顺利进行。

---

❶《抵制境外公司倾销扭转聚酯业目前的困难局面》. 1998.2. 仪征：仪征化纤公司藏档.

在党中央、国务院的关心下，在国家相关部门的直接领导下，打击走私和规范加工贸易取得了明显成效，基本遏制了化纤产品走私猖獗的局面，但是不解决倾销的问题，依然达不到根治“过量进口”的目的。

担任调查组常务副组长

1998 年中国纺织总会改组成国家纺织工业局，由国家经济贸易委员会管理。9 月 22 日，国家纺织工业局在萧山召开全国化纤行业开展反倾销暨中国化纤协会第二届第二次常务理事会。这次会议召开之时，正值纺织行业面临国内外经济环境带来新的困难和挑战之际，且正值行业“突破口”工作全面铺开并进入关键的阶段，具有十分重要的意义。❶

会议分析了我国化纤行业生产经营状况和存在的问题，指出化纤行业出现的主要问题。

蒋士成此前做了大量的实地调查，掌握了翔实资料，他在讨论发言时提出，周边国家和地区实行低价倾销战略，利用加工贸易等形式将大量低价化纤及化纤原料销往我国市场，引发了我国化纤企业的价格大战，实际是国内企业的“自相残杀”，这也是造成国内化纤市场价格波动、企业经营困难的一个重要因素。对付境外低价倾销的一个有力“武器”是开展反倾销。当时我国首例反倾销案已有了初步结果。

❶《加快化纤行业结构调整、加强行业管理，为我国纺织行业发展作出新贡献》. 1998. 9. 仪征：仪征化纤公司藏档 .

在这次会上，中国化学纤维工业协会通报了“关于在化纤行业开展反倾销工作的初步设想”，建议由中国化学纤维工业协会牵头，聚酯和涤纶短纤维专业委员会具体负责，以现有的聚酯和涤纶短纤维生产的企业为主体，组成“聚酯切片和涤纶短纤维反倾销案联合调查小组”。

1998年10月，在第七届北京国际化纤会议上，蒋士成用翔实的数据表明，进口聚酯及涤纶中有87%以上是以来料加工和进料加工方式进口的，但在享受减免关税和增值税的优惠政策后，并没有全部加工为成品出口，有相当大的数量非法滞留在中国市场，以其低廉的价格严重冲击了国内市场的正常产销秩序。蒋士成深入分析了行业存在的一系列问题，有针对性地提出了调整建议，同时提出中国的聚酯和涤纶工业仍具有很大的发展潜力。此后该文刊发在1999年《石油化工动态》第一期。

1998年10月30日~11月2日，中国化学纤维工业协会聚酯和涤纶短纤维专业委员会1998年会在江苏扬州召开。会议研究了“打击走私、反倾销和行业自律”三项中心工作，形成了“关于当前国内聚酯产品市场情况及有关建议的紧急报告”，由仪征化纤、上海石化、天津石化、辽阳石化、厦门翔鹭等总产能占国内聚酯及涤纶短纤维份额80%的17家化纤企业联合签署，提交国家有关部门，请求进一步加大打击走私力度，以缓解行业危机。会议决定由“开展反倾销调查合作协议”签署企业共同组建“聚酯切片和涤纶短纤维反倾销调查组”，组长和副组长由中国化学纤维工业协会、仪征化纤、中国石化销售部、中国石油炼化局相关领导组成。蒋士成因身兼中国化学纤维工业协会聚酯和涤纶短纤维专业委员会秘书长、仪征化纤顾问双重职务，被任命为调查组常务副组长。调查组下设办公室，为调查组的日常办事机构，设在中国化学纤维工业协会秘书处。中国化学纤维工业协会副秘书长端小平担任办公室主任。至此，聚酯切片和涤纶短纤维反倾销调查工作正式进入实质运作阶段。[1]

“聚酯切片和涤纶短纤维反倾销调查组”成立后，蒋士成等调查组成员着手组织开展了六个方面的工作：一是组织相关企业，确定调查的品种、范围、组织形式、工作程序等；二是积极收集整理境外厂商、产品价格信息，配合律师事务所做好调查取证工作；三是与国家经贸委、外经贸部建立信息互通机制，代表企业及时、准确地反映行业情况；四是参与相关产品的对外贸易洽谈；五是配合和参与政府部门的企业损害调查工作；六是协调政府部门、律师事务所和企业之间的关系，代表企业向政府相关部门提起反倾销申诉。

根据《中华人民共和国反倾销和反补贴条例》规定：我国反倾销调查工作，主要由对外贸易经济合作部(以下简称外经贸部)和国家经济贸易委员会(以下简称国家经贸委)负责。蒋士成等调查组成员多次到外经贸部和国家经贸委了解申报反倾销申请书的相关要求。1999年4月7日，中国化学纤维工业协会及仪征化纤等15家企业正式向外经贸部提交了反倾销申请书。

经过认真比选，并在征求了国家经贸委和外经贸部等部门意见后，决定聘请北京环中律师事务所担任反倾销调查及相关事宜的全权代理，授权其为我方搜集和整理有关证据和材料；起草反倾销申请书；代表我方向外经贸部提供相关证据和材料，并依法查阅与本案有关的证据和材料；代表我方参加题述案件的审理和听证等。

由于多种原因，这次聚酯切片和涤纶短纤维反倾销申诉并没能获得批准。但我国反倾销调查的威慑力仍不可低估。韩国对中国相关产品的出口大幅度减少，已经在一定程度上起到维护国内产业利益的作用。

[1]《反倾销要情简报第一期》. 1998. 11. 仪征：仪征化纤公司藏档 .

《人民日报》刊发反倾销经验

2001年2月，国家纺织工业局撤销，中国纺织工业协会成立。纺织行业自此步入由社会中介组织进行服务、协调的行业自律阶段，行业协会在发挥组织协调和桥梁作用的角色也刚刚在起步摸索中。2001年3月，在中国化学纤维工业协会的组织下，仪征化纤等15家聚酯企业决定再次拿起法律武器，申请反倾销立案调查，分别于2001年6月26日、7月23日，向外经贸部递交了聚酯切片和涤纶短纤维的反倾销立案申请书，并最终获得政府部门的支持，8月3日正式发布公告立案。❶

2001年6月26日，外经贸部依据《中华人民共和国反倾销和反补贴条例》的有关规定对申请人资格、申请调查产品的有关情况、国内同类产品的有关情况、申请调查产品对国内产业的影响、申请调查国家(地区)的有关情况等进行了审查。同时，外经贸部就申请书中提供的涉及倾销、损害及倾销与损害之间的因果关系等方面的证据进行了审查。之后，外经贸部经商国家经贸委，于2001年8月3日正式发布公告立案，决定开始对原产于韩国的聚酯切片进行反倾销调查，并确定本案的倾销调查期为2000年7月1日至2001年6月30日。

蒋士成向仪征化纤领导提出建议，随着经济全球化和我国加入世界贸易组织进程的加快，学习和运用反倾销、反补贴等法律知识、相关政策，加强对产业和企业的保护，已成为企业的一项重要

❶李先云，叶颖敏．石油和化学工业反倾销申诉与应诉培训教程[M]．北京：化学工业出版社，2005：68-69.

任务，要组织安排人员参加外经贸部、国家经贸委、行业协会等举办的反倾销、反补贴研讨会、培训班，并走出国门考察，开阔视野，提升能力。

国家经贸委产业损害调查局决定于7月29日~8月9日组团赴日本、韩国考察其反倾销、反补贴和保障措施等方面的情况。仪征化纤公司派出经济研究中心副主任吴剑南随团参加考察。

这次考察主要分四个层面了解日、韩反倾销制度及运作情况，并听取两个国家对我国反倾销运作的有关建议。第一层面是走访负责反倾销业务的政府有关部门。其中在日本主要与经济产业省(原通产省)、财务省(原大藏省)的有关部门进行会谈；在韩国主要与产业资源部和财经部的有关部门进行会谈，主要了解日、韩两国在反倾销制度及运作上的做法。第二层面是走访曾承担过反倾销实务运作的律师事务所，在日本走访了丝贺、森综合、长岛-大野-常松、尚和4家律师事务所；在韩国，走访了韩国太平洋律师事务所，主要了解日、韩两国在反倾销实务运作方面的主要经验和做法。第三层面是与产业团体和有关协会会谈，主要向他们介绍中国反倾销的有关制度和实务运作方法，听取他们对于中国开展反倾销运作过程中的有关建议。在日本，与日本贸易振兴会、日中贸易协调委员会、化学协会和钢铁联盟进行了会谈。在韩国，与韩国钢铁协会、石油化学工业协会和化纤协会进行了会谈。第四个层面是考察有关企业。考察了日本新日铁君津制铁所、三井化学(大阪)和韩国的LG化学公司(丽川)、浦项钢铁公司(光阳)。通过上述四个层面的考察访问，比较清楚地了解了日、韩两国反倾销的有关制度和运作。❶

考察团原本没有访问韩国化纤协会的安排，但8月3日，中国外经贸部发布了对韩国产聚酯切片和涤纶短纤维反倾销调查的立案

❶《日本韩国反倾销考察报告》. 2001. 8. 仪征：仪征化纤公司藏档.

公告。应韩国化纤协会要求，8 月 9 日考察团与韩国化纤协会进行了会谈。

从会谈中了解到：韩国化纤业对中国立案调查韩国产聚酯切片和涤纶短纤维倾销非常意外。一是近两年来，两国化纤界高层之间的交流很密切，渠道也很畅通，2000 年 5 月在上海进行了中、韩化纤界第二次高层会议，所以本次立案，韩国化纤界很意外。二是此举对韩国化纤界构成了较大的压力。6 月 4 日，韩国的报纸刊登了中国立案的公告，并配了评论，题目就是“韩国聚酯纤维没地可卖了”。因为世界许多国家对韩国的聚酯短纤维动用了反倾销手段，其中日本也在对韩国的聚酯短纤维进行反倾销调查。考察团在日本考察时，代理该业务的律师表示，8 月份，日本对韩国聚酯短纤维反倾销调查就可基本结束，进行初裁。三是韩国化纤界在积极准备应诉。8 月 21 日，韩国化纤协会组织的代表团将到北京，提交应诉申请。

蒋士成还记得一个小细节，韩国化纤协会组织的代表团到北京提交应诉申请后，还提出要到仪征化纤现场参观学习。蒋士成负责联络，并参与接待工作。韩国化纤协会组织的代表团来仪征化纤时为表友好和歉意，还带来了韩国一些“土特产”，双方进行了坦诚的沟通。

11 月 12 日，又一个好消息传来。《人民日报》第十二版刊发了《反倾销：行业协会大有可为》，报道了中国化学纤维工业协会在我国首例聚酯切片和涤纶短纤维反倾销案所做的主要工作和发挥的重要作用，以及对其他行业和企业的启示。这是蒋士成等人组织起草的反倾销工作经验总结。

文章指出聚酯切片和涤纶短纤维反倾销案，是我国反倾销史上第一次由行业协会代表国内生产企业提起的反倾销调查申请。该案例表明在反倾销申诉实践中，在产业受到损害最为严重的时候及时提出反倾销调查申请是十分重要的；如果反倾销调查涉及的申请企业过多或分散，或者提供数据企业过多，容易造成协调不利、口径统一困难、收集和提供资料延迟而影响反倾销调查申请的进度；如果反倾销申请准备时间过长，错过了最佳立案时期，对今后的调查工作将会产生不利的影响。因此，考虑到反倾销案件时间性很强的特点，对于企业过多、比较分散的产业而言，如果准备提出反倾销申诉，可以借鉴聚酯切片和涤纶短纤维反倾销案的经验，由行业协会统一牵头，作为申请人提出反倾销调查申请，同时提供产量比较大、损害比较严重、比较有代表性的会员企业积极配合调查，由协会统一协调，以便加快反倾销立案调查申请的进度。中国化学纤维工业协会在此方面为国内产业及其代表起到很好的带头作用。聚酯切片和涤纶短纤维反倾销案也有着良好的示范效应，丰富了我国的反倾销实践。❶

回望先后历时近四年的反倾销历程，蒋士成感慨万千。由中国化学纤维工业协会和仪征化纤等 15 家国内聚酯企业发起的我国首例聚酯切片和涤纶短纤维反倾销案，从 1999 年 4 月申请，2001 年 8 月正式立案，2002 年 10 月初步裁定，到 2003 年 2 月终裁决定。终裁决定有利于规范市场环境，消除不公平竞争，这是中国聚酯产业采用 WTO 框架下的合法手法争取公平竞争环境的成功范例，对产业发展产生了长期积极的影响。贸易救济措施的实施对行业的发展与稳定起到了明显效果，对规范市场产生了积极作用，为行业规模壮大、技术进步和产业升级及全产业链竞争力提升提供了有力的保障。同时也提高了行业的规则意识和依法运用贸易救济维护自身合法权益的能力。

中国纺织工业联合会副会长、中国化学纤维工业协会会长端小平对反倾销案记忆犹新，对中国化纤行业发展的黄金 10 年进行了深入思考和总结，他说：“我国化纤行业在 2001~2011 年的快速发展，

❶反倾销：行业协会大有可为[N]. 人民日报：2001-11-12(12).

主要归功于两个要素：一是良好的外部发展环境造就了化纤行业发展的黄金 10 年，二是技术进步给予行业持续的发展动力。从 1998 年开始，在国务院领导的直接关心下，国务院有关部门组织开展了对化纤产品打击走私的专项斗争，取得了很大成效，打击了走私，规范了加工贸易，维护了正常进口秩序。同时，国内化纤企业在中国化学纤维工业协会的组织下积极开展反倾销调查，对我国化纤行业整体运营状况的好转发挥了重要作用。聚酯和涤纶短纤反倾销是我国由行业协会作为申请人提起的第一起案件，协会在世贸规则运用和组织行业协调行动等领域经验欠缺，反倾销在许多理工专家学者眼中也许是一件瞧不上的不屑一顾的事情，在此背景下，蒋院士作为技术专家和学者身份，同时还具有国际视野和大局观，他审时度势，主动放下身段，投身新领域，深入学习，甚至对有关世贸规则和法规也是从头学起，同时发挥其影响力和智慧，协调政府、企业和有关各方进行一系列专业和细致的工作，为反倾销申诉工作发挥了中流砥柱的作用。”❶

❶端小平口述访谈 . 2017. 12. 北京 .

第十三章

推进化纤行业由大到强

1999年，蒋士成当选为中国工程院院士后，积极参与中国工程院的各项工作。作为中国工程院环境与轻纺工程学部、工程管理学部双部院士，蒋士成一直在围绕着事关纺织产业科技创新发展全局和长远问题，贡献着自己的光和热。此外还承担了国家发改委工业司、中国石化科技委、中国国际工程咨询公司、中国纺织工业联合会、中国化学纤维工业协会等委托的科技咨询、项目评估、战略研究等工作，被华东理工大学等院校聘为客座教授。

即使步入耄耋之年的他仍然奔波在大江南北、长城内外。在调研工作中，蒋士成等项目组成员有时是冒着高温、顶着烈日，有时是抗着严寒、踩着白雪，深入到企业一线，进车间、到田埂，与企业领导、技术人员交流，获取第一手资料，让调研单位领导和技术人员深受感动。在蒋士成的心中，总有做不完的事。他认为，这是一个院士的责任义务，一位士人的初心使命。

为发展高性能纤维献计出力

高性能纤维，顾名思义在于高性能，是具有特殊的物理化学结构、性能和用途，或具有特殊功能的化学纤维。其中碳纤维、芳纶、超高分子量聚乙烯纤维是世界上三大高性能纤维。

我国高性能纤维的发展有着极其特殊的背景，那就是没有常规纤维的“消化吸收”，全部靠“白手起家”。但由于产、学、研脱节严重，各方面进展都比较缓慢。2005年以前，我国高性能纤维基本都处于实验室研发，或者小试和中试阶段，没有实现产业化和工业化规模生产，使得我国许多品种的技术水平与发达国家的发展差距拉大。

为解决关键高性能纤维材料短缺，推进国产化进程，中国工程院于 2006 年 3 月设立“高性能纤维产业发展战略研究”重大咨询项目。项目组由中国工程院、中国科学院、中国社会科学院、航天科技集团、航空工业第一集团、总后勤部等 16 家单位组成，11 名院士(学部委员)和 91 名专家参与其中，共分 7 个课题。季国标院士为项目组组长。蒋士成是项目组成员之一。

尽管蒋士成那段时间骨质增生、腰椎间盘突出的老毛病又犯了，但他还是坐着轮椅、拄着拐杖参与了项目组的实地调研、研讨会议，令项目组同事十分感动。

两年多来，项目组先后赴 11 个省、市考察了 50 多家高性能纤维科研、工程化试验、制造及应用单位，摸清了发展现状、市场需求、与发达国家的差距以及制约产业化的关键问题，并与政府主管部门和行业组织访谈研讨，提出了产业发展构想与政策建议。最后，项目组在完成考察、调研、咨询工作之后，形成了近 20 万字的研究报告及 65 万字的分课题报告。

2008 年，项目组在中国工程院举行了“高性能纤维产业发展战略研究”重大咨询项目结题汇报会。项目组提出，我国高性能纤维产业虽还比较落后，但我国已有较坚实的工业基础，有后发优势；通过自力更生、集成创新，必将加速发展，有望在 2015 年建成世界高性能纤维产业大国。

在国家加快培育和发展战略性新兴产业政策的指导下，国内高性能纤维产业化进程进一步加快，同时高性能纤维产业化也已开花结果。

2006 年，中国石化为了加快推进高性能纤维产业化进程，决定将南化公司研究院、中国纺织科学研究院联合攻关的年产 30 吨的干法纺丝高性能聚乙烯纤维技术放在仪征化纤工业化装置建设。该项目被列为中国石化“十条龙”科技攻关项目。经过仪征化纤、南化公司研究院、中国纺织科学研究院产学研联合攻关，2008 年和 2011

年，采用中国石化自主知识产权的技术和工艺，年产300吨、年产1000吨的干法纺丝高性能聚乙烯纤维工业化生产线先后在仪征化纤建成投产。高性能聚乙烯纤维干法纺丝技术的突破，打破了国外技术垄断，使我国成为第三个掌握此项技术并实现产业化的国家。仪征化纤也成为中国石化特种纤维研发和生产基地。

2011年，一年一度的香港桑麻基金会科技奖评选启动后，蒋士成建议仪征化纤"300吨/年高强高模聚乙烯纤维干法纺丝成套技术"项目参与评选。经过评选，"300吨/年高强高模聚乙烯纤维干法纺丝成套技术"获2011年香港桑麻基金会科技奖特等奖。

2011年，蒋士成在参加"纺织之光"2011年度中国纺织工业协会科学技术奖评审时，接受了《纺织服装周刊》记者采访，介绍了本年度科技奖项的亮点以及如何走好"十二五"纺织科技发展之路。他强调："十二五"期间，中国的化纤工业将迎来极大的发展，特别是高性能纤维也会取得长足的进步，只有这样，我们才能从纺织大国走向纺织强国。

2013年，仪征化纤"高性能聚乙烯纤维干法纺丝工业化成套技术"又先后获得"纺织之光"中国纺织工业联合会科学技术一等奖、中国石化科学技术进步一等奖。仪征化纤高性能聚乙烯纤维以"力纶"作为品牌。近年来，仪征化纤充分发挥国内唯一干法纺丝生产线的优势，加大产品结构调整，先后开发、生产了50多个"力纶"品牌细旦、高强、有色等系列产品，产能目前已达3300吨/年，已实现在航空母舰、新型战机、防弹装甲与防弹衣、电缆罩、轻质应急路面、跨海大桥建设、防切割和导热性纺织品等领域的应用。

2018年3月，由中央电视台和中国电影股份有限公司联合出品的大型纪录电影《厉害了，我的国》在全国上映，影片中港珠澳大桥收官之战接头安装发挥作用的吊带是由14万根超高分子量聚乙烯纤维组成的，该纤维由仪征化纤公司生产提供。2018年11月，中国

蒋士成在仪征化纤高纤部生产现场了解高性能纤维情况

石化仪征化纤超高分子量聚乙烯纤维，入选由中央宣传部等部委联合主办的“伟大的变革——庆祝改革开放40周年大型展览”。图片说明写道：“别小看这样一根细丝线，它的承重力能达到35公斤，港珠澳大桥的吊带就是由14万根力纶组成，由中国石化仪征化纤公司制造。”

“近10年来，我国的主要高性能纤维已实现了规模化生产，少数品种更是达到国际先进水平，具备了一定的国际竞争力。在国家相关政策和规划的指引下，国产高性能纤维行业在规模化生产以及应用技术、高水平研发平台方面取得了较好的进展。”蒋士成用十年磨一剑来概括高性能纤维的发展历程。

蒋士成指出，“十三五”期间化纤行业的重点任务之一仍然是大力发展高性能纤维。前几年高性能纤维研发项目现在到了开花结果的阶段，下一步需要进一步使项目产业化，继续突破关键技术，同时加快市场开发的脚步。

2016年3月8日，一份综合了轻纺、环境、汽车、轻工、机械、材料等6个领域24位院士专家意见，形成的“关于高性能纤维与汽车轻量化产业发展的建议”，作为中国工程院院士建议（2016 年第 12 期）上报中共中央办公厅、国务院办公厅、全国人大办公厅、全国政协办公厅，并抄送中央和国务院有关部门及单位。❶

该建议阐述了发展轻量化产业对能源、环境、制造业、新能源汽车战略新兴产业和新材料战略新兴产业的重要意义，分析了中国汽车轻量化产业发展遇到的瓶颈问题，提出了高性能纤维与汽车轻量化产业发展的相关建议。

蒋士成是第一建议人。他说，中国工程院于 2015 年设立了“高性能纤维与汽车轻量化技术创新发展战略研究”咨询项目，由纺织领域院士牵头，邀请纺织、汽车、复合材料、轻工机械等领域院士共同参与，依托单位为东华大学，由纤维材料改性国家重点实验室、民用航空复合材料协同创新中心和上海市轻质结构复合材料重点实验室具体组织实施。

“项目聚焦国内外高性能纤维及其轻量化技术相关产业科技发展环境和现状及发展趋势；对我国高性能纤维及其轻量化技术相关产业科技前沿领域进行了深入系统分析研究，取得了许多新的认识和重要研究成果。”

一年多来，项目组成员赴上海、江苏、吉林、安徽、北京、浙江、四川等地，深入到上汽、一汽、北汽等 18 家高性能纤维与轻量化技术产业链的生产企业调研。项目组主办 3 次全国性“高性能纤维与轻量化工程技术”高层论坛，共有近 600 人次专家、教授、工程技术人员、企业高层管理人员参加，共作了 34 个报告；项目组还向国内相关企业作了问卷调查，深入开展检索、查新及相关技术资料的查阅研究等。

汽车产业是我国支柱产业之一，新能源汽车是国家战略新兴产业。根据国家新能源汽车发展计划，到 2020 年新能源汽车达到 500

❶《中国工程院科技咨询项目“高性能纤维与汽车轻量化技术创新发展战略研究”研究报告》. 2016. 4. 北京：中国工程院藏档 .

万辆。但不少潜在买家对新能源汽车持观望态度，原因是其电池续航问题。

2016 年，蒋士成出席汽车轻量化项目研究成果发布会

采用更轻的材料使汽车变轻是节能减排、提高电动车续航里程的有效方式。有研究表明，总质量 1550 千克的新能源汽车续航里程 186 公里，如果总质量能减少到 1011 千克，则续航里程可提高到 275. 5 公里。

以高性能碳纤维复合材料为例，其最突出的特点是轻质高强，与传统的铝合金相比，碳纤维复合材料的飞机结构可减重 20%～40%。碳纤维复合材料的使用已由航空航天迅速扩大到新能源、生物、信息等其他工业部门。

用高性能纤维增强复合材料替代部分金属材料，是大部分汽车企业促进汽车轻量化而采取的做法。尽管国内外绝大部分汽车企业开展了碳纤维复合材料汽车或零部件研发，但遇到一系列发展瓶颈。

蒋士成介绍，困难主要涉及复合材料整车及零部件设计准则、数据库与评价标准；复合材料零部件自动化量产技术与装备；从碳纤维到复合材料汽车整个产业链的合作机制；碳纤维汽车维修、回收及循环利用技术体系；车用低成本碳纤维及其中间体材料产业链；轻量化科技创新体系，科技投入不足；具有汽车学科基础又有材料学科基础学科交叉人才队伍不足。

针对这些不足，项目组对高性能纤维与汽车轻量化产业发展提出多项建议。包括建立若干“高性能纤维与轻量化产业链示范工程”，形成产业链各环节具有合理开工率、连续稳定运行、合理企业利润的完整示范工程；培育行业龙头企业，提高规模效益，参与国际竞争；设立“高性能纤维与轻量化”重点科技专项，加大科技攻关力度；建立我国高性能纤维与轻量化技术科技与人才培养体系和高性能纤维与轻量化国家实验室或国家重点实验室、国家工程实验室、国家知识服务平台；制定我国高性能纤维及其轻量化复合材料产业发展政策，优化产业发展环境。

为生物基纤维工程化和产业化问诊号脉

“我国现在的化纤基本是来自石油，是不可再生资源，全球的用量也仅是几十年，从长远的发展来讲，怎样解决中国人的穿衣问题以及全球的穿衣问题？从可再生资源出发，用生物技术来作高分子新纤维及生物化学原料，对我们来说是可持续发展的，并且符合环保理念，可以循环再生，可降解，在诸多方面都有很多的优势，所以我们课题的调研将来要给国家在‘十二五’的发展以及更长远的发展提出一些这方面重要的建议。”

“一件普通的大号男士白色T恤衫，如果用传统方法生产，排放二氧化碳 6.5 千克；若采用生物基原料，二氧化碳排放量仅为原来的 1/10。当然，如果种植环节用的是有机法，那么碳排放就更少了。”

2010 年 10 月 15 日，由中国工程院主办、长春经济技术开发区承办的“生物基纤维及生化原料产业化、工程化战略研讨会”在长春举行。蒋士成在此次会议上谈了推广生物基技术的重要意义，同参会专家一道为长春打造产值千亿级生物产业基地问诊号脉。“生物基纤维”将成为未来纺织行业发展的主要方向，这是与会专家的一致意见。

生物基纤维，源于自然的馈赠。生物基纤维是指来源于可再生生物的一类纤维，包括生物基原生纤维、生物基再生纤维、生物基合成纤维。生物基再生纤维中的新品种和生物基合成纤维统称为生物高分子新纤维。

自 20 世纪 90 年代起，世界化学纤维工业进入成熟期，常规品种化学纤维呈现市场竞争激烈、经济效益下降趋势，且其主要原料石油紧缺，环境问题日益突出。面对这种局面，欧美、日本等化学纤维生产领先的地区和国家一方面逐渐退出常规化学纤维生产，另一方面重新定义纤维材料不仅是服装、装饰、流行产品的原料，而且是重要基本材料和工程材料。他们将纤维材料列入国家科技发展规划，不断进行产业结构调整，逐步减少或退出常规化学纤维品种的生产，转向利润更高、受资源或环境影响较小的差别化、高性能、新功能、生物基纤维的研发和生产，技术上呈现一些新的特点。

为应对石油资源日趋匮乏，适应绿色环保和可持续发展的需求，研究开发新型生物基纤维成为发达国家的战略计划，美国、欧盟、日本等国家和地区相继推出再生材料促进计划，先后建立研发联盟，投入巨资开发高效绿色环保的纤维素纤维生产技术（新溶剂法、离子液体法等)，研究相应的新型专用加工技术及装备，努力实现绿色化加工，节能降耗，促进生物基再生纤维加工主体技术向集成化、连续化、自动化方向发展。

纺织产业是我国国民经济的传统支柱产业和重要的民生产业，也是国际竞争优势明显的产业。我国是世界纺织大国，不仅体现在纺织纤维加工总量上，也体现在纺织纤维生产的产量上。2005～2009年，我国纺织纤维产量占世界总量的比例从33.3%上升到46.9%，但其中大量是以石油为原料的合成纤维，而且比例呈逐年上升的趋势。2005年我国生产的纺织纤维中合成纤维比例为65.7%。2009年该比例上升到了73.6%。以石油资源为原料的合成纤维存在大量消耗一次性资源——石油，碳排放多等不利于产业可持续发展的弊端。改变合成纤维的原料来源，寻找可再生资源作为替代品成为世界纺织产业重要的战略性任务。

2005年9月，中国工程院、中国科学院24名院士建议，在目前能源紧张的背景下，我国应立即实施以玉米秸秆为原料研发纤维新材料聚乳酸的战略。这一建议得到了国内新材料专家的响应。

他们还专程参加了山东省淄博市举办的新材料技术论坛。院士们一致认为，在目前能源形势下，大力开发聚乳酸纤维是一种符合中国国情的选择。

蒋士成提出，要完成石油到生物基原料的过渡，必须找到代替涤纶的品种，“就目前的水平来看，聚乳酸纤维是最有可能的替代者”。

聚乳酸纤维是一种可生物降解的新型聚酯纤维，通常也称聚丙交酯纤维，主要以玉米、小麦、甜菜等含淀粉的农产品为原料制成。聚乳酸纤维既有合成纤维的基本物性，又有天然纤维的生物相容性和可降解性，其加工成的各种纤维产品，在成本、性能等方面比以石油为原料的各种产品更具竞争力。另外，它的降解性能非常好，用完之后埋在地下很快变成二氧化碳和水，是一项真正低成本、低能耗又不会产生污染的洁净产品。

“为了解决原料与人类‘争粮食’的困境，聚乳酸纤维生产要从以淀粉为原料逐步过渡到以秸秆为原料，尽快攻克秸秆制糖技术平台成为关键。”蒋士成认为只要在技术上实现突破，聚乳酸纤维必有广阔的前景。

这 24 位院士的建议在业内引起热烈的响应。2009 年底，“多种生物高分子新纤维工程化与产业化前景研究”重大咨询项目立项，❶这是中国工程院重点咨询项目，2010 年初启动项目的研究和咨询工作。通过全国范围的调研和咨询，摸清我国生物基高分子新纤维产业发展现状，推进我国生物基高分子新纤维“政、产、学、研、用”相结合的研发，推动产业链上各产学研用单位的合作，形成发展生物基高分子新纤维的战略性、前瞻性研究报告，向国家有关部委和中国纺织工业协会等部门提出相关的咨询建议，并对相关企业提供参考和指导。

在接下来的三年多时间里，由季国标、蒋士成等院士带领，项目组分三组，赴山东、上海、江苏、浙江、河南、安徽深入生物基纤维及原料生产企业，围绕企业概况、纤维技术水平与成熟度、企业技术创新能力与自主知识产权情况、新产品的标准建立情况、环保情况、竞争力比较、存在问题、发展规划等方面开展实地调研和咨询。2012 年研究形成的《“研究多种生物高分子新纤维工程化与产业化前景”综合报告》及三个分课题研究报告等，对理清我国生物高分子新纤维发展思路，明确发展战略，确定重点专项，推进我国生物高分子新纤维的工程化、产业化起到了很好的促进作用。发展生

❶《多种生物高分子新纤维工程化与产业化前景研究》. 2013. 1. 北京：中国工程院藏档.

物高分子新纤维工程化与产业化，对化纤工业实现低碳经济和可持续发展，培育战略性新兴产业具有重要意义：

一是项目组对于国内生物高分子新纤维原来比较散而不清晰的状况进行了梳理，作了总体上的描述；对各类生物高分子纤维及原料生产企业的现状进行了比较，初步筛选了具有工程化、产业化发展潜力的生物高分子纤维品种，并提出了5项重大科技专项。所提的这些专项和建议内容列入了工信部的《化纤工业“十二五”发展规划》。

二是归纳了目前国内生物高分子新纤维研发中存在的问题，如研发小而散，缺乏系统性和整体性，技术开发重复性，效益低，缺乏必要的政策引导和支持，导致有关的企业缺乏积极性等。最为典型的是NMMO溶剂法纤维的工程化、产业化研究和试验，三个地方三种技术无法在一起交流、取长补短，哪怕是获得一些原则性的共同点。这将促使国家有关部门深入思考其中深层次的问题，有助于在下一步发展中有针对性地加以解决。

三是通过深入企业调研等，传递了国家的相关需求信息，沟通了相关单位的研发信息等，提升了上海纺织控股集团等企业发展生物高分子新纤维的信心，使本来对扩大生物高分子新纤维试生产持观望态度的企业，坚定了进一步扩大生产规模的信心。促使山东华兴集团、即发集团等企业更加关注生物高分子新纤维的原料关键问题，促使有关企业开始转向在国内寻求原料来源，并更加关注生物高分子新纤维制造中的环保问题等。

四是向国家主管部门提出了从维护国家安全、培育新型战略产业的战略高度，制定发展新型生物基纤维的规划；设立重大科技专项和国家级研究平台，强化科技在发展生物基纤维中的支撑引领作用；制定政策法规和标准规范，完善生物基纤维产业发展的机制；高效利用和开发生物质资源，确保生物基纤维产业可持续发展等4

项建议。

“十二五”期间，我国将生物产业列为7大战略性新兴产业，生物基化学纤维及其原料的开发也被列为大力推进的目标之一，成为我国战略性新兴生物基材料产业的重要组成部分。

2015年，是国家“十二五”计划的收官之年。3月中旬，中国国际纺织纱线展览会在上海国家会展中心举办。蒋士成到展会上详细了解生物基纤维的终端产品应用情况，琳琅满目的生物基纤维产品十分抢眼，具有阻燃及抗紫外线性能的聚乳酸纤维、具有天然抗菌抑菌功能的海藻酸盐纤维、吸湿排汗的聚酰胺纤维……

2015年，蒋士成出席生物基化学纤维及原料专业委员会年会

中国化学纤维工业协会生物基化学纤维及原料专业委员会秘书长李增俊介绍说，“十二五”期间，我国生物基化学纤维在国际国内经济结构调整、化纤行业整体发展压力加大的情况下，抓住市场需求和政策支持的发展机遇，依靠自主创新，积极推进产业化进程，取得了令人瞩目的成绩，成为化纤行业转型发展的新亮点。“十三五”化纤工业发展的重点任务之一就是生物基纤维，到2020年，我国将力争实现多种新型生物基纤维及原料技术的国产化，实现生物基原料产量77万吨，生物基纤维106万吨。

为纺织工业科技进步探索路径

2015 年 5 月 16 日，中国工程院重点咨询项目“我国纺织产业科技创新发展战略研究(2016~2030)”成果发布会在中国工程院举行。两年多来，13 位院士、130 余位教授的辛勤努力调查研究集结成最终报告，勾画和铺开了一张未来 15 年纺织产业及子行业科技进步工作的路线图。

发布会上，蒋士成院士负责汇报项目开展的总体情况。他说，项目成果是项目组 13 位院士、130 余位教授的“心血之作”。

他指出，纺织产业是我国国民经济的支柱产业、重要的民生产业、国际竞争优势明显的产业，也是战略性新兴产业的重要组成部分。2012 年，我国规模以上纺织企业工业总产值 5.8 万亿元，纤维加工总量占世界的 55%，纺织品服装出口额占全球的 36%，用于新能源、航空航天、医疗卫生、环境保护等的产业用纺织品在我国纤维加工量中占比达到 23%。目前全行业就业人数约 2200 万人，涉及全产业链就业人数接近 1 亿。加快以创新驱动纺织产业可持续发展，事关国家经济安全和社会稳定。

2013 年 2 月 26 日，中国工程院重点咨询项目“我国纺织产业科技创新发展战略研究(2016~2030)”启动会在北京召开。中国工程院院长周济出席会议并讲话。作为项目负责人，蒋士成院士主持了会议，参加会议的还有郁铭芳、周翔、孙晋良、姚穆、吴澄院士，国家发展改革委、工信部、中国纺织工业联合会等单位代表，项目依托单位东华大学和各课题的负责人，以及参与项目相关研究和咨询工作的相关协会、院校的领导和专家。

这项研究涵盖纤维新材料技术、先进纺织技术、生态染整加工和高效生态型化学品技术、服装产业科技、先进纺织装备技术、纺织信息技术、纺织产业经济贸易与管理运营技术等 7 个领域。在两年多的时间里，项目组查阅了大量文献资料，对浙江、山东、福建、江苏、上海等纺织产业重点区域、重点企业进行了现场考察，并对企业高层技术人员进行问卷调查，了解企业发展状况、技术创新情况，以及制约企业技术创新活动的瓶颈等，最终形成了 30 万字的报告。报告共 9 篇 39 章，详细阐述了我国纺织产业整体科技创新发展战略，8 个课题研究报告阐述了纺织各技术领域科技创新发展战略。

报告形成了七大成果：一是梳理了世界纺织科技发展趋势，以及我国纺织科技现状和发展中的问题。二是结合未来 5~15 年我国经济和社会发展趋势，分析了纺织科技创新的需求。三是纺织产业科技协同创新发展思路。四是以需求为依据，提出我国纺织产业科技创新发展战略定位、发展目标。五是提出了各技术领域科技创新重点和发展路线图。六是提出了新一代高性能纤维及工程、高端纺织成套设备等八个重大专项建议。七是为了保障战略目标实现，提出政策措施建议。

蒋士成认为，这份研究报告分析了未来 5~15 年我国经济和社会发展对纺织产业科技创新的需求。未来 5~15 年，我国仍处于可以大有作为的重要战略机遇期，以及可持续发展的关键转型期。我国将实现经济持续健康发展、人民生活水平全面提高、资源节约型和环境友好型社会建设取得重大进展。同时我国将面临人口老龄化、经济发展和资源环境矛盾突出、制造业产能过剩、国际趋势对我国经济社会发展影响增强等发展中的压力。面对国家经济社会发展中的挑战和机遇，纺织产业科技发展须支持产业走向高端化、品牌化，高新技术集成化，适应社会生态文明建设的需求、各层次人群对高品质纺织服装产品的需求，开拓未知领域。

与会的国家部委相关部门、中国纺织工业联合会及相关专业协会的负责人充分肯定了项目成果。

废旧化纤纺织品变废为宝的中国方案

我国是世界化纤生产与应用大国，2016 年化纤总产量达到 4944 万吨，占到全球化纤总量的 69.4%，纺织纤维的加工总量 5420 万吨，其中化纤占到 84.23%，居绝对主导地位。在化纤行业快速发展的同时，解决随之而来的废旧制品处理问题也愈来愈迫切。

化纤的生产原料主要为石化原料。蒋士成给行业算了一笔账：相对于发达国家 20%～30%的工业能耗，我国工业用能比重高达 70%，工业领域碳减排将是我国应对气候变化的“主战场”。如果按照一次循环计算，与原生聚酯相比，每吨再生聚酯可减少原油消耗 39%，二氧化碳排放量可减少 3.2 吨。以现在国际通常价格每吨 10～20 美元计，如果我国的再生聚酯纺织品能突破 1000 万吨/年，则每年直接产生的碳税效益就有 3.2～6.4 亿美元，所以化纤循环经济的发展必然带动低碳经济的发展。中国每年产生的纺织物垃圾高达 2000 多万吨，大多被填埋或焚烧，综合回收利用的不到 10%。按综合利用率达到 60%测算，每年可产出化学纤维 940 万吨、天然纤维约 470 万吨，相当于节约原油 1520 万吨，节约耕地 1360 万亩。据估计，到“十三五”末，废旧化纤纺织品的存量可达近 2 亿吨。同时我国化纤行业对石油化工原料的需求量大，且近 50%的原料有进口依赖性。而废旧化纤制品被当作垃圾进行填埋或焚烧等简单处理，不仅严重污染了环境，而且也造成极大的资源浪费。随着我国对资源环境的保护越来越重视，在一系列环保政策的驱动下，传统产业中相关问题的整改也在奋蹄疾进，寻求化纤纺织品的再生循环已经成为我国纺织行业发展的迫切需求，循环再生的消费理念也正逐渐被更多的消费者认知和接受。

蒋士成说，绿色是当前我国工业经济发展中最动人的一种颜色，从化纤行业来说，绿色纤维将是中国化纤工业发展趋势。绿色纤维是指原料来源于生物基和可循环再生原料、生产过程低碳环保、制成品弃后对环境无污染的化学纤维，要求产品的整个生命周期具有低碳环保无污染的特征，包括原辅材料选用、加工过程、遗弃处理等环节。目前，中国化学纤维工业协会认证的绿色纤维主要包括生物基化学纤维、原液着色化学纤维、循环再利用化学纤维等。无论是从资源节约角度还是从环保角度，废旧纺织品回收再利用都十分必要，寻求化纤纺织品的再生循环已经成为我国纺织行业发展的迫切需求。循环再利用化学纤维是化纤产业新时期的重要方向。

为促进我国化纤再生行业的良性发展和全面升级，充分发挥国家工程科技思想库作用，2017 年，蒋士成在中国工程院申请设立“废旧化纤纺织品资源再生循环技术发展战略研究”咨询项目，该课题由纺织领域院士牵头，依托东华大学，并邀请相关高校院所、代表性企业的专家等 40 余人参与研究。围绕深挖纺织品再生“富矿”，拿出让废旧纺织品变废为宝的“中国方案”，打通纺织产业循环经济之路，蒋士成与项目组成员先后走访了福建、浙江、广东等 20 余家企业，调研了我国废旧化纤纺织品再生行业的发展现状，有时是顶着烈日，有时是脚踏白雪，只为获取第一手资料。项目历时一年多，形成研究报告和院士建议。

研究报告认为，我国废旧化纤纺织品的综合回收利用，旨在引导行业走出一条高新技术汇聚、经济效益良好、资源消耗低、环境污染少、人力资源优势得到充分发挥的新型发展道路，这也是我国纺织化纤行业加快经济发展方式转变和经济结构调整的重大战略与机遇。我国废旧化纤纺织品的综合回收利用可以从根源上解决原料的粗犷型消耗，缓解我国化纤原料进口依存度长期居高不下、原料资源制约的难题；解决废旧纺织品的不可降解给环境带来的巨大压力；引领中国纺织产业在低碳与资源等更高层次上参与国际竞争，并进一步提高我国在国际化纤产业发展过程中的话语权。

研究报告认为，废旧化纤纺织品快速识别及分拣技术、预处理标准化、机械法及物理法再生关键技术及产业化升级、物理化学法再生关键技术及产业化、化学法再生关键技术及产业化，是我国废旧化纤纺织品资源再生循环的重点任务。

在此基础上，项目形成专项建议❶：第一，构建废旧纺织品现代化回收物流体系。在国家相关部门协调下，联合地方政府及专业机构，建立废旧纺织品物流技术与装备采购清单，以政府专项补贴形式，形成体系完整、功能完备、管理运营有序的废旧纺织品回收物流产业链，以现代化回收物流信息平台建设为依托，循序推进智能回收箱、专业物流车、集散管理站建设，建成200公里回收经济圈，实现回收物流网络系统的全覆盖。第二，建设废旧化纤纺织品循环再生产业集聚及示范园区。充分利用协同作用和规模效应，通过最大限度地优化资源配置，提高资源利用效率，以点带面、点面结合的方式，形成辐射带动，对废旧纺织品循环再生产业实现快速推进。第三，建设废旧化纤纺织品产学研用创新与展示平台。建议国家设立专项推进废旧纺织品循环再生国家重点实验室、国家级工程技术研究中心，加强科研及人才平台建设，加速化纤再生基础研究的深入及研究成果的转化。

蒋士成强调“推进再生循环体系建设是中国必须肩负的大国责任，再生循环发展是我国的基本国策，而化纤再生循环是循环产业建设的重要组成部分。按照发展战略，到2025年，我国废旧化纤纺织品再生资源利用率可达20%，高值化利用率可达50%。通过多种措施，将使我国的再生循环技术水平及创新能力跻身世界前列，在

❶《关于加快推进我国废旧化纤纺织品资源再生循环发展的建议》. 2018. 4. 北京：中国工程院藏档.

低碳与资源等更高层次上参与国际竞争，加速实现我国纺织行业向绿色环保、资源节约的可持续发展方向转型升级，实现我国由纺织品再生大国向强国的转变。”

为中国化纤品牌建设“鼓与呼”

品牌是生产者和消费者共同的追求，是供给侧和需求侧升级的方向，是企业乃至国家综合竞争力的重要体现。加强品牌建设，有利于推动经济大国向经济强国转变，有利于满足人们更高层次物质文化需求，有利于弘扬中华文化、提升中国形象。

纤维作为纺织品的源头，一直以来扮演的角色都比较质朴，按照普通大众的消费习惯很难将纤维这一原材料和当下的“品牌”“流行”“时尚”等热词联系起来。但是事实证明，纤维不但有品牌，更能引领整个时装圈的流行趋势。

经过多年的高速发展，尤其是在2000~2010年的“黄金十年”后，中国化纤产量已以占比世界产量的近70%，稳居全球第一。但中国化纤在技术创新、产品开发、品牌影响力等方面依然存在差距，由此导致产能结构性过剩矛盾突出。中国化纤行业发展步入瓶颈期，这倒逼着行业加快转型升级的步伐，为生存而战。调整中的生存注定将伴随着行业、企业的蜕变，促使行业从规模数量型增长向质量效益型发展转变。在此背景下，工业和信息化部消费品司、中国化学纤维工业协会、东华大学和国家纺织化纤产品开发中心联合发布的“中国纤维流行趋势”，让纤维走到台前，变得鲜活、生动起来。

“必须要找到一个新的突破口，让行业企业彻底扭转多年来单纯依靠数量扩张的不可持续的发展模式，从硬实力建设发展到软实力的提升，注重产品研发，注重品牌建设，注重可持续发展。中国纤维流行趋势发布就是要把技术创新、品牌建设、可持续发展作为活动内涵，引领整个化纤行业乃至整个纺织行业关注纤维品牌，建设纤维品牌，开发品牌产品，提升中国纤维在国际市场上的整体形象和影响力，提升行业发展内涵和长远竞争力，进而实现绿色、可持续发展。”中国纺织工业联合会副会长、中国化学纤维工业协会会长端小平的话也正是研究和发布“中国纤维流行趋势”的初心和使命。

作为中国流行趋势活动的重要发起者和组织者，中国纤维流行趋势项目刚一提出就得到了蒋士成的大力支持。每年的中国纤维流行趋势，他都作为主要专家出席评审会现场，为当年发布的主题、篇章及入选的纤维提出重要的指导性意见。为了更好地推广“中国纤维流行趋势”，几乎每次发布会蒋士成都亲自为“中国纤维流行趋势”站台，为企业颁奖，鼓励企业参与流行趋势活动，用心做纤维品牌。

2013 年 3 月，蒋士成在出席中国纤维流行趋势 2013/2014 发布会期间，围绕产业转型升级的关键在哪儿、化纤产品结构优化调整的方向是什么、如何将科技实力转化为品牌价值等问题，蒋士成接受了《中国纺织报》记者的采访。他强调化纤行业的发展必须从追求量的增加转向质的提升。纺织产品不单是具有服用功能，还包含文化、品牌等诸多因素。大多数化纤企业属于生产型企业，主要关注的是生产和技术，因此需要逐步转变，加强产品营销和品牌建设。在这方面，企业应有长期周密的规划，因为品牌的树立需要一个长期的过程，需要产业链的联合开发。

2015 年 3 月，蒋士成出席中国纤维流行趋势 2015/2016 发布会期间，在《纺织服装周刊》发表了“挖掘出中国纤维品牌影响力”一文。[1]

---

[1] 蒋士成．挖掘出中国纤维品牌影响力[J]．纺织服装周刊，2015(3).

蒋士成指出，当前，我国是世界上生产规模最大、产业链最完整、具有较强竞争力的化纤大国，化纤行业的工艺技术和装备均达到了国际先进水平。并且，化纤产业链终端产品越来越注重品牌建设，产生了不少极具影响力的自主品牌。然而，同国际知名品牌相比，我们品牌的影响力和竞争力还有很长的路要走。中国纤维流行趋势发布活动的举办不仅引领整个纺织化纤行业更为关注品牌、重视品牌、建设品牌，还将国内外领先的化纤新产品源源不断地传递给下游制造企业，让下游企业感受到纤维品牌的力量。

蒋士成院士接受记者访谈

经过2012~2021年的悉心培育和辛勤耕耘，中国纤维流行趋势发布从无到有，从有到优，时至今日已成为中国化纤行业发展的风向标，引领中国纤维在科技创新、绿色发展、时尚跨界、国际影响力等方面全方位提升，让“中国纤维”这一公共品牌在国际市场上的整体竞争力大大提高。同时也引导人们开始以全新视角审视纺织的上游，并改变以往对纤维的认知。中国纤维流行趋势的10年实践，不仅开创了原料端趋势研究的先河，更为纺织化纤产业践行供给侧结构性改革和“三品”战略、依靠软实力驱动转型升级作出了有力有益有效的探索。

“中国纤维流行趋势的观念是超前的，特别是在‘供给侧结构性改革’理论提出后，更证实了活动完全符合政策方向。”中国纺织工业联合会党委书记高勇说。

作为从第一届就参与到“中国纤维流行趋势”产品评审中的最资深的评审专家，蒋士成在评审过程中对这样的发展变化也是感受颇深，可以说，他见证并推动了“中国纤维流行趋势”的整个成长历程。如今，“中国纤维流行趋势发布”活动不仅能为下游企业在产品开发、生产等环节提供更全面的决策依据，还能帮助企业更好地塑造品牌。

随着“中国纤维流行趋势”的持续引领，越来越多的纤维企业打破了“原料没有品牌”的铁律，开始着手产品品牌推广。在“中国纤维流行趋势”的引领下，盛虹、恒逸、恒申、恒天、凯赛、圣泉、赛得利、锦江科技、奥神、太极石等一大批有影响力的纤维企业推出了自己的新产品发布秀，通过时装展示了各自特色产品等。发布企业也由此得到了丰厚的回报，据统计分析，企业因参加“中国流行趋势发布”而获得的订单数量，平均提升比例为25%；入围产品平均利润率逐年提高，2018/2019年度销售利润率达到18.64%，是行业平均水平的4.25倍。

润物细无声，“中国纤维流行趋势”悄然掀起了一场中国纤维产业的革命。原始创新、协同创新成为行业一道亮丽的风景线；发展“绿色纤维”成为行业践行“绿水青山就是金山银山”的自觉行为；产业集聚、龙头效应、细分为王正在成为行业新的发展趋势。有付出就有回报，化纤行业从2015年率先走出谷底，行业盈利能力持续提高，行业利润总额连续3年实现双位数增长，2017年利润总额达到历史峰值超过445亿元。

在“中国纤维流行趋势”成长之路上，蒋士成作为最早的发起人和组织者给予其极大的支持，推动中国纤维成为一个公共品牌，让中国纤维站上世界舞台，受到国际认可，为推进中国化纤行业转型升级、打造中国纤维品牌鼓与呼。

2017 年，蒋士成(右三)出席中国纤维流行趋势发布活动

第十四章

为科技创新和企业发展献智助力

永远怀揣着化纤科技强国梦想

2012 年，我国确立了创新驱动发展战略，提出科技创新是提高社会生产力和综合国力的战略支撑，必须将其摆在国家发展全局的核心位置。在世界新科技革命和新工业革命大背景下，我国纺织产业遵循国家战略，创新驱动，转型发展，由大转为强，并在部分领域引领世界水平，是今后 5~15 年的发展主题，而纺织产业科技持续创新则是新一轮发展的核心。

2016 年 5 月 30 日，全国科技创新大会、中国科学院第十八次院士大会和中国工程院第十三次院士大会、中国科学技术协会第九次全国代表大会(以下简称“科技三会”)在人民大会堂隆重召开。4000 名代表齐聚一堂，群英荟萃，少长咸集，共商国家科技创新大计。这是共和国历史上的又一次科技盛会，是蒋士成有生以来参加的一次最隆重的科技盛会。

习近平总书记发表《为建设世界科技强国而奋斗》的重要讲话，指出：“科技兴则民族兴，科技强则国家强”“中国科学院、中国工程院是我国科技大师荟萃之地，要发挥好国家高端科技智库功能，组织广大院士围绕事关科技创新发展全局和长远问题，善于把握世界科技大势、研判世界科技革命新方向，为国家科技决策提供准确、前瞻、及时的建议。要发挥好最高学术机构学术引领作用，把握好世界科技发展大势，敏锐抓住科技革命新方向。”

此时的蒋士成已经 82 岁，坐在人民大会堂里，聆听习近平总书记的重要讲话，会场不时响起热烈掌声，他心潮澎湃，浮想联翩，我国科学技术发展将迎接又一个春天。

他在接受《中国石化报》记者采访时谈了他的学习体会：

一是吹响了建设世界科技强国的号角。“科技兴则民族兴，科技强则国家强”“今天，我们在这里召开这个盛会，就是要在我国发展新的历史起点上，把科技创新摆在更加重要位置，吹响建设世界科技强国的号角。”习近平总书记在讲话中从全局高度和历史站位，深刻阐述了国家发展和科技创新面临的重大机遇，提出了我国科技发展“三步走”的战略目标、五项重点任务。“三步走”战略目标，即到2020年时使我国进入创新型国家行列，到2030年时使我国进入创新型国家前列，到新中国成立100年时使我国成为世界科技强国。这是共和国历史上又一次具有里程碑意义的科技盛会，意义重大而深远，昭示了我国科学技术发展将迎接又一个春天。

二是把握“三个面向”选准突破方向。“必须坚持走中国特色自主创新道路，面向世界科技前沿、面向经济主战场、面向国家重大需求，加快各领域科技创新，掌握全球科技竞争先机。”习近平总书记在讲话中提出的“三个面向”，是我国建设世界科技强国的出发点，为我国科技创新指明了主攻方向。把握“三个面向”，选准突破方向，首先要敏锐把握世界科技创新发展趋势，准确判断科技突破方向，坚持创新自信，加强原始创新，抢占事关长远和全局的科技战略制高点。要寻求特定开发领域，集中资源发展核心竞争力，着力攻破关键核心技术，最关键的是要把核心技术和关键技术牢牢掌握在自己手中。要强化忧患意识，“不创新不行，创新慢了也不行”，目前，新一轮科技革命蓄势待发，一些重大颠覆性技术创新正在创造新产业、新业态，要紧紧抓住和用好新一轮科技革命和产业变革的机遇，不能等待、不能观望、不能懈怠。从我国化纤行业来说，高性能纤维及复合材料、多种生物基新纤维、绿色纤维等正成为未来长远和全局的科技战略制高点。高性能纤维在未来5~10年会快速增长，特别是高性能复合材料，在航天及工业产业的应用非常重要，发展可再生生物基资源为原料的新纤维工业，对补充我国纺织原料的不足，并且在生物基纤维研发和加工制造方面赶超国际先进水平，保证我国纺织产业的可持续发展和向高端发展有极其重要的意义。绿色纤维是指原料来源于生物基和可循环再生材料，生产过程低碳环保，制成品弃后对环境无污染的化学纤维，是我国化纤工业未来发展新趋势。中国石化的化纤企业应超前规划布局，选准突破方向，切实加大投入，抢占先机，努力在前瞻性、战略性领域占有一席之地。

三是牢记责任重大、使命重大。“两院院士和广大科技工作者是国家的财富、人民的骄傲、民族的光荣，大家责任重大、使命重大，应该努力为建成创新型国家、建成世界科技强国作出新的更大的贡献。”习近平总书记在讲话中对两院院士和广大科技工作者所承担的责任和使命提出了殷切希望。近年来，围绕推进中国化纤工业实现从量增到质升的战略转变，我参与和主持了中国工程院重点咨询项目“高性能纤维产业发展战略研究”“多种生物高分子新纤维工程化与产业化发展战略研究”“我国纺织产业科技创新发展战略研究(2016~2030)”等多个重点课题。2016年3月，牵头联合20多位院士给国家相关部门提交了“关于高性能纤维与汽车轻量化产业发展的建议”。这些重大课题研究，都是着眼于我国化纤行业和企业科技创新的战略思考。

2016年是“十三五”的开局之年，中国化纤行业“十三五”发展指导意见即将发布。“十三五”化纤行业发展的原则是：控制总量，平衡发展；创新驱动，升级发展；绿色制造，持续发展；开放合作，共同发展。重点任务是：加快结构调整，实现转型升级；推动科技进步，提高创新能力；推进智能制造，加快两化融合；发展绿色制造，推进循环利用；创新发展模式，提升行业软实力。

中国已是世界化纤大国，大部分常规产品已经进入世界先进水平，部分产品已经达到世界领先水平。我们坚信在此次大会精神的指引和鼓舞下，经过不懈努力，到 2020 年基本建成化纤强国不是一个梦想。

2014 年，蒋士成(左三)出席第 20 届中国国际化纤会议

为认真学习贯彻全国“科技三会”精神，2016 年 6 月 16 日，蒋士成在“纤维新材料绿色设计与绿色制造工程前沿技术论坛暨中国化纤科技大会”上，向与会人员传达学习了全国“科技三会”精神。

他说：“习近平总书记在‘科技三会’上提出了‘三个面向’，面向世界科技前沿，面向经济主战场，面向国家重大需求。我的体会是科研工作者一定要找准突破方向，不是要你面面俱到，而是要你选准突破方向。现在我们常规的聚酯产品已经是世界先进的，但是我们在高性能纤维、生物基纤维这些方面与世界先进水平还有一定的差距。对照习近平总书记的要求，我们做得还不够。这个世界上有很多颠覆性的技术，我们中国化纤科研工作者也要寻找一些颠覆性的发展方向去做努力，在未来的‘十三五’围绕着绿色发展的理念，好好斟酌一下，争取在高性能纤维、生物基纤维方面尽快赶上发达国家的水平。”

蒋士成在论坛最后语重心长地说：“我已经进入了生命倒计时的阶段，希望在座的各位能够承担起中国化纤科技进步的使命，一起努力，早日实现化纤强国梦。”一字一句让在场每一个人为之动容。

生命不息，奋斗不止。2016 年以来，近过八旬的蒋士成的身影依然出现在追梦路上，他先后提出并主持了中国工程院重点咨询科技项目“废旧化纤纺织品资源再生循环技术发展战略研究”“我国中空纤维膜技术产业发展战略研究”等重点课题，不辞辛劳进行调研咨询；出席行业会议，参加高层论坛讨论；赶赴多个院士工作站开展科研指导咨询；走上讲台给大学生们传业授课，为他钟爱的化纤事业再倾注全部的心血。特别是蒋士成夫人陈雅因身体原因不能随他外出帮助照应，蒋士成常常是一人外出，更是让人肃然起敬。“没有人要求我这么做，能为推进我国纺织化纤工业的可持续发展、高质量发展做些事情，我的辛苦实在算不了什么。”

2018 年，蒋士成在中国化纤科技大会“高端对话”发表演讲

为仪征化纤转型发展支招

蒋士成从1992年离开首都北京根扎仪征化纤以来，将自己的命运紧紧地与仪征化纤联系在了一起。1998年，仪征化纤随中国东联集团公司整体加入中国石化集团公司，这一年，蒋士成退休，但继续担任着仪征化纤顾问。1999年蒋士成当选为中国工程院院士后，又担任了中国石化科技委委员、顾问，为中国石化、仪征化纤的发展战略、科技进步、转型发展等工作出谋划策、奉献着智慧。

近十几年来，蒋士成主要参与了“中国石化PX—PTA—PET产业链发展策略研究”的课题开题、调研、起草、研讨等工作，担任课题顾问工作；参与了中国石化“十条龙”科技攻关项目——100万吨/年PTA国产化项目研发等工作，并在仪征化纤依托工程实施中起技术顾问作用；参与了中国石化“十条龙”科技攻关项目——300吨/年超高分子量聚乙烯纤维项目以及100吨/年对位芳纶1414项目研发等工作；参与了仪征化纤产品结构和产业结构调整等工作。

2018年7月4日，是仪征化纤公司建厂40周年纪念日。当天下午，仪征化纤举行了简朴而温馨的座谈会，邀请部分老领导和部分创业者代表回到仪征化纤共聚一堂，回顾建厂40周年风风雨雨，重温艰苦创业的奋斗历程，总结自立图强的宝贵经验，共商“百年老店”的美好未来。

座谈会上，公司老领导饱含着对仪征化纤的满腔热爱和殷切希望做了指导发言。

2010年，蒋士成出席中国石化“十条龙”项目
仪征化纤百吨级芳纶工业化试验装置成套技术项目鉴定会

蒋士成深情地回忆了仪征化纤40年的峥嵘岁月和奋斗历程，仪征化纤是创新的典范，从消化吸收引进技术开始，到研制出10万吨国产化聚酯装置，为中国化纤业技术创新发展作出突出贡献。结合全国化纤行业转型发展的趋势，建议仪征化纤在抓好存量优化、做强仪化品牌的同时，积极主动抓住高性能纤维、生物基纤维等新的行业发展机遇。由于心情激动，蒋士成发言时间超过了主持人规定的时间，在工作人员的提示下，他才收住话题。

时任仪征化纤党委书记、总经理的万涛在总结讲话时表示，老领导的发言，饱含着对党和人民事业的无限忠诚，饱含着对仪征化纤的满腔热爱和殷切希望，充分体现了老领导矢志不渝的政治本色和无私奉献的崇高境界，值得公司全体干部职工，特别是领导班子学习和敬仰，也让我们深感责任艰巨、使命光荣。

推进民营企业产学研结合

2008年，江苏徐州斯尔克差别化纤维科技有限公司与蒋士成院士合作共建院士专家工作站，研制出了"一步法特种复合纤维纺丝"新技术，不仅使生产能耗、土地占用和产品成本大大降低，而且还获得了10多项国家专利。徐州斯尔克差别化纤维科技有限公司开发的"一步法异收缩PET混纤复合丝系列产品"获得中国纺织工业联合会"纺织之光"科技进步一等奖。这些新技术的开发与产业化应用，不仅增强了企业应对金融危机的能力，而且为企业跨越发展赢得了新的机遇，更为重要的是有效带动了全市纺织服装产业的提档升级。

2012年，浙江桐乡新凤鸣集团公司与蒋士成院士、东华大学、浙江理工大学等单位合作共建院士专家工作站，以低碳、柔性、智能聚酯长丝制造技术为主攻方向，攻克了一系列技术难题，先后获得了多项国家、省部级科技成果奖，推进该公司在世界聚酯长丝这一细分行业名列前茅，院士专家工作站还积极参与国家、行业及协会标准建设工作。2016年10月，浙江桐乡新凤鸣集团公司院士专家工作站被中国科协评为"2016全国示范院士专家工作站"。在嘉兴市科技创新大会上，该工作站受到表彰，并获得100万元的奖励。

2012年，福建晋江百宏公司与蒋士成院士合作共建院士专家工作站，先后签署了4个院士合作项目。依托院士团队强大的科研力量，在新技术的开发上不断突破瓶颈，合作项目不断取得突破性进展，其中"熔体直纺涤纶长丝纺丝工程模拟计算系统及工艺优化"项目获得了福建省2012年度科技进步一等奖。另外，院士合作项目中有3项技术申报了专利，其中2项被授予发明专利。

第十五章

最高的奖赏就在事业之中

2012 年《中国科学报》刊发报道“院士：牵挂中国百姓福祉”，[1]文章是这样介绍纺织行业的院士的，有一群纺织院士为老百姓光鲜亮丽的衣着织出了中国人自己的布。季国标院士在给“四大化纤”技术政策建议时提出要以涤纶为主，让涤纶成为时髦的面料；姚穆院士长期从事纺织材料结构和性能的研究，并带头运用物理学、生理学、心理学等学科知识研究人体着装舒适性；郁铭芳院士参与筹建中国首家自行建设的合成纤维实验工厂，纺出了中国自己制造的第一根合成纤维，解决了穿衣只能依靠天然材料的问题；蒋士成院士带头开发出具有自主知识产权的国产化大容量聚酯技术，彻底打破了国外技术垄断。

一位著名新闻工作者说：“对一个人的最高奖赏就在他的事业之中。”在蒋士成的档案中，一枚枚奖章记载了他一生奋斗追梦的足迹、所钟爱的事业。1989 年，仪征化纤工业联合公司一期工程总体设计及涤纶一厂设计，获得了国家建设部颁发的国家优质工程设计金奖，是纺织工业两个获金奖项目之一；1994 年，仪征化纤工业联合公司又获国家建设部颁发的“全国最佳工程设计”特等奖，在这两个奖项的参与人员中，蒋士成均排名第二。2003 年 2 月 28 日，在 2002 年国家科学技术奖励大会上，仪征化纤 10 万吨/年聚酯国产化成套技术项目获国家科技进步二等奖，蒋士成排名第一。退休以后，蒋士成又先后获得多项个人奖项，这些奖既是一份荣誉，肯定了蒋士成在工程技术、聚酯国产化等领域作出的突出贡献，亦是一种激励，鼓舞着蒋士成继续在所钟爱的事业中不懈奋斗。

[1]李晨．院士：牵挂中国百姓福祉[N]．中国科学报，2012-6-15.

荣获光华工程科技奖工程奖

2006年6月6日，第六届光华工程科技奖颁奖仪式在北京京西宾馆大礼堂隆重举行。会上，蒋士成获得了光华工程科技奖工程奖。

工程造福人类，科技创造未来。古往今来，人类的每一次进步与变革，无不与工程科技息息相关。其源于生活需要，又归于生活之中，为人类文明进步提供了不竭的动力源泉。

光华工程科技奖由全国政协原副主席朱光亚和台湾实业家尹衍樑、杜俊元、陈由豪共同捐资设立，面向中国工程科技界，奖励在工程科技及管理领域取得突出成绩和重要贡献的工程师与科学家，以激励他们从事工程科技研究、发展、应用的积极性和创造性。这是面向全国工程科学技术界的至高荣誉，是对那些为工程科技发展作出卓越贡献的工程师、科学家的嘉勉。该奖于1996年首次颁布，前五届共有76位科学家获奖。

蒋士成说："科技创新成果工程化、产业化是科技创新的主要部分，是实现创新驱动发展的关键环节。工程化产业化是从科技强到产业强、经济强、国家强的必由之路。工程化、产业化程度是一个国家或地区经济社会发展水平的重要标志，决定一个国家或地区的经济发展速度、质量和综合发展实力。科技创新成果只有完成工程化并面向市场实现产业化，才能真正转化为强大的生产力，实现创新驱动发展。没有工程化、产业化这个桥梁和枢纽，科技创新成果就没有生根发芽的土壤，经济转型发展也就失去了支撑和保障。"

当年，蒋士成骨质增生、腰椎间盘突出的老毛病又犯了，那是在吉林下放劳动时受的伤。不能走路，睡觉时都不好翻身。在夫人陈雅的陪护下，蒋士成坐着轮椅、拄着拐杖去北京参加第六届光华工程科技奖颁奖会。

蒋士成说：“拄着拐杖上台领奖有损形象，我忍着疼痛走上台接过奖状以后，赶快再走几步下去马上又坐上轮椅，疼的够呛。”

在外界看来，蒋士成得了这个奖非常荣耀。但在蒋士成眼里，名利都是次要的，关键还是自己做事，踏踏实实地做事。即使拿了奖，他仍然工作在仪征，生活在仪征。

获奖的情况很多人当时并不知晓，后来通过《新华日报》《中国石化》杂志等媒体的报道，人们才知道。《中国石化》杂志作了长篇通讯专题报道《永生之恋》。

荣获改革开放40年纺织行业突出贡献人物奖

弹指一挥间，征程40年。2018年是我国改革开放40周年。纺织工业是我国市场化改革和对外开放的先锋探路者与坚定践行者，历经四十载风雨洗礼，取得了一系列举世瞩目的发展成就，涌现出一批扎根行业、为行业发展奉献毕生力量的有突出贡献的人物。

2018年10月16日，由中国纺织工业联合会评选颁发的改革开放40年纺织行业突出贡献人物奖项在上海揭晓，蒋士成等140人入选。

蒋士成在接受人民网“科学的春天——能源领域院士访谈”时，深情地回忆了他深耕科技创新、矢志自主创新的一生，特别是改革开放四十年对他人生的深刻影响，改革开放与个人的命运以及国家

的命运的关系。❶

人民网记者："1978年当时郭沫若预言科学的春天来了，您当时有没有感觉到一种即将到来的变化?"

蒋士成："我们大学受的教育也都是非常传统的，也是在党的领导下，解放以后读的大学，非常感恩，因为我们当时读大学也都是国家培养，国家给予我们，不收学费的，连吃饭都是供给制的，也是国家提供的，非常感恩。没有国家重视教育，我们能不能读上大学都是问题。受的教育，完全是根据党的需要，指示什么，需要我们干什么，就到哪里干什么。那个时候一声令下，让你做什么你就做什么。

我们这代人经过各种各样的运动。我们抱着爱国心，愿意做一番事业，但是在政治运动中又受到冲击，抱负不可能实现。直到1973年调到北京，又碰到1978年改革开放以后搞仪征化纤，这么大一个项目，国家让你出去考察，跟国外谈判，参与到后面整个建设工作，我认为对我来讲也是一个春天，一个新的春天。"

人民网记者："作为一个科技工作者，您觉得改革开放与您个人的命运以及跟咱们国家的命运有什么样的关系?"

蒋士成："这个实际上是密切相关的。国家提供这么好的条件，我才可能参与世界级的工程技术工作，这也是大环境给予的，若没有这个环境，你再有抱负，再有能力，也只能在有限的范围内。"

人民网记者："您觉得自主创新和国产化对于中国企

❶中国工程院院士蒋士成谈化纤行业改革开放与科技创新．人民网能源频道：2018-12-28.

业发展有什么意义?”

蒋士成:“科技进步是不断进步，我们买进来的技术，当时是先进的，但是过几年以后，这个技术又在不断地发展，假设你不创新，就是不断地买，过几年还要买。”“买来的技术，只会告诉你怎么做，不会告诉你为什么这样做。”“真正原理还得要靠自己去创新研发。要搞国产化，在国外的基础上形成我们自己的技术。”

2018 年 9 月 5 日，世界纤维新材料大会暨第 24 届中国国际化纤会议在浙江萧山举行，在“高端访谈”环节，蒋士成畅谈了中国化纤改革开放 40 年及未来发展。他说:

“改革开放 40 年来，从过去穿衣很困难发展到现在中国化纤占世界 70%的份额，这是一段艰苦奋斗的历史。这主要归功于我们的创新精神，抓住了科技创新发展这样一个思路。”“科研单位、企业家等共同努力，坚持奋斗，赢来了中国化纤的快速发展。”“未来我们也要坚持创新，要不停地进步，尤其是科研单位和企业要联合攻关。”“各个企业都要形成自己的特色，不要搞同质化的竞争。”

荣获“荣誉桑麻学者”

2018 年 10 月 26 日，“2018 年香港桑麻基金会”颁奖典礼在无锡市江南大学隆重举行。为表彰纺织行业的院士们长期以来在纺织技术创新方面取得的卓越成就和作出的重大贡献，香港桑麻基金会决定授予我国纺织领域的 7 位中国工程院院士季国标、郁铭芳、周翔、孙晋良、蒋士成、姚穆、俞建勇“荣誉桑麻学者”称号。

香港桑麻基金会由著名实业家、爱国人士查济民于1992年创建。26年来，桑麻奖和桑麻精神在纺织行业得到广泛的认同。截至2018年，桑麻基金会共奖励了325位科技工作者、736位教师、6643位学生，累计颁发奖金2952万元，基金总额由最初的200万港元，增至4700万港元。香港查氏集团有限公司董事王羽盛说，香港桑麻基金会希望通过与中国纺织工业联合会的合作，为促进纺织行业科教工作发挥更大的作用。

中国纺织工业联合会会长孙瑞哲在致辞中强调，面对新形势，要服务好国家发展大局、满足人民对美好生活的需要，纺织工业对科技、人才的需求比以往任何时期都更为迫切。

荣获中国化纤行业终身成就奖

2021年3月16日，中国化学纤维工业协会第七次会员大会暨七届一次理事会暨七届一次常务理事会在上海召开。

为表彰长期献身于化纤领域并取得突出成果的资深行业专家，经研究决定，中国化学纤维工业协会授予中国工程院院士蒋士成中国化纤行业终身成就奖。

会上，中国纺织工业联合会副会长、中国化学纤维工业协会会长端小平宣布“关于颁发中国化纤行业终身成就奖的决定”，指出：蒋士成院士是我国著名的化纤工程设计与技术管理专家，是中国聚酯工业自主工程化的主要开拓者之一，是聚酯工业项目的重要设计者，是聚酯增容的倡导者，是聚酯工业国产化项目的实践者。他对党忠诚，坚守为民初心，始终以建设化纤强国为己任，他对推进石油化纤工业发展、实现聚酯装置国产化跨越式发展作出了突出贡献。

中国纺织工业联合会党委书记兼秘书长高勇为蒋士成院士颁奖

蒋士成院士发表获奖感言

蒋士成首先对中国纺织工业联合会、中国化学纤维工业协会、中国石化集团公司、仪征化纤有限责任公司表达了自己的感谢之情。蒋士成表示：我自1957年参加革命工作六十余年以来见证了中国化纤工业创新发展的历史。从贫穷落后、缺衣少穿的弱小产业，到依靠科技创新发展成为今天具有国际竞争优势的纤维材料制造产业以及我国乃至世界新材料产业的重要组成部分。2019年，中国的化纤产量占全球的71.71%，在全球纺织原料中的占比达到84.57%。我们实现了从化纤大国到化纤强国的初步转变。中国的化纤工业科技水平整体上已经处于国际先进水平，部分达到国际领先水平。全体化纤人都应为此感到自豪。今年是我国“十四五”计划开局之年，我相信在中国化纤工业协会的组织和指导下，我们必将克服目前还存在的发展瓶颈和短板，坚持高质量发展的道路，引领全球化纤工业的发展，实现化纤强国梦。

荣获第六届“感动石化人物”称号

在38年的改革发展进程中，中国石化始终坚持以“爱我中华、振兴石化”为己任，传承石油精神、弘扬石化传统，涌现出一批批先进典型。

2021年，中国石化工作会议提出，要以庆祝中国共产党成立100周年为主题，结合巩固深化“不忘初心、牢记使命”主题教育成果，组织感动石化人物评选，推出一批立得住、叫得响、传得开的重大典型，唱响共产党好、社会主义好、改革开放好、伟大祖国好、各族人民好的时代主旋律。

1月，中国石化报社启动第六届感动石化人物评选，并在总部机关各部门、各企事业单位大力支持下，共推荐感动石化人物81名。经中国石化报社各媒体平台联动报道，感动石化人物评选委员会初评，选出30位候选人。5月24日起，评选活动进入投票阶段。最终经综合评定，蒋士成等10个人物和团队脱颖而出。

6月23日，在党的百年华诞即将到来之际，“奋斗百年路启航新征程·第六届感动石化”颁奖典礼在中国石化总部隆重举行。早晨6点，蒋士成早早醒来，简单用餐后，再一次检查党徽、出入证。这天，作为感动石化人物，他受邀出席第六届感动石化颁奖典礼。

蒋士成是一个十分守时的人。虽然早上下雨、路上堵车，6时55分，蒋士成仍提前到达中国石化大楼南门。虽是耄耋之年，但他面色光润、思维敏捷、步履平稳。

在颁奖典礼前，中国石化董事长、党组书记张玉卓接见了第六届感动石化人物和团队代表。

上午9时，颁奖典礼开始，蒋士成作为第一位获奖人，登上了颁奖台，主持人敬一丹通过现场访谈，为观众展示荣誉背后的故事。之后，主持人宣读了第六届感动石化人物组委会给蒋士成《为国筑功成》的致敬词：

一丝一梦长，一路走四方。

俯首绘经纬，躬耕为霓裳。

你的梦想，是振兴石化的中国梦；

你的初心，是造福百姓的赤子心。

年逾耄耋未伏枥，意气风发志凌云。

六十载青丝变白发，缕缕变化万千，织就你的传奇。

之后，中国石化董事长、党组书记张玉卓和中宣部相关部门领导为蒋士成颁奖并送上鲜花。鲜花掌声，真情涌动。平凡英雄，感动其中。

在颁奖典礼上，中国石化董事长、党组书记张玉卓在讲话中指出，人生需要灯塔，价值引领未来。当前，中国石化正在加快构建“一基两翼三新”产业格局、打造世界领先企业，尤其需要像灯塔一样的先进典型作为榜样，在全体员工中凝聚起强大的精神力量。

蒋士成获“感动石化人物”称号

颁奖典礼结束后，蒋士成在接受中国石化报记者采访时表示：“在党的百年华诞即将到来之际，我荣获第六届感动石化人物这个大奖，这个荣誉不仅属于我个人，也属于仪征化纤，属于聚酯装置成套技术国产化创新团队，是对老一代石化人矢志自主创新发展的极高奖赏。”

第十六章

追忆母亲

母亲是赐予孩子生命的人，是哺育孩子成长的人，是每个孩子成长路上坚强的支柱，是为了孩子全力以赴却不求任何索取的人。蒋士成的母亲已去世二十多年了，但回忆起母亲，总能让蒋士成动容："我的母亲，她用自己单薄的肩膀挑起了全家生活的重担；她用自己青春年华来换回我们兄弟姐妹的健康成长；她用自己善良坚韧的个性感染我们兄弟姐妹，让我们受益一生。"

蒋士成的母亲，是个地道的常州人。姓计，名瑞华，家中有五个孩子，她排行老三。计瑞华的母亲善于刺绣，是常州刺绣行业的"领军"人物，靠着卓越的手艺，一家人在常州经营着一家绣庄，生意也颇为兴隆。

计瑞华十八岁那年，在银楼"蒋懋大"偶遇了蒋士成的父亲蒋君衡，蒋君衡对这位温婉的丹凤眼的女孩印象颇深，不久就托媒人去计家提了亲，但是计瑞华的母亲却有些迟疑。她听闻蒋家的男人寿命都不长，用现在的话来说，应该是没什么长寿基因，唯恐计瑞华嫁过去日后受苦，是计瑞华的坚持成就了这段姻缘。

1939 年，由于战争的奔波，一语成谶，蒋君衡患肠癌去世了。那年，计瑞华 32 岁，长子蒋元成 11 岁，长女蒋启蕴 9 岁，蒋士成 5 岁，而最小的儿子蒋希成才 1 岁。蒋君衡的去世对计瑞华来说是个很大的打击。在旧社会，一个年轻的女人失去了丈夫，无疑是失去了生活最大的支柱，雪上加霜的是，在战火纷飞的时代还要独自拉扯几个未成年的孩子。在蒋士成的印象里：父亲去世后，家里的生活日渐拮据，但是母亲总是乐观地面对生活的苦难。

蒋君衡走后，蒋士成一家人和叔伯们继续住在祖上留下的老宅里，到了后期，家里的积蓄用完了，便开始变卖家里的一些首饰、家常物品，计瑞华也到外面接一些针线活来补贴家用。常州被日本攻陷时，很多商铺、房屋被烧毁，蒋士成小舅家的房子也不幸遭殃。虽然自己的生活已经是困难重重，计瑞华仍将弟弟一家接到了自家宅子里，助家人共渡难关。生活虽很艰辛，计瑞华仍不忘把孩子们送到学校去接受教育，作为一个普通的家庭妇女，她可能没有“为中华之崛起而读书”的信念，但她始终坚持孩子们要学知识、学本领，才能立足于世。蒋士成上的觅渡桥小学离家非常近，只有一二百米，每天早上计瑞华会站在家门口，目送孩子们出门上学，除此以外，她很少让孩子们出门，保护孩子们的安全对她来说是生命中最重要的事。

上大学后，蒋士成一般寒暑假才回一次家。每次临走前，计瑞华都会把铺盖洗好、晾晒好，再塞上一包他爱吃的常州大麻糕和五块钱的生活费，叮嘱他在外面要照顾好身体、吃饱穿暖，钱不够的话一定要告诉家里。都说穷人的孩子早当家，学校免伙食费期间，蒋士成总是把生活费原封不动地带回来给母亲。大学毕业去北京化工部设计院报道前，蒋士成带女“同学”陈雅一起回了趟常州老家。计瑞华很意外，也很高兴，尽管老家屋子很简陋，但总是打扫得一尘不染，尽管没钱买什么山珍海味，计瑞华总是变着花样做一些孩子们爱吃的食物。

毕业以后，蒋士成走南闯北，工作繁忙，便很少有机会回老家。但每个月蒋士成都会写信给母亲汇报一下工作和生活情况，关心一下母亲和家人的近况，还会把每月的部分工资寄给计瑞华，用来供最小的弟弟读西安交通大学的研究生。1959 年，蒋士成和陈雅在单位低调地结了婚，计瑞华很是生气。蒋士成深知家里经济困难，不想给母亲添麻烦，可是她每次提到这件事，总会念叨：“再苦再穷也是要通知亲友热闹一下的。”每次蒋士成和陈雅回家，计瑞华总会把自己的大房间让给孩子，自己住到客厅。她常说：“你们难得回来，平时工作又忙，肯定照顾不好自己，回来好好休息。”说完，她就转身进厨房忙碌了起来。蒋家的孩子最喜欢的就是计瑞华做的红烧肉，浓油赤酱，肥而不腻，看着孩子们吃的高兴的样子，计瑞华的脸上也绽放着满足的笑容。

计瑞华近 70 岁高龄时，仍坚持去北京帮蒋士成带了两年小孙子蒋雄文，她知道自己的儿子和儿媳工作很忙，作为母亲她愿竭尽所能地照顾儿女的生活，让他们安心工作。这也是蒋士成成年后与母亲难得的朝夕相处的美好时光。

1993年10月，计瑞华已是86岁高龄。蒋士成当时正在日本出差调研，突然接到了哥哥蒋元成的电话："母亲去世了，速归！"听到这个消息，蒋士成怀着满心的遗憾回到了常州，哥哥告诉他："母亲已经得肺气肿几个月了，却不让我告诉你们，怕耽误你们的工作。"

母亲去世后，家中的财物蒋士成什么也没要，唯独拿回了几样红木家具，这是父母亲结婚时的家具中的一部分，这套红木家具陪伴了计瑞华的一生，就算是家中穷困潦倒时，她也从未想去变卖它们。每次看见这些家具，母亲小心擦拭家具的形象就会在蒋士成的脑海中浮现，可能这些家具上留下了母亲和父亲共同生活的气息，浸润着母亲对父亲的思念吧。

蒋士成回忆说："母亲虽然很平凡，但却是我生命中最重要的人。她留下的最大财富，就是潜移默化塑造了我们温和、善良而坚毅的性格，每当遇到困难时，我总会想这点事和母亲的经历相比又算得了什么呢，便又有了迎难而上的勇气和信心。"

附件一　蒋士成大事年表

1934 年

农历 9 月 23 日，出生于江苏省常州市。父亲蒋君衡，母亲计瑞华。兄：蒋元成；姐：蒋启蕴；弟：蒋希成。

1937 年

11 月 28 日，全家避难武进湟里乡，3 个月后转移到上海。

1939 年

农历 9 月 21 日，父亲蒋君衡病逝于上海。

1940 年

就读于常州市觅渡桥小学(1940 年 9 月~1946 年 7 月)。

1946 年

就读于常州师范学校初师班(1946 年 9 月~1947 年 2 月)。

1947 年

就读于常州市私立辅华中学(1947 年 2 月~1947 年 7 月)，旁听；就读于常州市私立辅华中学(1947 年 8 月~1953 年 7 月)，1952 年学校更名为常州市第三中学。

1951 年

9 月 5 日，加入新民主主义青年团。

1953 年

考入华东化工学院(1993 年 2 月更名为华东理工大学)有机染料及中间体工学专业。1957 年 7 月毕业。

1957 年

在化工部有机化工设计院当实习生(1957 年 9 月 ~1958 年 9 月)。

1958 年

任化工部第四设计院工艺专业组长、工程设计负责人(1958 年 10 月 ~1963 年 12 月)。

1959 年

9 月，与陈雅结婚。育有二子。女儿蒋丹敏 1960 年 12 月出生，儿子蒋雄文 1973 年 3 月出生。

陈雅，出生于 1934 年 12 月，江苏省无锡人。

1963 年

任化工部第九设计院工艺专业组长、工程设计负责人(1963 年 12 月 ~1971 年 9 月)。

1971 年

任燃料化学工业部第九化工建设公司设计所、西南工作组工艺自控室副主任、工程设计负责人(1971 年 10 月 ~1973 年 9 月)。

1973 年

9 月，任轻工业部第二设计院设计二室石油工艺组组长，参与四大化纤基地的规划、引进技术的选择和谈判工作，以及对引进技术的消化吸收及国内配套工程设计工作。

10 月，参加我国特大型石油化纤联合企业——辽阳石油化纤总厂的设计和建设工作，承担了乙烯、汽油加氢等装置的设计负责人工作，承担了蒸汽裂解(乙烯)装置、汽油加氢装置中方主谈工作。

1974 年

1 月和 8 月，分别赴法国为辽阳石油化纤总厂引进项目设计联络。

1978 年

4 月，任纺织工业部设计院生产技术室副主任；同月，参加纺织工业部组织的中国化纤公司技术考察团，为江苏石油化纤总厂技术及合同谈判做准备，赴联邦德国、美国、日本等国进行化纤技术考察。

12 月，晋升工程师。

1979 年

3 月，任纺织工业部设计院第五设计室副主任。

5 月，赴联邦德国为江苏石油化纤总厂引进的聚酯装置设计联络。

1980 年

4 月，任江苏石油化纤总厂筹建指挥部副总工程师。

1981 年

8 月，编制完成仪征化纤工业联合公司总体设计(项目负责人，排名第二)。

11 月，任江苏石油化纤总厂筹建指挥部涤纶一厂组建小组副组长。

12 月，仪征化纤工业联合公司在京成立，任仪征化纤工业联合公司副总工程师。

1983 年

5 月，任纺织工业部设计院咨询开发室主任(1983 年 5 月~1985 年 10 月)

11 月，编制完成仪征化纤工业联合公司二期工程总体设计(项目负责人，排名第二)。

1984 年

12 月，任仪征化纤工业联合公司总工程师。

12 月 30 日，涤纶一厂聚酯装置投料开车成功。

1985 年

1 月，涤纶二厂破土动工。

1 月 25 日，加入中国共产党。

3 月，为仪征化纤工业联合公司与英国 ICI 公司合作，去英国、荷兰考察访问。

10 月，任纺织工业部设计院副总工程师。

1986 年

8 月，任纺织工业部设计院副院长兼总工程师。

10 月，晋升高级工程师。

1987 年

4 月，兼任中国纺织工程咨询公司副总经理。

11 月，参加第二届国际化纤会议。

1988 年

3 月，率团为抚顺腈纶项目赴美国设计联络(1988 年 3 月 5 日~1988 年 5 月 31 日)

同年，任北京国家发明奖纺织组评委。

1989 年

4 月，率团去民主德国 TEXTIMA(特克斯蒂玛公司)技术考察。

同年，仪征化纤工业联合公司总体设计及涤纶一厂设计获建设部设计奖(金奖)(排名第二)。

1990 年

5 月，晋升教授级高级工程师。

9 月，为仪征化纤工业联合公司项目去联邦德国、西班牙、奥地利等国进行技术考察。

1991 年

5 月，为辽阳石油化纤总厂聚酯项目，去日本、美国技术考察。

9 月，在中央党校纺织工业部分校学习(1991 年 9 月~1992 年 1 月)。

1992 年

5 月，担任仪征化纤工业联合公司副总经理兼总工程师，分管生产、基建的技术工作，包括科研、技术开发、技术质量监督和科协工作；同月任中国化纤工业协会聚酯切片和涤纶短纤维专业委员会秘书长。

7 月，兼任仪征化纤工业联合公司三期工程副总指挥。

8 月，主持召开常州第四棉纺织厂三万纱锭等 5 个技改项目初审会议；同月，牵头组织聚酯装置增容改造研讨会，华东化工学院、纺织工业部设计院的专家、教授和仪征化纤工业联合公司有关人员约 30 人参加了会议。

同年，享受国家有突出贡献科技人员政府特殊津贴。

1993 年

11 月，仪征化纤工业联合公司被认定为国家首批享受优惠政策的 40 家企业技术中心之一。

12 月，仪征化纤股份有限公司创立大会在北京隆重召开，任副总经理兼总工程师。

1994 年

1 月，聚酯九单元开工典礼在涤纶三厂举行，标志着国家“八五”计划纺织工业最大建设项目——仪化三期工程实现了全面开工建设。

4 月，兼任仪征化纤股份有限公司科协主席；同月，赴英国、荷兰、德国为仪征化纤合资项目考察。

5 月，仪征化纤股份有限公司领导班子分工，蒋士成副总经理分管科技发展、技术质量监督、信息、科研和科协工作；同月，主持召开聚酯装置增容改造初步设计审查会。

10 月，国家“八五”重大技改技措项目之一——聚酯 30% 增容工程，在涤纶三厂隆重举行开工仪式。

11 月，涤纶三厂纺丝车间成功打出第一包三维卷曲中空纤维，标志着全国最大的中空纤维生产装置在仪征化纤建成投产；同月，“仪征化纤工业联合公司化纤工程”获建设部设计特等奖(排名第二)。

12月，国家“八五”重大技改技措项目之一——涤纶一厂聚酯装置增加生产能力10%技术改造项目通过中国纺织总会验收；同月，仪征化纤举行投产十周年庆祝大会。

1995年

5月，不再担任仪征化纤股份有限公司副总经理，仍担任仪征化纤股份有限公司总工程师；同月，国家“八五”重大技改技措项目之一——纺丝装置增容10%技术改造项目通过中国纺织总会验收。

6月，参加江苏省科学技术大会并作《推进技术进步，争创世界一流，仪征化纤企业技术中成果丰硕》经验交流发言。

12月，仪征化纤三期工程全面建成投产，成为全国纺织行业唯一在“八五”期间内立项、建设并如期投产发挥效益的国家重点工程，被国家计委誉为“一个投资省、速度快、效益好的典型”，创造了我国化纤建设史上的奇迹。

同年，组织编制仪征化纤股份公司“九五”发展规划。

同年，担任江苏省化工学会副理事长。

同年，任中国质量管理协会第六届理事会理事。

1996年

1月，仪征化纤股份有限公司通过ISO9002标准认证。

4月，参加国家计委在仪征化纤股份有限公司举办的仪化四期工程研讨会。

5月，率团赴马来西亚、日本进行PTA生产装置技术考察；同月，国家“八五”重大技改攻关项目——涤纶三厂聚酯八单元30%增容改造项目提前开车并满负荷运行成功。

9月，在仪征化纤科技大会暨科协第四次代表大会上作工作报告。

10月，国家“八五”重大技改攻关项目——涤纶三厂聚酯八单元30%增容改造项目通过中国纺织总会验收。该项目的改造成功，标志着我国聚酯工业在装备和技术的国产化方面取得了突破性进展，为大容量聚酯装置全面国产化创造了条件；同月，率团赴台湾进行PTA生产装置技术考察。

11月，主持召开聚酯增容改造推广项目设计预备会议。

1997年

1月，仪征化纤股份公司聚酯八单元增加生产能力国产化技术改造项目获国家经贸委优秀项目奖（排名第一）；同月18日，仪征化纤三期工程国家验收庆祝大会。

2月，国家计委委托中国国际工程咨询公司，组织国内有关工程设计、化工化纤、非纤聚酯、技术经济、信息咨询等方面30位专家，来到仪征化纤现场，就四期工程PTA、聚酯、纺丝、非纤聚酯等项目可行性研究报告进行评估调研（1997年2月27日~3月3日）。

8月，10万吨/年国产化聚酯项目被列入国家“九五”重点科技攻关项目；同月，率团赴英国、印度进行PTA项目设计联络。

10月，仪征化纤重大技改项目——涤纶一厂聚酯三单元30%增容项目比原计划提前两天一次投料开车成功。

11月，率团赴德国进行设计联络。

同年，担任中国纺织学会理事。

1998年

1月，仪征化纤股份公司聚酯装置增容改造研究项目获1997年度中国纺织总会科技进步一等奖（排名第一）。

2月，退休；同月担任仪征化纤股份有限公司顾问。

10月，担任中国化学纤维工业协会及仪征化纤等14家企业联合成立的“聚酯切片和涤纶短纤维反倾销调查组”常务副组长。

1999 年

6 月，10 万吨/年国产化聚酯项目被列入中国石化“十条龙”科技攻关项目。

10 月，化工厂大修暨 30%增容改造投料试车一次成功。

12 月，当选中国工程院院士。

2000 年

3 月，参加在上海举行的由中国纺织工程学会、中国非织造布和产业用纺织品行业协会主办的“21 世纪现代纺织与产业用纺织品发展研讨会”。

4 月，参加在南京化工大学召开的工程硕士教学指导委员会成立会议，受聘担任指导委员会副主任。

5 月，担任国家人事部专家服务中心专家顾问委员。

6 月，出席中国科学院第十次、中国工程院第五次院士会议，同月在仪征化纤第三届科技进步大会上传达两院院士会议精神，交流参加会议的心得体会；同月，率团赴日本为仪征化纤股份公司直纺长丝项目设计联络。

9 月，参加在中国科技会堂举行的中国工程院工程管理学部成立大会，当选工程管理学部首批院士；同月，参加由国家经贸委、中国工程院联合组织的“上海石化技术创新院士行”活动；之后被上海石化聘为高级技术顾问。

11 月，赴新加坡参加第五届世界化纤及原料会议。

12 月，10 万吨/年国产化聚酯装置建成投产庆祝仪式在涤纶一厂隆重举行。该装置是国家经贸委“九五”重大科技攻关项目和中国石化“十条龙”科技攻关项目。该装置的试车成功，打破了国外技术垄断，开创了聚酯装置建设国产化的道路，带动了中国聚酯工业的跨越式发展。

同年，任中国石油化工集团公司科技委委员、顾问。

2001年

1月，担任仪征化纤老科技工作者协会名誉理事长；同月，率团赴英国执行PTA项目基础设计联络。

4月，由国家经贸委组织召开的聚酯技术改造座谈会在仪征化纤召开，来自中国石化和中国石油的10多家单位的40多位代表参加了会议。

7月11~13日，仪征化纤股份公司年产45万吨PTA项目初步设计在北京顺利通过中国石化股份有限公司的审查。45万吨PTA项目是国家批准的仪化四期工程中的关键项目。2000年8月经国家计委批准后启动建设，是中国石化集团公司2001年重点投资建设项目。

7月，10万吨/年聚酯成套技术开发项目，通过由中国石化股份公司组织的鉴定委员会的鉴定。

12月，涤纶一厂年产10万吨国产化聚酯装置等7个重大技术改造项目通过竣工验收，这些重大技改项目实现了“投资省、工期短、质量优、效益好”的目标。

同年，担任中国化学纤维工业协会副理事长、副会长。

同年，担任中国纺织工程学会常务理事。

同年，担任中国纺织学会常务理事。

2002年

1月，任仪征化纤股份有限公司年产45万吨PTA项目工程建设顾问；同月率团赴日本执行仪征化纤股份有限公司45万吨PTA项目设备检验任务。

3月，赴印度、土耳其、埃及参加第四届亚洲化纤会议并执行交流活动。

6月，任仪征化纤技术中心顾问。

8月，在上海石化参加中国石化“十条龙”科技攻关项目——年产30千吨腈纶工程化成套技术专家鉴定会。

同年，10万吨/年聚酯成套技术开发项目获2001年度中国石化科技进步一等奖(排名第一)。

2003年

2月，10万吨/年聚酯成套技术荣获2002年度国家科技进步二等奖(排名第一)。

7月，参加中国化学纤维工业协会组织的赴俄罗斯执行市场考察及企业交流活动。

8月，中国石化“十条龙”科技攻关项目——仪征化纤年产10万吨瓶级聚酯固相缩聚成套技术在国内率先实现国产化，形成了具有中国石化自主知识产权的成套技术。这是仪征化纤继10万吨/年聚酯技术实现国产化后的又一次重大技术突破。

12月，在扬子石化参加华东理工大学信息科学与工程学院同扬子石化、浙江大学协同攻关，对二甲苯氧化反应模型化技术应用专家鉴定会。

同年，任中国国际工程咨询公司专家委员会顾问。

2004年

1月，任《化工时刊》第四届编委会顾问。

3月，参加中国石油天然气股份有限公司副董事长任传俊率队来仪征化纤股份有限公司进行调研聚酯国产化建设的座谈会。

4月，国务院总理温家宝在中国国际工程咨询公司完成的专题报告《聚酯技术自主化和装备国产化的成功启示及建议》上批示：“聚酯技术自主化和装备国产化的成功是宝贵的。要认真总结经验，从政策、机制、科技等方面采取综合措施，提高我国聚酯工业的核心竞争能力。”同月，率团赴英国、德国、日本考察新型聚酯催化剂。

5月，参加苏州大学材料工程学院与仪征化纤股份有限公司联合申报的“江苏省产学研联合培养研究生示范基地”揭牌。

9月，参加在苏州大学举行的由江苏省教育厅、江苏省学位委员会主办的“永不衰落的纺织”博士论坛；同月，中国纺织工业协会召开会议，聘请蒋士成等12位院士为纺织科学顾问；同月，参加在四川自贡市举办的“中国西部化纤产业链发展研讨会”。

10月，在福州参加由中国纺织工业协会主办的第十届中国国际化纤会议。

12月，参加仪征化纤庆祝投产20周年庆祝会议。

2005年

2月，受国家发改委的委托，中国国际工程咨询公司组织专家于2月21日和22日在仪征化纤召开了年产100万吨PTA项目申请报告的现场调研评估会。

5月，赴香港参加2005年全球化学纤维原料会议。

6月，参加中国纺织工业协会组织的赴韩国“第四届中韩化纤界高层会议”。

9月，参加由仪征化纤承担的中国石化“十条龙”攻关项目“年产10万吨聚酯固相缩聚成套技术”项目之子项目——“固相缩聚主要设备研制”和“大容量连续切片输送技术开发”专家鉴定会。

10月，参加在北京召开的中国纺织工程学会第23届全国会员代表大会；同月，任中国化工学会2005年学术年会石油化工专业委员会顾问委员。

11月，参加在浙江理工大学举办的2005年香港桑麻基金会颁奖大会。

2006年

3月，在北京参加中国纺织工业协会召开的“纺织行业关键技术及装备攻关动员大会”。

6月，参加两院院士大会暨第六届光华工程科技奖颁奖仪式，获光华工程科技奖工程奖。

7月，参加在上海石化举行的由中国石化集团公司组织的年产30万吨聚酯工艺软件包专家审查会。

10月，参加在天津工业大学举办的由中国纺织工业协会、中国工程院环境与轻纺工程学部等联合主办的“中纺圆桌·院士论坛”；同月，参加在天津工业大学举行的2006年香港桑麻基金会颁奖大会。

2007年

11月，参加在浙江理工大学举行的由中国工程院环境与轻纺工程学部主办，浙江省科学技术协会、总后勤部军用汉麻材料研究中心、浙江理工大学等承办的“天然纤维纺织高层论坛”，会上作“高性能纤维当前形势与发展政策”主题报告。

2008年

8月，参加在湖北武汉举行的“纺织之光”2008年度中国纺织工业协会科学技术奖评审。

10月，参加武汉科技学院办学50周年纪念活动。

11月，参加在北京服装学院举行的2008年香港桑麻基金会颁奖大会。

12月，参加在浙江绍兴举行的以“新型化学纤维与产业用纺织品”为主题的2008年纺织工业产业升级科技论坛暨中国工程院第81场工程科技论坛。

同年，在江苏徐州斯尔克集团建立江苏省院士专家工作站。一步法异收缩涤纶复合丝获省部级科技进步一等奖。

2009年

2月，参加在江苏盐城举行的高强高模聚乙烯纤维生产线成套装备专家鉴定会。

3月，参加浙江省工业转型升级“新市场、新方向、新概念”首场专题报告会。

4月，参加在云南西双版纳景洪举行的“2009中国天然纤维论坛”。

5月，参加在四川德阳举办的国内最大规模“高性能聚苯硫醚短纤维、长丝工程化成套技术”项目评审会。

8月，参加在江苏无锡举行的“纺织之光”2009年度中国纺织工业协会科学技术奖评审；同月，参加在南京举行的由江苏省经贸委组织的扬州化工园区产业发展规划(2009年修编版)评审会。

11月，受聘华东理工大学名誉教授；同月，参加在上海东华大学举办的2009年香港桑麻基金会颁奖大会；参加在苏州大学新校区举行的现代丝绸国家工程实验室揭牌。

12月，中国纺织工业协会传媒中心《丝路》摄制组来仪征化纤股份有限公司拍摄25集大型电视文献纪录片第3集的部分内容，接受采访；同月，参加中国化学纤维工业协会主办的“2009(珠海)聚酯产业链产品创新论坛暨聚酯和涤纶短纤/涤纶长丝专业委员会年会”。

2010年

1月，参加在珠海举行的化纤产学研合作创新平台第一届第二次理事会。

4月，主持中国工程院咨询研究项目“研究多种生物高分子新纤维工程化与产业化前景”启动会。

6月，参加在山东济南举行的第四届中国生物产业大会；同月，参加在成都举行的中国纺织工业协会“纺织之光”科学技术奖评审会。

8月，参加在南京举行的中国工程院第102次工程科技论坛——耐高温纤维产业用纺织品及滤袋专题论坛。

9月，参加中国石化系统的15位中国科学院、中国工程院院士到普光气田考察指导工作；同月，参加在江苏吴江举行的第十六届中国国际化纤会议。

10月，参加在浙江理工大学举行的2010年香港桑麻基金会颁奖大会；同月，在仪征化纤参加中国石化"十条龙"科技攻关项目——"百吨级对位芳纶工业化试验装置成套技术开发"项目鉴定会；同月，参加在吉林长春举办的中国工程院主办、长春经济技术开发区承办的中国工程院生物高分子新纤维及生化原料工程化、产业化战略高层论坛。

12月，参加在广东深圳举行的由纺织化纤产品开发中心、全国化学纤维新技术推广中心主办的2010年高性能纤维材料新产品研讨会；同月，在福建晋江参加由中国工程院环境与轻纺工程学部主办、中国产业用纺织品行业协会承办的中国工程院高层论坛——过滤材料的生产、技术创新及其应用；同月，参加在北京举行的中国纺织工程学会80周年庆典暨中国纺织工程学会第二十四届全国会员代表大会。

2011年

1月，参加在宁夏银川举行的"中国宁夏生态纺织产业示范园规划"评审会。

4月，参加中国工程院组织的对普光气田开发建设的调研考察；同月，参加在湖北宜昌举行的"2011年(宜昌)产业用纤维创新升级与发展论坛"。

6月，参加在北京举行的化纤产业技术创新战略联盟第二届专家委员会会议。

8月，出席第122场中国工程科技论坛——生物质纤维产业化发展战略研讨会并致辞；参加中国工程院环境与轻纺工程学部、上海市中国工程院院士咨询与学术活动中心等在上海举行的"气候变化与低碳纺织品高层论坛"。

9月，参加中国工程院、山东省人民政府主办，化工、冶金与材料工程学部、淄博市人民政府共同承办的第十届(淄博)新材料技术论坛暨院士专家淄博科技行活动。

10月，参加中国纺织工程学会在上海举行的“2011中国纺织学术年会”。

2012年

4月，参加中国工程院环境与轻纺工程学部、中国产业用纺织品行业协会、山东省科技厅、泰安市人民政府共同举办的2012国际绳网高端研讨会暨国际绳网创新技术与产品博览会。

8月，参加中国工程院咨询研究项目“研究多种生物高分子新纤维工程化与产业化前景”汇报会，汇报项目背景和进展；同月，参加由中国工程院主办，中国工程院工程管理学部、能源与矿业工程学部，中煤能源集团有限公司承办的第141场中国工程科技论坛“西部能源开发战略”。

12月，参加中国工程院化工、冶金与材料工程学部和总后军需物资油料部共同主办、总后军需装备研究所承办的“高性能纤维产业化及应用”高层研讨会。

同年，在浙江桐乡新凤鸣集团建立浙江省院士专家工作站。柔性直接纺涤纶纤维技术获国家科技进步二等奖。

同年，在福建晋江百宏集团建立福建省院士工作站。数字仿真聚酯生产技术获省部级科技进步一等奖。

2013年

1月，参加“中国(萧山)化纤科技产业发展规划”汇报会。

2月，主持中国工程院重点咨询项目“我国纺织产业科技创新发展战略研究(2016~2030)”启动会。

3月，2014/2015中国纤维流行趋势活动期间接受媒体采访，提出“必须从量的增加转向质的提升”。

5月，参加“盛虹集团苏震生物质年产5万吨差别化纤维项目奠基仪式”；同月，参加2013年碳纤维及其复合材料发展座谈会并讲话。

6月，参加由中国工程院主办，中国工程院环境与轻纺工程学部、东华大学、上海大学等承办的第163场中国工程科技论坛“新型环境治理土工合成材料制造技术及工程应用”；同月，参加“2013年高新技术纤维产业发展研讨会暨高新技术纤维专业委员会年会”。

7月，参加在山东淄川举办的第六届百名专家行暨科技成果引进洽谈会。

8月，参加由中国工程院、中国科学院、黑龙江省人民政府联合主办的2013院士龙江行暨林下经济发展咨询会。

10月，参加由中国工程院环境与轻纺工程学部、福建省科学技术协会共同主办的第十三届“院士专家八闽行”——“轻纺·食品·环保”院士行活动；同月，到山东理工大学化工学院纺织化学品与染整工程技术研究中心指导工作。

11月，参加由中国工程院环境与轻纺工程学部主办，东华大学、上海市中国工程院院士咨询与学术活动中心等承办的“表面活性剂在纺织印染工业中的应用及对环境的影响”高层论坛。

12月，参加由中国工程院环境与轻纺工程学部、福建省科学技术协会联合主办的“我国纺织产业科技创新发展战略研究”研讨会；同月，参加由中国工程院环境与轻纺工程学部、中国轻工机械协会、华南理工大学等主办的“珠江三角洲高端轻工装备创新发展研讨会”。

2014年

2月，参加中国工程院科技合作委员会会议。

3月，参加2014/2015中国纤维流行趋势发布会；同月，参加中国化学纤维工业协会第五届理事会议；同月，参加生物基聚酰胺产业技术创新战略联盟成立大会并讲话。

5月，参加在江苏常州召开的中国化学纤维工业协会碳纤维分会成立大会暨2014年碳纤维及其复合材料产业发展座谈研讨会。

6月，出席“2014中国纺织工程学会化纤专业委员会学术年会”；同月，出席“2014(吉林)高新技术纤维材料产业创新论坛暨高新技术纤维专业委员会年会”。

9月，中国工程院致信蒋士成院士祝贺八十寿辰；同月，参加“第20届中国国际化纤会议”；同月，参加中国工程院环境与轻纺工程学部、浙江省科协等主办“问情·咨政·服务”院士宁波行活动；同月，出席“中国科协2014海峡两岸超仿棉加工技术应用研究青年科学家研讨会”。

10月，参加由中国工程院主办，中国工程院环境与轻纺工程学部、中国工程院医药卫生学部、中国产业用纺织品行业协会等承办的第196场中国工程科技论坛“生物医用纺织材料科技发展论坛”；同月，出席仪征化纤举办的蒋士成院士学术报告会，作题为《中国纺织工业创新与发展思考》的学术报告，会上获中国化纤工业协会颁发的“特别贡献奖”；同月，参加“2015/2016中国纤维流行趋势专家评审会”；同月，出席“2014中国纺织学术年会”；同月，作为鉴定专家组成员参加“干法纺聚酰亚胺纤维项目的鉴定会”。

11月，出席“2014香港桑麻基金会颁奖大会”。

12月，参加“差别化涤纶细旦工业丝产业化成套技术和应用”鉴定会。

2015年

3月，参加“2015/2016中国纤维流行趋势发布会”，并撰文“打造中国纤维品牌”；同月，出席“中国化学纤维工业协会及第五届第十次常务理事扩大会议”。

4月，出席“氨基甲酸酯法纤维素纤维湿纺长丝生产新工艺及装备研发项目”的鉴定会。

5月，出席中国工程院重点咨询项目重点咨询项目“我国纺织产业科技创新发展战略研究(2016-2030)”成果发布会；同月，参加“第十届亚洲化纤会议”。

7月，参加中国工程院“制造强国战略研究”项目组赴江苏省苏南地区五市调研；同月，参加“千吨级高强型、高清中模型干喷湿纺高性能碳纤维关键技术及产业化”项目的鉴定；同月，出席“高性能纤维与复合材料工程前沿技术研究高层论坛”。

8月；参加中国工程院“高性能纤维与汽车轻量化技术科技创新发展战略研究”项目组到中国一汽技术中心调研。

9月，出席“中国化学纤维工业协会第六次会员大会”；同月，出席“第二十一届中国国际化纤会议”。

10月，出席“中国纺织工程学会第25次全国会员代表大会”。

11月，出席中国石化科技委组织院士、专家一行到仪征化纤调研指导。

2016年

4月，主持中国工程院“高性能纤维与汽车轻量化技术创新发展战略研究”课题成果发布会；同月，参加中国工程院组织的金华生态文明建设院士行活动。

5月，出席中国科技创新大会、中国科学院第十八次院士大会和中国工程院第十三次院士大会、中国科学技术协会第九次全国代表大会；同月，参加中国纺织工程学会、南通市科协联合举办“高端纺织业·产业用纺织品”院士专家南通行活动。

6月，主持由中国工程院环境与轻纺工程学部、中国化学纤维工业协会、中国纺织工程学会、连云港市人民政府等主办的“纤维新材料绿色设计与绿色制造工程前沿技术论坛暨中国化纤科技大会”。

7 月，参加中国工程院组织的资源开发可持续生态环境可持续新疆院士行活动；同月，参加中国绳网产业国际高端论坛并作主题报告。

9 月，参加第 22 届中国国际化纤会议；同月，参加福建鼓岭科学会议并作主题报告。

10 月，参加中国工程院组织的盐城院士行活动。

11 月，参加中国工程院组织的余杭院士行活动；同月，参加《我国纺织产业智能制造发展战略研究》课题山东企业调研活动；同月，参加中国工程科技论坛活动。

2017 年

3 月，参加由中国工程院环境与轻纺工程学部、安徽界首市人民政府共同主办的“践行新发展理念·院士专家界首行”活动。

5 月，参加中国工程院“制造强国战略研究(三期)”项目组赴江苏省苏南五市调研。

11 月，出席 2017 中国纺织学术年会。中国工程院 7 位院士，以及来自乌兹别克斯坦、孟加拉国、肯尼亚、巴基斯坦、柬埔寨、印度等六国 7 所高校的校长，还有国内外知名科技企业负责人，来自科研、生产、教学一线的纺织科技工作者齐聚一堂，共襄纺织盛会。

2018 年

5 月，出席由中国和平利用军工技术协会、武汉理工大学、全联科技装备业商会、中国化学纤维工业协会共同主办的“第三届军民两用新材料大会”，并致辞。

6月，参加中国工程院重点咨询项目“汽车强国战略研究”结题评审会暨新时代汽车发展战略研讨会。

7月，出席仪征化纤纪念建厂四十周年老领导座谈会。

10月，出席中国纺织工业联合会第四届第四次常务理事扩大会议，获中国纺织工业联合会评选颁发的改革开放40年纺织行业突出贡献人物奖项；同月，出席“2018年香港桑麻基金会”颁奖典礼，获“荣誉桑麻学者”称号。

2019年

6月，出席先进复合材料及轻量化材料应用高层论坛暨中国化纤科技大会，并致辞。

8月，出席中国工程院咨询研究项目“我国中空纤维膜技术产业发展战略研究”研讨会暨中空纤维膜产业发展企业家高峰论坛，作项目总体介绍；同月，中央电视台“共和国脊梁，为国家增光”系列公益广告摄制组来仪征化纤现场采访拍摄，采访蒋士成，从聚酯系列终端产品改善人民生活的角度，深入采访挖掘中国石化芳烃科研攻关团队40年艰苦创新、解决老百姓的穿衣问题，完成党和国家交付的重大使命的故事。

10月，央广网经济之声首席评论员陈爱海对话蒋士成，播发特别访谈——“编织奇迹的中国纺织业”。

12月，参加由中国工程院、中国纺织工业联合会联合主办的第309场中国工程科技论坛——2019中国纺织军民两用技术发展大会；同月，率队调研高科技环保企业碧水源总部及膜研发生产基地。

2020年

2月，由CCTV-发现之旅频道《纪录东方》栏目制作的纪录片“大国协会的初心与使命”系列之《纤维改变生活》节目在该频道播出，蒋士成结合新中国成立70年来中国纺织化纤工业走过的不凡历程及中国纤维流行趋势发布活动举办八年来的点点滴滴，讲述纤维如何改变生活，展示纤维制造的非凡匠心。

11月，蒋士成走进中国化学纤维工业协会“纤维空中大讲堂”，作“纤维材料前沿技术发展趋势”主题演讲。

2021年

2月，蒋士成入选中国石化庆祝建党100周年·第六届感动石化人物候选人，中国石化报寻找“感动石化”人物专栏刊发报道《蒋士成：一生逐梦为霓裳》。

3月，出席中国化学纤维工业协会第七次会员大会暨七届一次理事会暨七届一次常务理事会，会上获中国化纤行业终身成就奖。

6月，出席中国石化“奋斗百年路启航新征程·第六届感动石化”颁奖典礼，会上获第六届“感动石化人物”称号。

附件二　蒋士成主要论著目录

[1] 蒋士成. 前进中的仪征化纤企业技术中心[J]. 华东科技，1995(7)：8-20.

[2] 蒋士成. 中国聚酯及涤纶纤维工业的现状和展望[J]. 石油化工动态，1998(1)：17-21.

[3] 蒋士成. 中国聚酯及涤纶纤维工业的现状和展望[C]//. 第七届北京国际化纤会议论文集，1999.

[4] 蒋士成. 中国聚酯及涤纶工业的发展[J]. 金山油化纤，2001(2)：1-6.

[5] 蒋士成. 加强工程技术开发发展中国聚酯业[J]. 中国工程科学，2001(3)：27-33.

[6] 蒋士成. 大型聚酯装置工程技术研究与开发新进展[J]. 华东理工大学学报，2002(5)：461-467.

[7] 蒋士成. 中国聚酯工业原料 PTA/EG 的现状及发展对策[J]. 中国纺织，2002(10)：19-22.

[8] 蒋士成. 中国聚酯产业链发展现状和前景分析[J]. 石油化工技术经济，2004(6)：1-5.

[9] 蒋士成，中国聚酯工业现状和对策[C]//. 第十届中国国际化纤会议论文集，2004.

[10] 徐正宁，蒋士成，季平，等. 面对新"三国演义"：仪化如何做强做大？[J]. 中国石化，2004(5)：14-16.

[11] 蒋士成，吴剑南. 2010 年中国聚酯产业链发展展望和建议[J]. 当代石油石化，2005(5)：1-7.

[12] 沈希军，张军，王嘉骏，冯连芳，蒋士成. 聚酯切片流态化特性的研究[J]. 石油化工，2005(12)：1164-1167.

[13] 沈希军，张军，李金霞，冯连芳，蒋士成. PET 固相缩聚工艺技术分析[J]. 合成技术及应用，2006(1)：30-33.

[14] 沈希军，李金霞，冯连芳，张军，蒋士成. PET 固相缩聚前后的结晶行为[J]. 华东理工大学学报，2006(2)：165-168.

[15] 蒋士成，吴剑南. 中国化纤工业现状和可持续发展对策[J]. 当代石油石化，2006(7)：1-6.

[16] 蒋士成．自主创新方能做大做强[N]．中国纺织报，2006-11-09.
[17] 沈希军，张军，冯连芳，蒋士成，汪燮卿．聚酯熔体热水中造粒传热过程的模拟[J]．石油化工，2007(1)：55-58.
[18] 沈希军，张军，顾雪萍，冯连芳，蒋士成．聚酯切片结晶行为与固相缩聚过程新流程方案[J]．高分子材料科学与工程，2008(8)：155-158.
[19] 蒋士成．加快经开区生物产业化步伐[N]．吉林日报，2010-10-16.
[20] 蒋士成，俞建勇，沈玮．产业发展背景点评[J]．纺织导报，2013(1).
[21] 蒋士成．依靠科技创新实现化纤产业升级[N]．中国工业报，2013-10-23.
[22] 蒋士成．中国纺织工业科技创新思考[J]．纺织服装周刊，2014(44).
[23] 蒋士成．挖掘出“中国纤维”品牌影响力[J]．纺织服装周刊，2015(9).
[24] 蒋士成．贺燕丽．专家献言“十三五”[N]．中国纺织报，2015-3-30.
[25] 蒋士成．选准突破方向加强原始创新[N]．中国石化报，2016-8-1.
[26] 蒋士成．围绕三个方向加快高性能纤维发展[N]．中国石化报，2020-1-7.
[27] 肖长发，何本桥，武春瑞，龚耿浩，蒋士成．我国中空纤维膜技术与产业发展战略研究[J]中国工程科学，2021(2)：153-160.

后　记

历经5个寒暑，《蒋士成传》终于完稿付梓。

蒋士成是1999年当选的中国工程院院士，是新中国培养出来的第一代化工化纤领域的工程设计和技术管理专家。20世纪90年代，他率领的团队，集技术开发、工程设计和设备研制为一体，形成大型聚酯装置国产化专有技术，从而改变了中国聚酯市场乃至世界聚酯市场格局，实现了中国化纤工业的迅猛发展。

业界、媒体、同事给予蒋老高度评价：尊他为“中国的确良之父”，誉他是“德艺双馨”，称他为“化纤业界的定海神针”。他总是谦逊地摇头摆手：“我哪里是创造什么神话，我的幸运是遇上一个改革开放的好时代。”蒋老淡泊名利，早几年前，有出版社就制定了蒋老传记的出版计划，但被他婉然谢绝。

因此，为蒋老编撰传记，是一件非常不容易的事情。

蒋老是一个慈祥的老者，脸上永远挂着温和的微笑，就连长期在他身边的工作人员也从没见过他发怒的模样。

蒋老是一个永远忙碌着的人，即便是退休后，他的日程安排也按小时计，他的时间被大量的考察、咨询、会议和社会活动所占据。

谈起聚酯专业技术和市场前景，蒋老滔滔不绝，而谈起人生经历，他却是惜字如金。

与许多科学家、学者们不同，蒋老没有很多的科研、学术鸿篇巨著，他所取得的成就来自于丰富的工程实践和长期的日积月累。

这是几次访谈蒋老给我们编写组留下的印象。

虽然已是耄耋之年，但蒋老面色光润，思维敏捷，毫无老态。他给我们讲述最多的是化工化纤工业在中国由无到有、由小到大、由弱到强的发展史，以及他所经历的国家重点工程的建设概况，尤其是对工程的得与失、经验与教训有着精辟的见解。讲述他自己，除了“得到了培养”“受到了锻炼”之外，枯燥得如同他履历表上的简历。

也许是出自其谦虚、不事张扬的本性，也许是长期以来受集体主义教育熏陶形成的特质，蒋老宽广的眼界和崇高的责任使命感，让人遥不可及，高山仰止。

中国工业化进程步履蹒跚，技术发展道路崎岖曲折。在国外技术引进和利用上，在国产化技术开发、推广上，始终存在着不同的声音，存在着利益的冲突和观念的碰撞。尤其是在特定的历史时期，蒋老这一代人承受的各种压力和磨难是可想而知的。

传主对自己的人生经历轻描淡写，让我们感到束手无策。而我们确信，蒋老是一个有故事的人，尽管蒋老最不擅长讲故事。

于是，我们沿着蒋老生活和工作的轨迹，踏上采访的征程，北上南下，体验蒋老的传奇人生。

江苏常州是蒋老的故乡，这座在19世纪初较早出现中国资本主义萌芽的的工业城市，后来成为中国棉纺工业的腹地。崇文重教、产业报国的地域文化，文雅儒素、严谨开明的家族文化，以及沦陷时期的国难家难给年轻的蒋士成留下深刻的人文记忆。在蒋老中小学母校校园里的汉白玉“院士墙”和蒋士成铜像前，我们仍然感到生生不息的文化传承。

华东理工大学是蒋老从事化工专业的起点，也是成就蒋老辉煌梦想的地方，“勤奋求实、励志明德”的校训滋育了一代又一代华理莘莘学子。二十年前攻关团队计算的工艺包数据和实验模型还陈列在该校的“国家化工实验室”里，以此为基础，国产化聚酯装置技术和容量不断的更新升级，快速占领国内市场，并成功地走向国际市场。回忆起当年在蒋老带领下日夜奋战、科研攻关的激情岁月，特别是那跨体制、跨部门的联合攻关以及无私忘我的奉献精神，师生们认为“至今都难以跨越”。

湖北、吉林、贵州、广西、辽宁、北京、江苏等地是蒋老曾经生活、工作过的地方，这些地方见证着蒋老思想品格、职业生涯和技术经验的成长。在切乎关系国计民生的国家重点工程建设中，在波云诡谲的政治经济环境中，蒋老经历了人生的顺境和逆境，有探索，有思考，有痛苦，有彷徨。而始终不变的是，蒋老对国家的热爱、对事业的执着、对理想的追求。如果将这些点面连接起来，我们不难看到新中国成立以来我国化纤工业从人造纤维、维尼纶纤维、石油化工纤维、生物基等更多纤维纵深领域发展的历程，不难看到中国聚酯装置技术从引进、消化吸收到自主开发、自主创新的艰难之路。

蒋老是幸运的。参加工作以来，他就跨进了中国化工化纤事业的高平台，经历了新中国三次大规模引进外国先进技术设备和全面改革开放的历史过程。无论是友好的“无偿援助”，还是技贸结合式的引进；无论是“交钥匙工程”，还是装置与技术的成套引进，国外先进的技术和国内落后的面貌在他的意识中形成强烈的反差，摆脱技术困境、追求自主创造成为他毕生的动力。

蒋老是睿智的。他能够站在引进技术的高起点上，以国家政策为导向，引领企业走向发展的快车道；他能够冲破旧体制的藩篱，推进产、学、研的完美结合；他能够以联合攻关的旗帜，促进化工机械制造业的更新升级；他能够以宏观的视野，审视国家产业创新和行业发展的未来方向，发挥国家智库和行业参谋作用。诚然，蒋老组织的聚酯技术国产化攻关在中国技术进步发展大潮中，只是一道急流，一朵浪花。但是，他率领和创造的科研、生产、设计、设备制造攻关团队及其组织方式，仍是一个鲜有而成功的典范，现在乃至将来都值得借鉴。

拥有梦想只是一种智力，实现梦想才是一种能力。聚酯装置技术国产化成梦于前中国纺织工业设计院，圆梦于仪征化纤公司。华东理工大学和南化公司机械厂如虎添翼，形成强大的智力和能力的完美组合。团队的成功催生了中国聚酯市场的新兴力量，中国民营聚酯企业异军突起，而在残酷的市场竞争中，作为共和国聚酯老大的仪征化纤市场份额失去了半壁江山。仪化人的回答显得悲壮而富有担当：聚酯技术的国产化“成在仪化，利在民族，功在国家”。

外出采访同样是一件不容易的事，蒋老的同学同事大多年事已高，音讯难觅。让我们感到幸运的是，在有关方面的大力协助下，我们居然找到了蒋老在各个时期的同窗同仁和知情人，从他们当中找到很多新鲜生动的第一手资料。我们通过翻阅档案资料、召开座谈会、登门拜访、电话访谈等方式收集了大量的素材，从而使传主的人生经历丰富起来。我们难以忘记采访过程中的一幕幕感人场景：数位皓首苍颜的国家级设计大师出席我们的专访座谈；一位德高望重的老领导为接受我们的采访连夜亲笔准备了长达数十页纸的采访提纲；一位老人因手术在医院病房里接受我们的电话采访；一对老年伉俪颤巍巍地赶到我们下塌的旅店送来他们珍藏半个多世纪的珍贵照片；一位不幸患阿尔茨海默病的老者回忆往事时眼中闪烁的光芒。

为院士作传不仅要求史料翔实，可信可读，而且要求有一定的专业性，这对我们编写组来说也是一件不容易的事情。编写组成员虽都有化工化纤企业的工作经历，但仍不免为技术的门外汉。科研攻关类似“哥德巴赫猜想”，味如嚼蜡的公式只有身在其境的陈景润们方才觉知奥妙无穷。往往围绕一组数据，一段流程，一个微小的反应速度，反复做几十次乃至上百次的试验，各种不同技术观点的碰撞争议也屡见不鲜，由于我们的专业性不足或文意表述力不逮，难以感受其中妙趣，只能是删繁就简，不能将其间的精彩完美的呈现，这不得不说是一种遗憾。

初稿形成后，蒋老认真地审阅全稿，并要求删除一部分他认为不适的内容。传主单位仪征化纤公司非常重视本书的编撰工作，给予编写组全力支持。党委书记万涛为本书作序，陈达副书记主持书稿编审会，宣传部陆秀宏部长做了大量的组织和配合工作。没有仪征化纤公司的组织和支持，这本书是不可能问世的。

本书第一章至第七章及后记由孙少波撰写，第八章至十一章由叶建华撰写，第十二至第十五章及大事年表由翟瑞龙撰写，第十六章由江璐撰写，刘玉福提供部分历史图片。全书由孙少波、马纪强统稿。陆秀宏、江璐、马纪强、陈军等参加了前期提纲讨论和资料收集工作。由于编写者水平有限，以及客观上存在的种种困难，诸多瑕疵不足，请大家批评指正。

《蒋士成传》编写组

2021 年 5 月